约翰·亚当斯传

JOHN ADAMS

隋肖左 编著

吉林出版集团股份有限公司

图书在版编目（CIP）数据

约翰·亚当斯传 / 隋肖左编著 . —长春：
吉林出版集团有限责任公司，2011.5
ISBN 978-7-5463-4759-2

Ⅰ.①约… Ⅱ.①隋… Ⅲ.①亚当斯，
J. Q.（1735～1826）—传记 Ⅳ.①K837.127=41

中国版本图书馆 CIP 数据核字（2011）第 062503 号

约翰·亚当斯传

编　　著：	隋肖左
出版统筹：	博文天下
责任编辑：	崔文辉　张晓华
封面设计：	盛世博悦
版式设计：	边学成
开　　本：	710 mm×1000 mm　1/16
字　　数：	237 千字
印　　张：	19.25
版　　次：	2011 年 6 月第 1 版
印　　次：	2020 年 8 月第 3 次印刷
出　　版：	吉林出版集团股份有限公司
地　　址：	长春市人民大街 4646 号（130021）
电　　话：	总编办：010－63109269
	发行科：010－85725399
印　　刷：	三河市燕春印务有限公司

ISBN 978-7-5463-4759-2　　　　　　定价：59.80 元

版权所有　侵权必究　举报电话：010－63109269

目 录

第一章
少年

一天，当小亚当斯又一次向父亲说他讨厌拉丁文，并为此提出抗议时，父亲回答说："好吧，约翰，既然拉丁文不适合你，你就去试试耕地吧，或许那适合你；正巧我的草地需要耕种，明天你就去犁地，不用学拉丁文了。"小亚当斯欣喜地答应了，并认为这是一个"令人兴奋的转变"。第二天，父亲"非常幽默"地让他整天干活，中间就休息了一次。经过了一天腰酸背痛的劳动之后，父亲说："怎么样，约翰，你还想当个农夫吗？"

1. 上帝的选民 / 2
2. 亚当斯家族 / 5
3. 求学哈佛 / 10
4. 活泼的青年教师 / 16
5. 毁誉参半的职业 / 21
6. 少年情怀 / 27
7. 与阿比盖尔结婚 / 32

第二章
革命

"如果你遭了殃，你还能同凶手握手言欢，那么你便不配被称为丈夫、父亲、朋友和情人，并且不管你这一辈子的地位和头衔如何，你都是个胆小鬼和马屁精……"托马斯·潘恩喊出了许多人想喊而不敢喊出来的话："独立"，"独立"。在短短的几十天里，《常识》这本仅有几十页的小册子

JOHN ADAMS

在只有250多万人口的北美殖民地发行了50万册,并在随后的独立战争中发挥了战争檄文一般的作用。

1. 印花税法风波 / 42
2. 亚当斯家族当选议会代表 / 48
3. 波士顿倾茶事件 / 55
4. 费城之旅 / 60
5. 初识华盛顿和杰斐逊 / 68
6. 第二次大陆会议 / 78
7. "爱国者"与"亲英派"的斗争 / 87

第三章
独立

(法国)王后环视大厅各处的人们,下令把许多调料端到她面前,然后开始按照自己的口味调配晚餐。之后,向仰慕她的观众展示了盛大场面,演示她如何用一把勺子完成皇家晚餐,一次吃光整整一勺食物。所有一切都像一座精确的时钟有条不紊地在运行,她脸上的任何部位和身体的任何部分,特别是手和胳膊的动作无懈可击,没有任何不妥当的地方。

1. 前夜 / 96
2. 1776年7月2日 / 109
3. 《独立宣言》的诞生 / 116
4. 华盛顿的战争 / 127
5. 凶险的海上旅程 / 140
6. 在巴黎 / 149
7. 不公正的待遇 / 157
8. 荷兰人的贷款 / 167
9. 不辱使命 / 176

第四章
家庭

"在这里生活需要很多钱,我们晚上不出门,不到外面吃饭……避免任何并非不可缺少的开支。惊人的是,奢侈程度被当作衡量一个人重要性的尺度。是否胜任其职位,并不是看他能力如何,而是他有多少佣人和马匹。告诉你,英国大使有 50 个仆人,西班牙大使有 75 个。"

1. 在荷兰的胜利 / 186
2. 与英国的正式谈判 / 192
3. 夫妻团聚 / 196
4. 出使英国 / 204
5. 长女出嫁 / 211
6. 回国的前夕 / 217

第五章
革命

白宫坐落在一片杂草丛生、车辙满地的旷野中,周围散布着大块石头和碎石,这座建筑物看起来除了巨大,其他地方简直一无是处……虽然它宏大的外观已经清晰可见,但内部的装修还未完结,泥水匠和油漆匠都在加紧赶工……这所大房子的所有房间都没干,散发着潮湿的水泥和油漆的气味,楼层之间只有一座螺旋式楼梯修好了,这就意味着从前门上来后只能从这里下来再出后门。

1. 当选副总统 / 224
2. 参议院里的误解 / 233
3. 连任副总统 / 243
4. 出任美国第二任总统 / 248
5. 睿智的联邦党人 / 255
6. 竞选失败 / 265

第六章

隐退

大约 6 点 40 分，他的心脏停止了跳动。医生从床边站了起来，宣布他已经逝世了。在场的人陷入悲痛，却好像又都为他感到轻松。就在这时，天空传来一声响雷，房子都震动了。雨停后，白天的最后一缕阳光冲破低悬在空中的阴暗云层，放出异常华丽的光彩。此时，天空美丽而壮观，无法言喻。

1. 农场的平淡时光 / 276
2. 阿比盖尔去世 / 284
3. 最后的旅程 / 292

附录　约翰·亚当斯大事年表 / 296

重要参考文献 / 298

JOHN ADAMS

引　子

　　约翰·亚当斯，美国第二任总统。1797年3月4日，他接替卸任的华盛顿成为美国总统，但四年后的选举中败给杰斐逊，退出政治舞台。

　　约翰·亚当斯前任是美国国父华盛顿，后继者杰斐逊又以《独立宣言》起草者和混乱的私生活而成为美国历史上热门人物。约翰·亚当斯，不可避免地被这两人光辉所掩盖，成为美国历史上最被忽视和缺乏公正评价的一任总统。

　　研究历史的人，大致会赞同下面这句话——时势造英雄。在美国历史上，也呈现出这样的规律：困难的时代造就好的总统，艰险的时代则造就伟大的总统。约翰·亚当斯当政期间，正是年轻的美国的成长时期。在当时，独立战争已经胜利结束，体现新大陆人民意志的宪法体制也早已确立。美国的领导者不必再每天面对英国的武力威胁，而是全力开展国家建设、完善政府执政。在这种情形下，一个总统想要做出惊天动地的大事，四年任期时间显然是太短暂。于是，约翰·亚当斯就像一个不合时宜的客人一样，被人们尴尬地摆在华盛顿和杰斐逊之间。

　　本书将要揭示的，是完全不同于固有历史评价的事实。如果说华盛顿创立了美国的历史，那开启美国政治的正是约翰·亚当斯。

　　在约翰·亚当斯被人遗忘的政治生涯里，其实处处闪耀着光辉的历史亮点：正是这个人极力推动了美洲独立事业——推举华盛顿担任武装部队总司令、与亲英派在大陆会议上顽强斗争、促成《独立宣言》起草和签署……也正是这个人，用勇气智慧调停了1797年与法国的冲突，挽救年轻的美国于危险之中。帮助美国得以独立，然后挽救美国于危难之中，仅此，约翰·亚当斯就该得到历史的高度评价。

　　当然，他对美国的贡献绝不仅限于此。他的长子约翰·昆西·亚当斯于1825年3月4日成为美国的第六任总统。这是美国历史上第一对父子总

JOHN ADAMS

统。他和其妻子阿比盖尔近54年的婚姻生活也处处充满了爱和温情,成为了年轻夫妻学习模仿的典范。

约翰·亚当斯活了91岁,是历史上寿命最长的美国总统。在他漫长的一生中,不仅仅只有枯燥无味的政治活动,更多是他充满传奇色彩的多彩人生。比如,15岁独自一人骑马去哈佛大学考试,不善交际反而抱得美人归,最反感英国却又为英国士兵辩护,亲自创立美国最早的海军,在7月4日美国独立日与杰斐逊同一天逝世……

哲学家威廉·詹姆斯曾经这样评价约翰·亚当斯:"专业的政治活动与一场足球赛其实一样,成功不是所有的事情而是惟一的事情。亚当斯可能不是一个成功者,但当他死去之后,整个美国都陷入了懊悔之中。"

JOHN ADAMS
第一章
少年

一天，当小亚当斯又一次向父亲说他讨厌拉丁文，并为此提出抗议时，父亲回答说："好吧，约翰，既然拉丁文不适合你，你就去试试耕地吧，或许那适合你；正巧我的草地需要耕种，明天你就去犁地，不用学拉丁文了。"小亚当斯欣喜地答应了，并认为这是一个"令人兴奋的转变"。第二天，父亲"非常幽默"地让他整天干活，中间就休息了一次。经过了一天腰酸背痛的劳动之后，父亲说："怎么样，约翰，你还想当个农夫吗？"

JOHN ADAMS

1 上帝的选民
JOHN ADAMS

在 17 世纪初的英国，最早源起于加尔文的清教徒们发起宗教改革运动，试图在基督教内部进行"纯洁"工作。自称为"上帝的选民"的新教各教派自认为"出污泥而不染"，竭力通过自己在尘世的行为来证明上帝对自己的"恩宠"，在虔诚的清教徒身上，这一点表现得尤为强烈。清教徒们本想在英国推进宗教改革，实现梦寐以求的神圣理想。但是由于他们的主张反映的是新兴阶级的要求和利益，很难为守旧的以王权为代表的统治阶级所容忍。

矛盾随之产生了，经过几次交锋，矛盾更加激化，英国王室开始对威胁其统治基础的清教徒进行迫害，许多清教徒只好离开故土，在海外寻找实现他们宗教理想的新天地。据不完全统计，从 1630 年到 1640 年间，从英国本土逃往国外的清教徒约 6 万人。在这其中，有一批清教徒集体出逃荷兰，以躲避迫害和杀戮。在荷兰，他们不仅寄人篱下，而且下一代对于清教徒信仰和祖国语言日渐淡薄。于是，这群人中的有识之士将最后的期望寄托在遥远的新大陆，再次出走。他们不畏艰险，横渡大洋，来到了在他们眼中仍然是荒凉一片的北美大陆。数万名美国移民"始祖"的到达翻开了这里历史的新篇章。

就在百年前，哥伦布刚刚发现新大陆美洲，那里没有国王冰冷的目光，也没有行刑者手中时隐时现的绞索。他们可以自由自在地传教和生活，再不用东躲西藏地苟且偷生。清教徒移居北美从表面上看似乎是迫于国内不宽容的宗教氛围。但就深层而言，他们中的许多人却是为了信仰而甘愿放弃国内优厚的生活条件来到这块命运未卜的大陆，寻找实现他们宗教理想的"净土"，"他们被迫背井离乡不是出于惩罚，而是为了建立一个希望之乡。他们认为古代以色列人和他们之间的惟一重大区别是，他们渴望把这块荒野之地变成'希望之乡'"。

抱着这样美好的希望和坚定的信念，1620 年 9 月 16 日，102 名英国清教徒登上了一艘木制帆船扬帆出海。这艘重 180 吨、长 90 英尺的船取名叫

"五月花"号。他们选择出海的季节实在是糟透了，但由于时间紧迫，只好冒险出行。也许是"五月花"这个浪漫而生机勃勃的名字给他们带来了好运，"五月花"号在海上风狂浪险中颠簸了66天之后，只有一个人死去，但在船上又降生了一个婴儿，所以当他们于11月9日到达科德角时，船上还是102个人。

经历千难万险之后，这群疲惫不堪的人们在科德角对面的普罗温斯顿港湾抛锚。此地是一个天然的良港，附近还有一个出产丰富的渔场，可以提供大量海产品。在陆地上有一些小溪，虽然结了冰，但可以向他们提供充足而洁净的淡水。而且，在这片土地上居然有人类生活的遗迹，有开垦过的肥沃农田，有一些虽然简陋但能暂且容身的棚子，真是一幅美好而又不可思议的景象。船民看到这一切，只能将这些归结于上帝的怜悯。后来他们才知道，这里是一个印第安村落的遗址，由于一场来势凶猛的天花，这个村落的居民几乎死亡殆尽，只好遗弃了村落。不明就里的拓荒者按照欧洲的航海传统，首先登上了一块大礁石（直到今天，每天还会有许多美国人来到这块石头前观礼和膜拜）。这些刚刚踏上土地的人们大声欢呼，共同庆祝新生活的开始。后来的美国人把他们视为美国最早的开创者。

短暂的喜悦过后，现实的问题随之而来。在"五月花"号船民的眼中，这是一片完全陌生的大地，冬天的北美万物萧索、沉寂而荒凉。往前看，暮色中的土地仿佛被笼罩在无限的烟云之中，远处的天空低沉而昏暗，一切都显得无助和凶险；回顾身后，海面上的万顷波涛化作万里鸿沟，海浪冲击礁石的声音令人胆寒，拓荒者的退路已经被斩断。此时此刻，他们只能独自面对命运的挑战和生存的考验。

清教徒移民领袖威廉·布雷德福记载了他们当时面临的几乎绝望的处境："大家如果回顾身后，就只见他们泛渡过来的汪洋大海，它如今成了千重波障、万里鸿沟，将大家完全隔绝在文明世界之外。……现在除了上帝的精神和慈爱，还有什么能支持他们呢？"在清教徒的眼中，这些困难只是"天降大任于斯人"之前上帝对他们的有意考验，也是他们迈向天国路上所遇到的必然障碍，"美国人是上帝选民的信仰并不暗示着一帆风顺地达到拯救。正如《圣经》十分明确表明的那样，上帝的选民经历了最严重的考验，承担着最难以忍受的负担"。

头一年，移民们就付出了惨重的代价。新大陆的冬天出奇寒冷，缺少

JOHN ADAMS

过冬装备的人们在冰天雪地里艰难度日。在这陌生的大陆上，拓荒者不知道应该如何生活，到哪里才能找到足够的生活资料。繁重的劳动，严寒的气候，恶劣的生活条件，加上凶猛的传染病，很多人倒下了，几乎家家都办过丧事。到第二年，这群人只剩下50个人。每个人的心头都被绝望所压迫，所有的理想和美梦似乎都被严酷的现实撕得粉碎。当初，人们以为仁慈的上帝为他们选定了这块土地，而眼前的现实却让他们怀疑起自己的判断。

当严酷的冬天渐渐消失后，春天终于来了。一个略通英文的印第安人走进了村庄，人们向他展示自己的悲惨生活。这个印第安人默默地看着、听着。几天后，他把自己的酋长带到了村庄。

酋长马萨索伊特与这些远来的人们订立协议，非常慷慨地送给他们许多生活必需品，后来又派出能干的印第安人教授给移民们在这块土地上的生活技巧，包括种植玉米、捕鱼，甚至包括饲养火鸡。

在这一年，也就是1621年，风调雨顺，在印第安人的帮助下，移民们大获丰收。这年秋天，布雷德福被选为普利茅斯殖民地的总督，他决定举办庆典感谢上帝的恩赐。在11月底的一天，移民们大摆筵席，印第安人和移民们热烈地交谈、游戏，餐桌上摆满了山林的野味以及自产的玉米和火鸡大餐。这就是北美大陆感恩节的起源。当然，喜悦的人们也没有忘记印第安人，他们请马萨索伊特等印第安人参加庆典，分享他们真实而宝贵的喜庆。

清教徒是北美早期移民潮中的主流，建立一个为世人所仿效的社会理想伴随着他们来到这块大陆，"他们希望通过建立一个模范的基督教社会来为真正的信仰而战"。这是他们的初衷，也是他们多少年来不懈追求的一个目标。当约翰·温斯罗普带着那批摆脱了宗教迫害的新教徒终于找到了实现自己信仰的理想场所时，他不无感触地说："我们将成为整个世界的山巅之城，全世界人民的眼睛都将看着我们。"

随着居住在这块大陆上的人们的民族意识的增强，清教徒的宗教观深深地影响了美利坚民族的形成，在思想意识上成为扬基文化的"灵魂"。有的美国人就说："如果我们不理解清教，可以说就不理解美国。"

我们的主人公约翰·亚当斯就是这一群人的后代。

2 亚当斯家族
JOHN ADAMS

祖先

17世纪初，美洲进入了一个崭新的历史时代。伴随着早期著名的欧洲探险家的足迹，越来越多的欧洲移民纷纷踏上这块土地。1620年，一些英国清教徒搭着"五月花"号船抵达普利茅斯，开启了这块新大陆的传奇历史。

1630年，这些清教徒又建立了"马萨诸塞海湾殖民公司"，此即马萨诸塞州的前身。马萨诸塞州的地名就来自马萨索伊特酋长的名字，原本的意思是"一个很大的山坡地"。马萨诸塞湾殖民地建立后，英格兰有更多清教徒陆续离开祖国，跨过北大西洋来到美洲。这些移民中许多是举家而来的，他们肩负着神圣的宗教使命，希望在这里建立全新的"上帝之城"。

虽然清教徒迁徙到此地的原因是为了宗教自由，但是他们却很排斥其他的宗教，也因此，有些人离开了马萨诸塞而往南迁徙。这些人当中，罗杰·威廉斯开拓了罗得岛州的殖民地，而汤姆斯·虎克成立了康涅狄格州。当然，这些都是题外话，却也能说明那时的美洲东海岸冒险气氛是多么的浓郁。

1638年，一位名叫亨利·亚当斯的男子远渡重洋来到美洲，和妻子伊利斯开始了充满艰苦的新生活。当然，他那时并不能预知，正是他开创了其辉煌的家族历史。在日后，他的子孙中出现了两任"美国"总统，直到今天，这仍然被美国人视为奇迹和荣耀。

这位名叫亨利·亚当斯的清教徒有着骑士血统，这也许能解释其为何要来到美洲冒险。历史资料显示，他在迁至布伦特里10年后就去世了，留下了8个儿子、一个女儿。他的遗产包括一套两居的房子、一个40英亩的农场，还有一个拥有许多珍贵书籍的书房。虽然他和妻子伊利斯一共生育了8个儿子，但最后只有一人留在布伦特里，他是年龄最小的约瑟夫，也就是约翰·亚当斯的曾祖父。

约瑟夫继承了亨利·亚当斯的大部分遗产，也同时继承了父亲身上的

JOHN ADAMS

勤劳本质。他娶了阿比盖尔·巴克斯特为妻,至少生有12个孩子。约瑟夫的一个儿子小约瑟夫·亚当斯,娶汉娜·巴斯为妻。汉娜·巴斯是约翰·艾尔登与普里希拉·艾尔登的曾孙女。艾尔登夫妇在美洲殖民史上名声显赫,他们拥有普利茅斯的大片领土与著名的"五月花"号船。小约瑟夫·亚当斯的儿子约翰·亚当斯出生于1691年。

从亨利·亚当斯开始,一直到约翰·亚当斯的父亲老约翰·亚当斯,这个家族中的人都是靠辛苦劳动赚钱糊口。就像在他们祖先的故乡英格兰一样,他们在漫长的冬天也不休息,要干一些别的活计挣点外快。亨利·亚当斯有制作麦芽的手艺,这是一个从英格兰带过来的行当。麦芽用于烤面包和酿啤酒,是人们须臾不可缺少的原料。无论布伦特里的村民多么虔诚地信仰上帝,但村里却从来没禁过酒。所以,亨利·亚当斯的啤酒作坊延续了两代人,他们都学会了制作麦芽,并以此作为补贴家用的途径。

老约翰的祖父约瑟夫,一生也像他的父亲那样,是一个农夫兼手工艺者,但相比亨利·亚当斯,他有了进一步的发展。据资料显示,他曾经被选为镇里的警察、镇管理委员会委员和公路勘测员。也许正是因此,亚当斯家族开始了其向名门望族转变的过程。

父母

小约瑟夫·亚当斯是约瑟夫·亚当斯最喜爱的儿子,他终生都待在布伦特里小镇上,从没有迁居过。1691年,他生下了他的第二个儿子约翰。这是这个家族中第一次有男孩被取名叫约翰,他就是我们主人公的父亲老约翰·亚当斯。

小时候的老约翰聪明伶俐,但是由于当时的条件有限,只有他哥哥才有机会上大学。但老约翰也受过一定的教育,他在小镇的学校学会了读书、写字。长大后,他继承了家族的传统,仍然以劳动谋生,并且终生以劳动为荣。

相比他父亲制作麦芽的手艺,老约翰·亚当斯会的更多。他首先是个农民,要在他那不大的农场上种小麦、玉米、燕麦、大麦;同时他又是"皮匠",做皮鞋和其他皮革制品。到老约翰出生时,布伦特里已经有大约两千人口。农家的房子都建在小镇教堂的周围,有些农舍簇拥在一起,有些则散落在旁边。小镇四周有许多小农场,农场的土质很差,地里净是石

JOHN ADAMS

第一章 少年

块，只有最勤劳的付出才能获得好收成。镇里的人家完全要自给自足，因此几乎每一家都要搞点副业才能度过严酷的冬天。因此，从3月中旬到初秋的农忙阶段，老约翰·亚当斯要在地里侍弄庄稼；农闲的时候他就做鞋，换一些钱，一条低矮的长凳便是他的工作台。

老约翰·亚当斯有一定的文化，这得益于家里丰富的藏书，虽然他平素沉默寡言，从不多言多语，可是人们都喜欢登门向他求教。他个子较矮（他儿子小约翰个子也不高），却筋骨强健，是个十足的男子汉。由于勤劳、博学和富有责任感，布伦特里镇上的人们都很喜欢他，他被选为巡警收税员、十户联保组组长、民兵中尉，还曾9次被选为小镇的管理委员会委员。最后，有着严格宗教传统的他当上教堂执事，

约翰·亚当斯头像

在布道坛前占有一席之地。这时，应该是他人生中的一个小小的顶峰了。

当然，老约翰·亚当斯对历史最大的贡献其实是生下了约翰·亚当斯，这一点，昆西是无论如何都无法望其项背的。

虽然受到镇上居民的喜爱，但老约翰已经40多了，仍然是孤身一人，

JOHN ADAMS

形单影只。当时很多人会仅仅因为活到 40 多岁而感到庆幸，可他还没成家，于是他决定必须结婚。老约翰·亚当斯从没有把自己看成是一位绅士，也从未自视为布伦特里的第一公民。确切讲，布伦特里第一公民的荣誉应当属于民兵上校乔舒亚·昆西。昆西是镇上玻璃作坊的业主，他当了 40 年的马萨诸塞众议院的议长。昆西被公认为小镇的领袖，在地方议会中作为布伦特里的代表。

1734 年 10 月，43 岁的老约翰·亚当斯执事终于结婚了。他在一年中的黄金时节娶了布鲁克莱恩的苏珊娜·博伊尔斯顿。这位小他 18 岁的姑娘为人老练，家住波士顿附近的布鲁克莱恩，朋友们都叫她"萨拉"。苏珊娜家族的社会地位较高，是很有名望的行医世家。没有任何她的笔迹流传下来，无论是书信，还是有她签名的法律文书。人们也没有发现任何来自她家人的信件。但人们知道经常有人大声念信给她听，因此有理由相信苏珊娜·博伊尔斯顿·亚当斯大字不识。

这位可能一字不识的女子，却有着超出常人的美德和人格魅力。据约翰·亚当斯在其日后怀念母亲的文章里记载，她非常坚韧和自信，甚至比他的父亲还要坚强。应该说，约翰·亚当斯在这方面很像他的母亲。

一年后，也就是 1735 年秋天，这对新婚夫妻迎来了他们的第一个孩子。传记作家约翰·弗林写道："老约翰某天早晨醒来时既紧张又兴奋。已经 44 岁的他终于马上要当父亲了。他心神不安地坐在长凳上干着手里的活计，这时苏珊娜在接生婆的帮助下生下了一个健康的儿子——这个儿子也将名叫约翰。这一天是 1735 年 10 月 19 日，自从英格兰 1752 年采用格列高利历后，10 月 19 日即 10 月 30 日。"

据说，约翰与苏珊娜都意志刚强、性格执拗。在他们的共同生活中，夫妻俩始终不断地争吵，然而在儿子前途的问题上，他们的意见却完全一致。将来儿子要去哈佛读书。"执事"约翰为儿子设计的人生之路与他的妻子别无二致。正如佩奇·史密斯所说："在后来的岁月里，他儿子曾推断道，也许正是由于父母都有好强的性格，才使得布伦特里的亚当斯家族走出了偏僻的乡间小镇，扬名天下。"

童年

小亚当斯出生后，虽然生活俭朴，但他得到了父母无微不至的关爱和

JOHN ADAMS

第一章 少年

照顾。小亚当斯童年时的布伦特里，是个安静的小镇，充满着优美的田园风光。果园、石头墙、干草地，无数小溪和尼庞西特河弯弯曲曲地流过大片沼泽地。从海岸线开始，大地逐渐形成坡度，最后凸起形成大理石山崖和小山丘。星星点点的小岛点缀在海湾的水面上：有的岛上长满树木，有的岛被用来放牧。

许多住家就在这些山丘和海岸的中间，小农庄沿着海边的古道排列两旁。小亚当斯在这里度过了童年生活中许多幸福时光：他在开阔的田野和城中林地漫步，顺着小溪逆流而上，在沙滩上远足。稍大一点，他和伙伴们游泳、滑冰、放风筝、打弹子球、用弓子击球、踢足球……摔跤甚至拳击。

小亚当斯家的宅院是坐落在彭斯山脚下的一所普通农舍，与其他邻居的房子毫无二致。小约翰在这里出生长大，度过了他无忧无虑的童年和少年。

小亚当斯的家是新英格兰地区最简单、最常见的坡顶小楼房，共有5间房。1681年，小亚当斯的祖先花费了不少的财力和物力，围着一个巨大的砖制烟囱建成了这所住宅。房子所用的木材全是橡木，坚固结实，就像这个家庭所有成员的体格一样。屋子的内部用砖砌成，墙中是涂有泥灰的板条，覆盖外墙的是松木护墙板。房屋不算阁楼一共两层，一层有3个房间和两个大壁炉，楼上还有两个房间。打开屋门，楼梯顺着烟囱伸向二楼。倾斜的屋顶使得二楼上的居室狭小、低矮，当孩子们上床睡觉时，必须弯腰才能进入。屋里的窗户共有24个窗格，上面有木制百叶窗。小亚当斯小时候经常会躲在这些百叶窗后，向外观察这个世界。屋子后面，是一些多石的田地和果园，旁边还修有一些附属建筑和一个大谷仓。果园的后面，又是一片宽阔的草地，并有一股小溪流过。小亚当斯亲切地称它为"美丽蜿蜒"的"清流"。家用的水井就在前门外，水质甘洌清甜，就像"清流"的味道一样。

在这座房屋40步以外，还有亚当斯家族另一座年代更久些的房子。约翰日后和阿比盖尔结婚后就住在这座房子里。1776年冬天的清晨，他就是从这儿启程前往费城，开始了他伟大的政治生涯。这两座房子的格局很像，不同之处在于亚当斯童年所住的房子坐落在马路拐角处，而这座房子则正对着马路。

JOHN ADAMS

小亚当斯住在这里，最喜欢的就是家的位置。因为整栋房屋就在马路拐角，靠近马路，可以经常看见路上飞驰而过的邮车或者赶路的旅人。在一个孩子的眼里，世界是时刻充满惊喜和疑问的，而家门前的这条大路，可以给小亚当斯带来不断的欣喜与快乐。

对于家庭中的其他成员来说，房子的位置却很不令人舒服。虽然一圈石头墙"围住"了房屋，但在干燥的夏天，从7月到9月，路上奔驰的车子会扬起灰尘，一点不剩地全部吹进两座房子敞开的窗里。二楼卧室的热气更让人难以忍受，几乎每晚都会让人夜不能寐。在冬天，这所房子又会出奇的寒冷，即使厨房的大壁炉熊熊燃烧，女人们在屋里也要裹上厚厚的披肩，男人们则穿着大衣。没有壁炉的二楼是不能久待的，因为在那里，任何一滴水都会结成冰。

夏天炎热、冬天寒冷还不算什么，清苦的生活还包括简单的家具与俭朴的吃穿。就日常生活最本质的方面和生活方式而言，亚当斯的父母和他们的祖父母，或者是他们的祖先别无二致。亚当斯生下来之后，从没有看到家里添置过什么大件的物品。他从小见到的都是式样最简单的家具：六只普通的木椅、一张桌子、几张床和一面穿衣镜。家里有《圣经》和其他几本与宗教有关的典籍，一大两小三把银勺子一直被看作值钱的家当，衣物等其他个人物品则俭朴而陈旧。所有这些就像亚当斯曾经写到的那样："即使是一顶帽子也可能被父亲传给儿子，在五十多年的各种会议上频繁露面。"

情况就是这样，这就是那个时代新英格兰地区一个清教徒家庭的全部缩影。与其他家庭稍有不同的是，亚当斯家族一直有藏书和读书的家风。到了约翰·亚当斯出生之后，这个在农夫家庭中看似奇怪的习惯终于派上了大用场。可以这样说，我们本书的主人公小亚当斯，对读书有着一种近乎痴狂的喜爱，这种行为，一直到他死后才停止下来。

3 求学哈佛
JOHN ADAMS

宗教教育

受当时的生活条件所限，亚当斯在一个简朴甚至可以说是贫困的家庭

JOHN ADAMS

第一章 少年

中长大。他们一家与一些新英格兰的清教徒居住在一起，过着艰苦、朴素的生活，没有奴隶和仆人。虽然物质生活不富足，当地的天气又总是阴暗忧郁，让人难以忍受，但亚当斯一家人却有着愉快而充足的精神生活。在夜幕降临的夜晚或者整个礼拜日，他们可以看书、交流思想，或者进行鼓舞人心的交谈。在这些令人感到欢喜的探讨中，神学占据了很大的篇幅。对于那些新英格兰人来说，神学的气氛具有重要的影响。他们讨论莫测高深的上帝的意图与邪恶的含义，并且总是担心自己灵魂归宿的问题。在这种气氛的影响下，小亚当斯很小就对上帝和宗教充满了好奇与敬畏。

老亚当斯很早就注意到了自己儿子的这一特点，他也很喜欢带着小亚当斯去教堂，去听那些让人们信仰上帝的教义，进而去信仰上帝的理性。那些高大而又空旷的教堂，那些牧师嘴里说出的玄妙的话语，给小亚当斯留下了深刻的印象。从此，对心灵探究的热爱和兴趣，一直贯穿他的一生。

约翰·亚当斯10岁时已经接受了大约5年的启蒙教育。他的父亲感觉越来越不能解答自己孩子的许多问题，而家里的藏书也被小亚当斯阅读了很多。在这种情况下，老约翰决定把自己的长子送到家庭小学读书。习惯了在家里读书，小亚当斯最初很高兴到家庭小学读书：在这种学校，许多孩子们聚集到邻居家的厨房里一起学习，教材主要是《新英格兰识字课本》（这本课本中曾写道："从不学习ABC的人永远是木头脑袋。"）。后来，由于这个地方小学校死板的"乡下"老师丝毫不重视自己，亚当斯很快失去了兴趣。他毫不在乎书本和学习，认为即使是日后读大学也没有什么意义。他告诉父亲，自己只想成为一名农夫，就像这个家族里大多数男人那样。

有这个想法很自然，小亚当斯可不是一个书呆子，他从没有想过要为在以后的生活中成为博学的智者而努力。他喜欢的是户外活动，尤其喜欢带冒险意味的探险。他熟悉家附近的每一条小路、每一个池塘与周边的每一片森林。虽然他个子又矮又小，但他依旧为他强壮的身体而自豪。在长大成人后，他依旧喜欢打猎与旅游，依旧对这些活动充满着激情。

老约翰·亚当斯当然知道儿子的喜好，但听到儿子这样说，他依然非常失望。在布伦特里，他自身做过的最高职务是地区教堂的"执事"，但他同样是个很有抱负的人。他虽无飞黄腾达的奢望，可却有望子成龙之

JOHN ADAMS

第一章 少年

心。实际上，老亚当斯早就给儿子设计了一条人生道路。他希望儿子能学习拉丁文，为进入哈佛大学做准备，然后进入大学进修并成为一名牧师。小亚当斯有弟兄三个，但问题是他自己却是这个家庭的长子。约翰·亚当斯晚年曾回忆道："在他的长子出生前，我父亲已经决心让他进公学学习。"这里的"公学"是指英国式的缴学费、要求寄宿的私立学校。这种只重视对长子的培养教育的做法似乎不太公平。虽然亚当斯家中只有三个孩子，可是在马萨诸塞，父母总是对长子寄予厚望。此外还有一个更现实的原因。父亲财力不足，只能送一个孩子去上大学。如果有可能，他会继续培养较小的孩子。然而问题是年轻的约翰并不想上学。

小时候的亚当斯长相不错，性格活跃。比起同龄人，他对批评异常敏感，也会很快对表扬做出反应。考虑到这一点，父亲决定用事实教育他。一天，当小亚当斯又一次向他的父亲说他讨厌拉丁文，并为此提出抗议时，父亲回答说："好吧，约翰，既然拉丁文不适合你，你就去试试耕地吧，或许那适合你；正巧我的草地需要耕种，你就去犁地吧，不用学拉丁文了。"小亚当斯欣喜地答应了，并认为这是一个"令人兴奋的转变"。

父子俩第二天早上就出发了，父亲"非常幽默"地让他一整天都干活，中间就休息了一次。经过了一天腰酸背痛的劳动，晚上回家后，父亲说："怎么样，约翰，你还满足于当个农夫吗？"疲惫不堪的小约翰虽然嘴上不服输，但内心里明白了父亲的意图。亚当斯后来写道："辛苦终于战胜了骄傲，我告诉父亲，在经过慎重思考之后，我决定还是回去学习知识。"当然，倔强的小亚当斯认为向父亲承认这样的结果，是一件非常丢脸的事情。于是他告诉父亲自己不喜欢的是老师而不是书本，希望能够到另一所学校去继续读书。老约翰达到了目的，立即对他表示支持，并和他谈了很久。

第二天，约翰就在路另一头的私立学校注册，继续他的学习。在那里，一位叫约瑟夫·马什的校长对他非常重视，经常鼓励他学习。在校长的关心下，小约翰发生了巨大转变，开始认真学习。能够证明这一切的是现存的一本名为《西塞罗演说辞》的教科书，它如今已经成为珍贵的文物。这本书也许是亚当斯最早和最值得骄傲的所有物，今天的人们还可以看见——他在扉页上写了6遍"约翰·亚当斯之书，1749年"。

JOHN ADAMS

去哈佛

　　几年之后，在学校中，小约翰的心智和身体都得到了增长。这所私立学校骄傲地宣称，年仅15岁的亚当斯已经学完了所有的中学课程，"可以上大学了"。当时，美洲所谓的大学就意味着哈佛，这是惟一的选择。他的校长马什答应陪同约翰，前往坎布里奇参加哈佛校长和各学院院长主持的例行考试。马什校长同样是哈佛毕业生，对那里有很多的了解。但计划没有变化快，到了那天早上，马什校长却因病不能同往，告诉约翰他必须单独前去应试。听到这个消息，年少的亚当斯感到无所适从，一下子慌了手脚。他想取消这次异地的考试，但想到父亲的难过以及父亲和老师两人的失望时，他"鼓起勇气向前进"。在1750年的一个清晨，他骑着父亲的马独自上路，忍受着"一段非常悲伤的旅途"。

　　之所以非要跑这么远去考试，实在是因为作为清教徒的儿子，当时小约翰只有哈佛可以去。要知道，在那个时候，哈佛不过才刚刚建立十几年而已，整个学校只有4幢红砖楼、1个小礼拜堂、7个院系一百多名学生。

　　1620年，普利茅斯第一次出现英国清教徒移民。这些英国清教徒移民有着令人吃惊的受教育程度，在总数约为两万人的移民中，有130名牛津和剑桥大学的毕业生，即每30到35户人家中就有一名，远远超过当时英国的平均水平。由于这些原因，这些受过教育的清教徒就对当地政府施加压力，要求为自己的子弟办一所学校。16年后，当地民众遵照马萨诸塞最高法院的表决建立哈佛学校。如今看来，这是一项伟大的决定。由于清教徒中不少人出身于英国剑桥大学，他们就把哈佛大学所在的新镇命名为剑桥（汉语音译为坎布里奇）。最初，学校仅有1名男教师和9名学生，谈不上什么规模。1638年，清教牧师约翰·哈佛去世时，把他的图书馆和一半财产留给了学校。为纪念哈佛的慷慨捐赠，1639年3月13日，这所学校更名为哈佛学院，一直沿用至今。

　　今天，哈佛大学已经从一所乡村学校成为全美最著名、最领先的大学。从1973年至今，美国《Survey》杂志5次把哈佛大学列为榜首。到今天，哈佛走出许多在美国政坛上有决定性的人物，有6位美国总统、十几位最高法院大法官以及众多的国会议员、36位诺贝尔奖获得者、32位普利策奖获得者。另外，哈佛大学还有全美最低的录取率。能成为哈佛大学的学生本身,便是自身实力的最好证明。哈佛大学的一位教授在毕业典礼上对毕业生说过这样一段话,大致可以概括哈佛人的抱负:"你们是世界的盐,盐的作用是给世界味道、给它防腐,你们有机会来这里读书,又很幸运的毕业,如果毕业后没有起到盐的作用,是有愧于哈佛的。"

尽管哈佛如今成为世界上最伟大的学府,但当时这个男孩却还在为是否要冒着严寒去那里考试感到犹豫。当然,最后他还是去了,并且日后还成为这所学校毕业的6任美国总统的第一人。

在小亚当斯后来的回忆文章里,哈佛面试的经历并不让人感到愉快。他把当天描写为灰色忧郁的一天,经过一路的胡思乱想,小男孩终于到达了哈佛。那时,坎布里奇镇上空阴云密布,就像小说中凶兆重重的场景。只有15岁的农家男孩站在身着长袍、头戴假发的哈佛学术权威面前,表情羞涩但却坚定。没有什么资料显示我们的主人公是如何应付这一切的。但事实是他最终通过了考试,被哈佛录取了,还得到了部分奖学金。"回家时,我感到非常轻松,而不像去时心情那样沉重。"亚当斯写道。

父亲听到这个消息,自然也是非常高兴和兴奋,他很快就卖掉了自己家10英亩土地。亚当斯家的人一直笃信,土地是惟一可靠的投资——一旦买下,就永不出售。只是这一次,老约翰违背了这一信条,他要凑钱,给儿子约翰上大学。

大学生活

亚当斯来到哈佛后,他发现和自己一同通过考试的新学生并不多。他的班级只有27名学生,导师是教授拉丁语的约瑟夫·梅休。刚入学时,哈佛并不是依据学生姓名的音序或是成绩表现来排座次,而是依据学生的"家庭尊贵程度"。亚当斯在全班25个最终拿到学位的学生中被排在第14位,因为母亲的娘家是博伊尔斯顿,而父亲是个执事。毕业时,亚当斯是全校的前三名之一。毕业典礼上,他作为正方参加了"文官政府是否绝对必要"的辩论。他在这次辩论中的立场后来成为贯穿其一生的主题。

在班上,亚当斯很喜欢自己的同班同学,还结交了几个密友。学校给他分配的寝室位于马萨诸塞学生宿舍的最西北角,和他同屋的则是日后在学校里以顽劣出名的托马斯·斯帕霍克和家境富裕的约瑟夫·斯多克布里奇。

当大学生活开始后，亚当斯发现自己对学习和读书是如此热爱，这是他以前从未想到的。自从读完家里有限的书籍后，哈佛图书馆就像一座宝藏吸引了亚当斯。当他发现世上还有那么多书籍开始，在他有生之年，亚当斯几乎天天以书为伴。"我永远在读书"，他后来回忆道。在哈佛图书馆的历史上，当有学问的人都以博览群书为荣时，亚当斯仍然是阅读面最广的读者之一。

虽然人数不多，但学校对学生的校规执行得非常严明。学校校规明文规定："所有学生守纪、庄重、正直、虔诚。"祷告时不能"倾斜身体"，不能撒谎、亵渎上帝、私通、酗酒、行窃等等。根据学校的记录，亚当斯从不参与赌博，也没有在通往查尔斯敦路上的小旅馆里"嫖妓"。除了有一次休假没有按规定准时返校被罚款3先令10便士之外，亚当斯在学校没有任何不良记录。

在哈佛，每天早晨6点和下午5点，学生们都要到霍尔登教堂做祷告。学校所有人员每天都在老哈佛礼堂一楼的公用食堂用餐。每个学生都自带刀叉，用餐完毕后用台布将其擦拭干净。那时学校的伙食并不好，也就是一些家常便饭，毫无丰盛可言。饭菜包括牛肉、羊肉、印第安布丁和星期六的咸鱼，还有一直供应充足的高度苹果酒。清贫出身的亚当斯对此感到满足，他认为自己和其他所有人如此健康都应归功于学校的日常伙食。"我永远忘不了它，它是如此之烈，非常提神、利于健康。"亚当斯如此评价哈佛的苹果酒。事实上，在他以后的日子里，他总喜欢在早餐前来一大杯苹果酒。

在学习方面，亚当斯在1750年入校的所有学生中，几乎可以算是最刻苦的一个。哈佛的课程很多，但他学习努力，并且成绩优秀。在所有的课程中，亚当斯对数学和理科课程尤其感兴趣。这些课程由他最喜欢的教授约翰·温斯罗普讲授。温斯罗普是当时哈佛最优秀的教员，也是美洲最主要的天文学家。多年以后，亚当斯仍然会幸福地回忆起和老师在一起的时光。师徒二人经常会在清亮的夜晚站在老哈佛礼堂屋顶上，用温斯罗普教授的望远镜观测木星。那些绚烂的星光和宇宙的奥秘深刻影响了亚当斯的世界观，并且一直使他对自然有一种探究的欲望。

众所周知，小亚当斯15岁进入的哈佛大学，是新英格兰清教教徒一手创立的学府。对于这些创立者来说，思想就是一切。在哈佛的教育体制下，亚当斯学习了拉丁文、希腊文、逻辑学、修辞学与物理学，在二年级时他学习了道德哲学、形而上学。这些知识在那个时代只有少数人才可能接触。尽管学习机会难得，但并不是所有的学生都能努力学习，亚当斯的同学、哈佛大学中一些资质很好的学生沉迷于喝酒、赌博、放纵、嫖妓等与学生身份不符的活动，更有甚者思想堕落，成了不信仰宗教并随意亵渎上帝的人。与他们相比，亚当斯的大学生活则严谨得多。有一段时间，亚当斯的笔记里记录了西方政治哲学家马基雅维利著作中大段的文章。马基雅维利的思想体系使亚当斯的分析更透彻，同时这个哈佛学生也发现了佛罗伦萨的哲学家思想体系的冲突所在。也许，正是在这个时刻，约翰·亚当斯开始思考一些关于政府效率之类的政治问题。

活泼的青年教师
JOHN ADAMS

大学毕业

光阴似箭，转眼 5 年过去了。1755 年，亚当斯从哈佛大学毕业，昔日的男孩也变成了意气风发的青年。对亚当斯而言，校园时光过得实在太快，而一切还要逐渐面对。首要的问题就是他的职业——他要干什么才能配得上这 5 年的学习，当然，成为农夫的选项首先就被排除了。由于不确定他要从事什么职业，亚当斯暂时先回到了布伦特里，和父亲一起商量自己未来的道路。

老约翰希望自己的儿子能成为一名牧师，这是他送亚当斯上哈佛之前就已经决定了的。但经过 5 年学习，心智渐渐成熟的亚当斯却有着另外的打算。牧师职业实在乏味甚至令人窒息。那些围绕着呆板的宗教教条的争论充满了他的头脑，他总是忍不住想起受他人攻击、自由放纵的神学家约那丹，想起那些离经叛道的神学者。像自己这样一个热爱鲜活生命的人怎么会成为一名牧师呢？亚当斯考虑再三，决计改变父亲的想法，成为一名律师。可是要想成为一名律师，他必须先到律师事务所工作，并且必须为此付钱给律师。为了挣到这笔钱，亚当斯先去了伍斯特一家学校当了老师。这所学校位于伍斯特镇中心，校舍只有一间屋子。

1775年夏末的一天，亚当斯骑着镇上送给他的一匹马，只用了一天时间就走完了从布伦特里到伍斯特60英里的路程。虽然以前从没当过老师，也没受过这方面的训练，但亚当斯还是很快就进入了角色。由于自己看上去实在太年轻了，亚当斯告诉朋友，他不得不装出绷着脸、皱着眉的样子。在学校，这名新来的老师一共负责大约12名学生。很快，亚当斯发现这些男孩女孩并不好应付——他们敏感并且脆弱，对一切都反应过度。经过一段时间的实践，亚当斯找到了教育的诀窍，他发现，这些孩子和他小时候一样，更容易对鼓励和表扬有所反应，而不是批评或"重责"。"一个教师应该是名鼓舞者，"亚当斯因此下结论说，"不过，我们必须小心运用并珍惜我们的表扬之词，不要让学生们对此习以为常。"

伍斯特小学规模很小，学生大都是当地居民的子弟。在这所学校里，高深的物理和天文知识毫无用武之地，而玄妙又高深的哲学和神学思想更是无从对人谈起。亚当斯可能忽略了这一点，他此时此刻脑海中都是做律师的梦想，对未来生活的单调和挫折准备不足。事实也是，这份职业看来不适合亚当斯，因为他很快就感到了厌倦。亚当斯认为日复一日的学校工作并不适合自己，他向往更荣耀的事业，甚至希望从事任何有别于目前教师的工作。经常出现的一个情景是，亚当斯老师大部分时间都坐在自己桌前，沉浸在独自思索和奋笔疾书中，学生们却都推测他在准备教案。

尽管工作越来越变得索然无味，但亚当斯还是很喜欢这些孩子。他喜欢观察他们，这也能给他带来乐趣。在亚当斯的日记里，清楚地显示出对这些学生的仔细观察与喜爱之情。

> "有时，感觉轻快的时候，我把坐在学校大椅子上的自己想象成某个国家的独裁者。在我的国家里，我能发现真实世界里所有伟大天才、惊人举动和革命运动的缩影。我手下有好几个赫赫有名的将军，不过他们都是些身高只有3英尺左右，脸上还挂着鼻涕的孩童。几名极富创造性的政治家整日都显得极其活跃，只是她们全都穿着衬裙。我手下的其他人有的忙着逮苍蝇进行解剖；有的忙着收集小石子或是海贝壳等等，他们热切的好奇心决不亚于皇家学会的任何一位大师……"

JOHN ADAMS

第一章 少年

孩童的天真与活泼,在亚当斯的眼中全部都是人性中固有与闪光的东西。他爱孩子们,也希望能与他的学生融洽相处,从这一点上讲,亚当斯倒是具有做教师的潜力。只是,整日与一帮孩子为伍,又如何能满足一位哈佛毕业生的梦想呢?

继续学习

读书,是约翰·亚当斯贯穿一生的良好习惯。

枯燥的教师工作,最终没有磨灭亚当斯的意志。经过短期调整,他很快找到了摆脱坏情绪的方法,就是继续读书,读大量的书。伍斯特学校的教师待遇很差,亚当斯只能由家人提供膳宿。不过,也正是亚当斯在伍斯特当教师的几年,使得他形成记日记的习惯。世界在亚当斯面前又掀开了新的一页,充满了疑惑与自我审视,也充满了对上帝、宇宙本性之类知识的好奇与渴求,充斥着对他自己品质名声的满足欲。"一切都处于不断地形成之中，却又永远找不到解决之法。"亚当斯痛苦地写道，"但我终究会使头脑中那些卑贱与虚伪的东西消失殆尽，克服掉我先天的自满与自负，不去期望能得到我应得的同伴们的归附与顺从……克服没有任何价值的激情，对待所有的人如同我也期待的一样。"

在他给友人的一封信里，亚当斯也明白无误地表示了自己的苦恼："完全彻底的痛苦取代完全彻底的快乐，即使竭力保持达观，我也难以应对这令人震惊的打击。为什么我总是下决心却难以实践？为什么我这样心不在焉，这样懒散，这样爱做白日梦？"沮丧的心情可以理解，亚当斯早期受教育的经历使他相信，教育年轻人应采用积极的方式和可预期的奖励而非惩处和威吓来激发他们。在伍斯特学校的表现也许是有原因的，亚当斯的缺乏热情也许恰恰反映了学习的本质：与其让学生机械地抄记课本，不如让学生分析课本学习知识。

在那些坐在大椅子上上课的无聊日子里，亚当斯记录了许多自己的想法和观察。大段观察性的描写填满了日记本，其中包括对自己学生和天气变化的描写。亚当斯频频在纸上反映大自然的变化，一切都给人美感："温柔的春雨"，"到处充满着迷人的芬芳"，"和风拂面"。不过，他关注最多的主题逐渐变成自己，尤其是在孤独感袭来，对自己处境感到绝望和对自身素质不满时。有时，他险些屈服于这些情绪波动。不过清教徒精神中的某些特质占了上风。通过日复一日对自己、为自己写日记，通过尽职尽责地估算自己的"道德资产和债务"，尤其是"债务"，他能够不断提高自己。"哦！要是我能克服自己思想中卑劣、低级的倾向，克服自己与生俱来的骄傲自大就好了。"

与此同时，亚当斯继续读书，在书籍中汲取大量的营养。他发誓要更认真地阅读，还发誓要戒掉嚼烟草的坏习惯。他在1756年7月21日的日记中写道："我决心日出时就起床，在星期四到星期日的上午学习《圣经》，其余的三个上午则用来学习一些拉丁语著作，每天下午和晚上要用来学习英语著作……我要振作起来、集中精力。我要保持内心平静，思考自己的所读所见。我要全身心地努力，比那些资质不如我的人做得更好。"但是第二天他睡到7点才起床，在接下来的一周里，他每天都写下同一句话："雨天。在梦中度过。"

JOHN ADAMS

开始关注政治

在伍斯特学校教书的时候，亚当斯和当地的一个大夫同住。室友收藏的医学书籍极好地缓解了亚当斯几乎永不满足的读书欲望，甚至使得亚当斯一度有转行去做医生的想法。同时，亚当斯大量阅读了弥尔顿、维吉尔、伏尔和博林布鲁克子爵等人的著作。在读完《论历史研究和历史用途》后，亚当斯意识到自己越来越多地关注与政治、历史有关的问题。

在哈佛的时候，他养成了写日记的习惯。在伍斯特，他又开始在一本几乎只有自己手掌大的小册子上写日记，用小得近乎用显微镜才能看清的字迹在本子左边的空白上写下日期。开始时，他的记录不加渲染，实事求是地记载了每天的天气和新生活中发生的每件小事。我们现在之所以能猜测他当时的心情不好，完全是他的日记的真实反映。

当然，更有价值的记录是他对当时时局的看法。当时，正值法英七年战争。英格兰开始在实力和声名方面崛起，已成为全球最强大的国家。亚当斯注意到了这一点，并对这个现象给出了自己的想法："美洲公民已经越来越倾向于称自己为美洲人而不是殖民地居民。英格兰的崛起已经成为事实，她取得的成就前所未有。回顾历史，我们不难发现，一些早期被轻视的国家逐渐强大，并很快扩大自己的影响。当它们达到光辉的顶点征服全球，一些不为人怀疑的细小原因通常会致使这些国家最终毁灭，只好由另外一些国家来担当世界帝国的殊荣。比如，罗马帝国最早不过是个毫不起眼的小村庄，只有几个无耻的恶棍或者无足轻重的农夫住在那儿，但它渐渐地成长为一个惊人的国家，在艺术和军事上取得的成就前所未有。迦太基的覆灭消除了所有威胁，任凭罗马帝国陷入堕落之中，并最终成为野蛮人轻而易举就得到的猎物。"

亚当斯还对这种现象给出了自己的建议："宗教改革后不久，一些人为道德之心所驱使来到新世界。或许（显然）这微不足道的情况能够使帝国称号转移到美洲来。在我看来是这样的。因为，如果我们能够赶走狂暴的高卢人，根据最精确的估算，我们的人口数在下个世纪会超过英格兰。如果事实真是这样，既然我们控制了这个国家所有的海军补给品，我们很容易就能攫取海上控制权，即使是整个欧洲联合起来也难以打败我们。惟一能防止我们建立霸权的办法是瓦解我们，分而治之。使我们保持各自独立的殖民地状况,当然,各殖民地都会有些大人物觊觎控制所有殖民地的权力,他们互相削弱彼此的影响力,使整个国家保持平衡。"

从亚当斯的表述中可以看出,这时他已经成为一个成熟的青年,对当时的政治局势有着清醒认识。尤其令人感到惊奇的是他对海军的重视,这也解释了他为何后来能够在美国海军组建上取得不凡的成就。

5 毁誉参半的职业
JOHN ADAMS

选择

到1756年夏末的时候,亚当斯已经在伍斯特小学做了近一年的教师。在这段时间里,他在牧师、医生和律师三个职业中间犹豫,不知日后选择何种职业。此时一次偶然的法庭旁听经历,决定了这名年青人未来的道路。当对自己感到毫无把握时,亚当斯旁听了波士顿的法庭辩论。在那里,他毕恭毕敬地倾听了当时的著名律师杰里迈亚·格里德利和詹姆斯·奥蒂斯的法庭辩论。两位律师发表的长篇精彩演说,为亚当斯的未来打定了主意。为了坚定自己的想法,他必须要和格里德利面谈一次。

一天早上,亚当斯来到格里德利的住所拜见他。虽然格里德利此前从未见过他,但这位著名的律师却很喜欢亚当斯,并没有在几分钟内匆匆结束这次会面。他仔细询问亚当斯读了些什么书,和他谈了好几个小时。谈话中,格里德利对他的选择表示了赞许,并在最后以慈父般的口吻向亚当斯提出忠告:"要为了法律自身的魅力而学习,而不是为了从中牟取利益。"

有了专业人士的鼓励,亚当斯在1756年8月21日和伍斯特一位名叫詹姆斯·普特南的律师签下了合同,决定今后两年内在这名年轻律师的"监督下"学习。第二天是个星期天,在决定不做牧师所带来的轻松感和在刚听过的布道的启发下,他在当天写下了自然的"灿烂表现"和这种表现所唤起的强烈快感。凝视夜空,"上天在令人惊异的凹面上撒满闪烁的繁星",他"陷入某种狂喜之中"。他知道,这样的奇观是上帝恩赐的礼

JOHN ADAMS

物，是上帝之爱的流露。但最重要的，是善于探索的头脑所发现的奇迹。

协议刚签完，亚当斯变换了住所，搬去与普特南同住。他白天继续在伍斯特校舍教书，夜晚则阅读法律书籍。普特南只索要了100美元的费用，而且亚当斯还可以分期支付。在这里，亚当斯飞快地读完了伍德四卷装的《英格兰法典》，他还读了霍金斯的《柯克法典节选》、索尔克尔德又大又沉的《报告》、柯克的《目录》，还有霍金斯足有10斤重的两卷巨著《王室诉讼》的单行本。

亚当斯学习法律的决定，很快就得到了家庭的允许和默认。虽然他的父亲一直希望他在教堂而不是在法庭上工作，但亚当斯的坚定意志改变了老人的想法。在所有从新英格兰迁来的居民中，起初并没有从事法律行业的人。但是当那些共和与博爱的观念很快消退后，人们之间的冲突与不信任占据了主导，使得处理讼案与诉讼的律师行业应运而生。公众及个人名声问题促使了法律生活的形成。确实，殖民地与祖国之间的矛盾在本质上也促进了法律的革命。亚当斯作为一名律师，会为美国人民的诉讼辩护，会为美国人民遭到干涉的人权辩护。他要把清教徒那日渐蔓延的宗教唯心主义消除掉，实现他所选择的崇高事业。一个世纪过去了，亚当斯的曾孙——亨利·亚当斯——把律师看作是为金钱而工作的职业。但是，在"诚实的亚当斯"的时代，人们却认为法律是因为道德而产生的工作。亚当斯要把自己的精力都投入到这个行业中去，很大原因是因为他的良心认为自己有义务、有必要去做这些事情。亚当斯很适合从事这个行业。

有了普特南的指导，加之可以大量阅读法律专业书籍，亚当斯在普特南手下收获很大。很短时间内，亚当斯已经掌握了不少专业知识和职业技巧。为了增加自己的实战经验，他经常去波士顿旁听各种官司，从中学习其他律师的从业经验。这一切都让亚当斯感觉良好，带着欣喜的心情，他在给一个朋友的信中写道："这会是非常辛苦的工作，不过这项事业越艰险，最终给予胜利者的桂冠就越荣耀……在大部分的剧院中，观众的掌声对于演员内心对自己的承认来说显得尤其重要。而在生活的舞台上，当人们的良心为自己喝彩时，却只会招来人们的唏嘘之声。此前，我感到很消极，所以我聚集的所有决心和精神都不能把我从愚昧的邪恶中唤醒。现在，有一点已经十分明显——我有权为自己做打算。"

正式执业

伍斯特的律师学习过得很快,到了1758年秋天,就像合同约定的那样,亚当斯结束了在普特南那里的学习。普特南夫妇希望他留在伍斯特附近,可是约翰谢绝了他们的好意。他开始受到头痛病的折磨。不管是真的病症还是神经作用,这类头痛的毛病此后一直纠缠着他。他渴望有益健康的海风的吹拂,渴望"故乡山上吹来的纯洁微风"的抚慰,渴望见到自己的父母。他整理行囊,迫不及待地回到布伦特里,和分别了8年的父母住到了一起。

从15岁去哈佛上大学,到如今的一个23岁的见习律师,亚当斯成长的速度超过了家人的想象;好像在一夜之间,马路拐角老约翰家的那个男孩已经成为了布伦特里镇"最吸引女孩目光"的英俊小生。"我重新开始了生活",亚当斯高兴地告诉哈佛的同学。他忙着和以前的朋友们联系,忙着做自己分内的农活,还忙着准备取得律师资格。

这段时光,依然显得忙碌和紧张。为了取得正式的律师资格,他独自学习,以他对待生活特有的独立、坚决的方式全身心投入。他在日记中写道,他在家里做农活和翻译《查士丁尼法典》,都同样地坚韧不拔。"我今晚读完了吉尔伯特的第一部分,即有关土地使用权的那部分,但我对此并不精通。"在10月5日的日记里,他还记录自己正在阅读杰弗里·吉尔伯特爵士的《封建保有权专著》。"大概在日出时就起床了。卸下了一车干草。翻译了两页多《查士丁尼法典》……现在正在读吉尔伯特有关封建保有权的篇章。"

一年的艰苦准备后,1759年11月6日,在波士顿高级法院举行的一个仪式上,亚当斯如愿取得了律师资格。第二年的春天,只有24岁的他接手了有生以来的第一起官司。亚当斯处理的第一起官司是"兰伯特对费尔德案",这起官司就发生在他居住的布伦特里镇上。

一天,一位名叫兰伯特的农夫的马闯进邻居约瑟夫·费尔德的围篱,踩坏地里的庄稼。兰伯特来牵马时,费尔德要求他停住,但就像亚当斯记下的那样,兰伯特"挥了挥帽子,吆喝着就把马牵走了,没有赔偿费尔德的损失"。在布伦特里就像在新英格兰的其他地方一样,镇上的大部分官司都和畜养的牲口有关,为了保证人们畜养的牲口远离别人的田地,政

JOHN ADAMS

府对惹事的一方从来都很严厉。

按照惯例，这些法律事务通常由镇上的文书或地方官处理。他们虽然没有接受过法律培训，但却熟知所有法律程序，知道起草文书令状的所有细节；而亚当斯虽然阅读了不少法律书籍，但在这方面却知之甚少。兰伯特是个粗鲁、自以为是的人，亚当斯从来就不太喜欢他。作为原告费尔德的律师，亚当斯很自信，认为自己熟知与此案相关的法律条款，但他担心自己准备的法律文件"不像文书写的"，害怕因此失败。他根本没有准备法律文件的经验。他为此非常痛苦，抱怨普特南的培训不全面，抱怨母亲坚持要自己接手这起官司以免被人们认为不会写法律文件；他因此认定，自己从没遇到过容易事，并悲哀地写道："但我命中注定要用手指挖掘财宝。"

这起官司不可避免成为全村的话题：人们认识与案件有关的每个人，而律师则是刚刚执业的亚当斯。兰伯特的律师是一对父子——乔塞亚·昆西上校和年轻的塞缪尔·昆西。情况显然不利于亚当斯和他的委托人。正如自己担心的那样，亚当斯因为一个技术性细节输掉了这场官司。亚当斯在地方治安法官面前辩论，忘记在文件中提及"布伦特里治安官所辖镇"。"费尔德大为愤怒"，亚当斯这样写道；他自己为此也非常难过。第一次作为律师亮相，他就被兰伯特这粗鲁的人驳倒，在全镇人面前出丑。

最终，亚当斯律师生涯中的第一场官司输掉了。尽管我们的主人公因此郁闷了很长一段时间，但事实是，全镇的人都见识了他的风采，作为一个新手，他的演说口才吸引了许多人的目光。

1760 年，詹姆斯·奥蒂斯与英国政府之间的诉讼轰动了当时的北美殖民地。

詹姆斯·奥蒂斯出身律师，曾是英王在附属海事法庭上的总辩护律师。七年英法战争期间，为了增加收入应付战争，英国政府大力整顿海关，颁布"搜查令状"。这个法案授权海关官员可以闯入任何人的房屋内搜查走私物品。在这个法令的保护下，海关人员可以闯入任何船舶、仓库、商店或住宅，搜查违禁品。

法令一出，遭到人们普遍不满，马萨诸塞被激怒了，吼道："住宅就是我们的城堡，船只、码头、商店同样不可侵犯。头可断，血可流，但永远也不许国王踏进一步！"詹姆斯·奥蒂斯愤而辞职，并公开在法庭上反对"搜查令状",他认为这些法令粗暴地践踏了人民的自由。他说:"英国自由最重要的部分就是一个人房屋的自由。一个人的住宅就是他的城堡,只要他安分守己,他在城堡里就应当得到像王子一样的保护。"虽然最终奥蒂斯败诉,但迫于民众压力,英国政府撤回了"搜查令状",奥蒂斯也成为殖民地人民心中的英雄。

约翰·亚当斯在当时的诉讼程序中担任了一些简单的工作,但这件案子却给他带来了强烈的冲击。日后,当亚当斯亲自投身于反对英国"印花税法"的时候,他满怀敬仰地说:"奥蒂斯是一团火焰!……美国独立就是在那个地方、那个时候诞生的;爱国者和英雄的种子就是在那个地方、那个时候播下的。反对大不列颠蛮横无理要求的第一个行动就是在那个地方、那个时候发生的。"

父亲去世

在执业开始后,布伦特里的新律师亚当斯渐渐有了越来越多的委托人。人们都喜欢和信赖这个个子不高但意志无比坚定的青年人。在庄严的法庭上,亚当斯口齿清晰、言语铿锵有力、思路敏捷,能很快地抓住问题的中心,并很快做出案件的最后总结。由于家族一直保有的诚实信誉,加上他心胸坦荡,很少有人怀疑亚当斯隐瞒事实或窜改法官的评判。就在约翰·亚当斯觉得自己的人生之路开始呈现令人高兴的乐观前景时,年轻时代遭受的最沉重打击降临到他身上。

1761年春天,所有的美洲殖民地都未能逃过瘟疫的劫难,流感、天花、伤寒、白喉相继流行。医学对它们的肆虐束手无策。劫后余生还是死于非命主要靠运气。1761年5月25日,他父亲约翰执事因为染上流行性感冒而去世,享年70岁。这场流行性感冒在马萨诸塞州东部肆虐,击倒了许多老弱病残。布伦特里一共有17个老人因此去世。

父亲的去世给亚当斯带来了巨大打击,伤痛甚至让这个年青人在很长一段时间内不能正常工作。亚当斯作为长子,一手处理了自己父亲的丧事。亚当斯的母亲也被传染了,虽然活了下来,但却虚弱得下不了床,没法参加丈夫的葬礼。她后来活到了89岁。镇上的牧师们都是亚当斯家的熟人,在礼拜堂为"执事"约翰开了追悼会。在追悼会上,牧师们说对于那些圆满地走完一生的人应该多加赞赏而不是一味地予以哀悼。当他抄写自

JOHN ADAMS

己父亲的遗嘱时，亚当斯亲手写下了约翰执事惟一为人所知的讣告："他认识的人并不多，他的生活圈子不大。尽管他没有上过大学，但立遗嘱之人也受过良好教育，他是个勤勉诚实之人。他早年做过军官，担任教堂执事、市政管理委员会委员，20年来，他几乎参与过镇上所有的事务。他是个虔诚正直的人，所有认识他的人都尊重、爱戴他。"

父亲去世后，亚当斯经历了一段他从不知道的"渴望力量和勇气"的时期。不过，他仍然像人们期望的那样成了一家之主。随着时间的推移，他性格中仅剩的有关自我怀疑、绝望和扭扭捏捏的犹豫变得越来越少。"执事"约翰去世后，给他的3个儿子留下了一份不小的家业。他在身前已经做好公平分配的安排。他把位于兰道夫的农场留给小儿子伊莱休，把主宅及其周围的土地留给了二儿子彼德·博尔斯顿，其余的给了约翰，并且作为长子，他还被指定为遗嘱执行人。继承遗产后，亚当斯在布伦特里成了一个财产丰厚的人。他的财产包括父亲房子旁边的那一座房产，还有40英亩土地，10英亩相连的土地和包括果园、牧场、林地和沼泽在内的30英亩土地；此外，父亲还给了他第三种财产——知识，在老约翰的3个儿子中，只有他受过大学教育。

亚当斯在得到这些不动产的所有权以后，他的思想坚决地"转向务农"。他被各种项目和改进工作吸引着，和雇来的几个帮工一起砌石头墙、挖树桩、运送肥料、用6头牛犁地、播种玉米和土豆。他从没有如此喜欢过农场，即使是个树桩，他也写成"我的树桩"。

他对法律的热爱也不断增长。他认为自己因为这份职业而受庇护、有特权，他告诉乔纳森·休厄尔："无论理想多远大，品格多高尚，谁不渴望掌握所有知识，仔细吸收，随时准备使用，用它去帮助弱者和无助者，反对傲慢和目无法纪，用它矫正错误，获得权力，确保自由美德，铲除专政邪恶？"

现在，他在自己家里，把原来的厨房扩大了以后，开设了自己的第一个法律办公室。这个房间明亮、阳光充足，在冬天，原来的大壁炉把整个房间烤得暖洋洋的。他还在临街的地方开了道门，这样委托人就可以从这儿直接来去。他的业务逐渐好起来。每周要去波士顿两三次，还参加由皇家法官主持的巡回审判。"我越来越专业了……我感觉到了自己的力量。"

在布伦特里这个小地方，亚当斯轻车熟路地处理财产、重税、契约与遗嘱之类的工作，他同时也在法庭上代理一些涉及盗窃、诽谤、抢劫和私生子之类的案件。

6 少年情怀
JOHN ADAMS

多情种子

哈佛的大学生活，开拓了亚当斯的眼界，也教会了他用积极的态度对待生活。其后在伍斯特镇的教师经历和法律学习过程，使得他更加接触到社会的方方面面。这其中，来自异性的吸引力异常强烈，在他的整个青年时代，时时刻刻影响着他。或者说，这名出生在朴素清教徒家庭的男子，天生却是个多情"种子"。

在亚当斯的文章中他写道，自己"生性多情"，早在10岁、11岁的时候，他就"非常喜欢参加女生的社团活动，总是能在其中找到乐趣并乐此不疲"。很久以后，他对托马斯·杰斐逊（他的继任者、美国第三任总统）回忆说："我喜欢在晚上和哈佛的旧友们待在一起，和他们平静、安宁地交谈。或许值得一提的是，我还喜欢看女孩，喜欢欣赏其中一些非常漂亮的。"

早在亚当斯成为一名执业律师之前，亚当斯就觉得自己总是为女性所吸引。布伦特里及其附近的城镇有许多未婚的母亲和私生子，在那时，并不是所有人都能保持道德上的高度自觉性。亚当斯的才智与魅力吸引了村中许多美女的视线，在他大学毕业之后，尤其是成为一名律师后，他的追求者变得多了起来。但尽管如此，亚当斯还是保持着一副高尚正派的样子。对于异性，他有着自己独特和不肯降低要求的标准。

回到布伦特里开始律师职业生涯后，亚当斯花了大量时间"追求女孩子"，并给镇上医生的妻子朗读《奥维德》。后来他又被汉娜·昆西所吸引（她的表妹后来成为亚当斯的妻子），这是一位可爱迷人的女孩，尽管已有许多年轻人蜂拥在她的周围，但亚当斯却仍然对她情有独钟。曾经有那么一天，亚当斯几乎要向她求婚了，但这时他的同伴们拥进屋，两人不得不

JOHN ADAMS

分开。不久，汉娜嫁给了另一个追求者，亚当斯很快体会到了相思的滋味，他只有想着汉娜美丽的脸庞才能入睡。这种涌起无限愿望，却又无法满足只好寂寞徘徊的场面"紧紧抓住了我的灵魂，不管我去了哪里，不管做什么，醒着或者睡着，这种亲切陶醉的画面总陪伴着我，她占据了我所有的思想。"

当然，喜爱异性的亚当斯在道德上却无懈可击，亚当斯的男性朋友警告他远离脆弱的婚姻陷阱，因为他的朋友很少有人早早地走进婚姻。用他自己的话说："我最喜欢和年轻女子待在一起，在晚上经常以她们为伴。进入大学后的 5 年里，我一直严格约束自己这方面的喜好，但后来我又沉迷其中直到结婚。我不会在此列举自己青春激情的事例，也不会说出具体的对象。因为这样做无论是对生者还是死者都是不敬。但我要说的是，她们全都是谦逊、正直的女性，而且终身保持着这些美好的品质。在我认识的女性中间，任何少女或主妇见到我时都不会感到脸红，也不必因为是和我熟识而感到后悔。在我认识的男性之中，任何父亲、兄弟、儿子或朋友都不会因为我跟他们的女儿、姐妹、母亲或其他女性亲属交往而感到焦虑或怨恨。我向自己的孩子们保证，他们没有任何私生的兄弟姐妹，这样的私生兄弟姐妹从不存在。"

阿比盖尔

汉娜·昆西在亚当斯的心灵上留下了难以泯灭的印记，这一点他很长时间都不能说服自己。很快的，年青人冲动的情感迅速找到了新目标。汉娜·昆西的表妹——阿比盖尔，那时她已经暗恋亚当斯很久。虽然亚当斯也非常喜欢和这个才年方 17 的小女孩来往，但爱情的火焰却从没有在亚当斯的蓝眼睛中闪耀。其实，亚当斯在阿比盖尔 15 岁的时候就认识她，由于其表姐深深吸引住了当时还是见习律师的亚当斯，这位年青人总是喜欢往她们家跑。

阿比盖尔来自于一个叫韦思茅的城镇，出生于一个富裕的牧师家庭，一共姊妹 3 个，姐姐叫玛丽，妹妹叫贝贝茜。阿比盖尔母亲一家姓昆西，是一个名声显赫的大家族，她是老约翰·昆西的女儿。昆西家建在山顶的宅院被称作"渥拉斯顿山"，是布伦特里的标志性建筑。这支昆西家族在布伦特里也是望族，是全镇人羡慕和景仰的家庭。1635 年，昆西家族迁来伍拉斯顿山定居，如今人丁兴旺，成员众多。阿比盖尔父亲一家姓史密斯，原籍查尔斯顿，与波士顿隔河相望，家族人气虽没有那么旺，但还有艾萨克叔叔、伊丽莎白婶婶和两个儿子很可亲。阿比盖尔与两家来往都很密切，夏天在外公家过，每年至少有一个月住在波士顿艾萨克叔叔家。

与她的两个姐妹一起，阿比盖尔在家里接受了良好的教育，她的妈妈是她们的启蒙者，父亲的图书馆藏书很多，更是一笔很有价值的财富，可以让姐妹3人了解很多知识。史密斯教士是个哈佛毕业生，他非常喜欢自己的孩子学习知识。阿比盖尔记得父亲反复告诫她们，不能说任何人的坏话。她们只能说"体面的事情"。而且话题最好论事不论人。对于教区教士之家，这是非常明智的规定。可阿比盖尔对几乎每件事和每个人都有自己的看法。表达自己的思想或毫不犹豫坦言彼此爱慕之情的同时，她也从不讳言对对方的批评。

阿比盖尔小时很喜欢学习知识，她甚至因为上学的事情和母亲争执过。在她还小的时候，母亲因为她的身体太弱，不同意她去上学。论身体，阿比盖尔是家里最弱小的一个，生来纤巧。在她17岁的时候，个子也才刚刚5英尺出头。家里人个个都像参天大树，她却是一株幼苗。骨骼魁梧的父亲天生一副大个子，一伸手几乎可以摸到牧师公馆低矮的天花板。母亲和姐姐玛丽都是高挑的身材，肩膀厚实，四肢粗壮。

8岁生日的那天下午，阿比盖尔摆出一个坚决的姿势，两脚分开，对全家人宣布，明天一早她要去上学。客厅里一片死寂。"你太娇弱了，不能每日风吹日晒地去上学。"母亲终于严肃地对嚷着要去学校的阿比盖尔说，"昆西家得痨病的人很多，而你老是感冒。"

她小时候确实经常感冒，偶尔还犯风湿症。至于娇弱嘛……她朝窗外望去，看见弟弟比利的一匹小马正在牧场上连蹦带跳。

"我大概与那匹马一样娇弱吧。"她思忖着，"我可以一口气爬上坟山，然后再跑回来，不会喘气的"。

从幼年时代起，母亲就一直给她灌输个子小、力气差的观念。大家认定阿比盖尔身体过弱，不能去上临近的家庭小学，而玛丽在那里已经上了好多年了。如今，已经17岁的阿比盖尔觉得耳边仿佛仍旧萦绕着那片寂静，仿佛仍能看见母亲的表情。母亲命令道，阿比盖尔最需要的是健康，而不是什么书本知识。幸好，阿比盖尔有着天生的文学天赋，并且思维敏

JOHN ADAMS

捷,有着女性不是很擅长的缜密思维能力。

父亲一有空闲,就向阿比盖尔讲授《圣经》和浩瀚的布道书,而且还教给她语法、算术、地理,讲解像《弗吉尼亚的演讲与观点》这样的历史著作,间或穿插有莎士比亚与本·琼斯的剧作。在父亲、艾萨克·史密斯叔叔和昆西外公的严格教导下,再加上她天性渴求知识,只有博览群书才能感到满足,所以她的基础教育完成得很好,更难得的是,她还懂得逻辑思维和客观思考。

在她日后的许多信中,阿比盖尔都使用笔名"波西厄",这是一个罗马领袖布鲁特斯妻子的名字。在阿比盖尔的意识中,她认为波西厄是一个坚忍而又伟大的妇女。阿比盖尔很幽默,她从来不抱怨婚姻与做母亲的义务,她认为这是作为一位女性应该接受的传统角色,同时她也看重隐私与自律自立。阿比盖尔热爱读书,还把自己"写信的品位"归功于理查德·克兰奇。她后来写道,克兰奇"教我热爱诗歌,把弥尔顿、蒲柏、汤姆逊和莎士比亚的作品递到我手中"。引用起诗句来,她比亚当斯更在行。在她的一生里,她反复在通信中引用自己喜爱的诗歌,有时也会犯些无关紧要的小错,而这正说明她全凭自己的记忆引用诗句,没有查阅书籍。

相识相知

约翰·亚当斯和阿比盖尔·史密斯第一次见面是在1759年的夏天,当时的阿比盖尔还是个羞涩、娇弱的15岁的小姑娘。在阿比盖尔的印象中,自己好像永远不如表姐汉娜那样吸引男子的目光。追求表姐的人前呼后拥,这大批的追求者中还包括她非常喜欢的亚当斯。当初在马萨诸塞湾,在乔赛亚·昆西上校舒适的家里,那个布伦特里的年轻律师约翰·亚当斯常来常往,很显然,他对自己的表姐很感兴趣。

"汉娜比我漂亮得多吗?"阿比盖尔委屈而又不甘地自问。她合上双眼,想象着自己的容貌。"我美吗?是啊,并不特别美。可一定会很吸引人吧?"她倏地睁开眼睛。"天哪!"她叫了起来,"瓜子脸上长了个罗马式的鼻子!"

这鼻子简直是从父亲脸上微缩下来的。要是鼻子能再小一些,眼眶下没有那个小弯曲该多好啊。不过话又说回来,在韦茅斯村,牧师的女儿就算拥有古典之美,又能怎么样呢?由于童年时经常生病并时不时有复发的头疼和失眠症,她比自己的姐妹显得更为娇嫩脆弱。阿比盖尔朋友很少,只有一些亲戚中的同龄人可以谈谈心。从她内心来讲,她始终渴望接近周围的年轻人,可自己住在牧师公馆,做全镇领头公民的女儿,要交密友谈何容易。虽然她认识韦茅斯镇上的每一个人,然而亲密友情却总与她无缘,既给不出,也得不到。谁家出了不测或者喜事,她总要跟着父亲去登门拜访。她可是牧师大人的女儿,不可将心事随便吐露的。

细心的父亲看出了她的困惑,这位牧师总是这样善解人意,又是如此疼爱他的这个女儿。他想出了一个主意,帮助自己的女儿结识更多的年轻人,当然也包括男孩子们。牧师用免费享用草莓和蛋糕的茶点时间、礼拜天的午宴或是"总督就职日"仪式来吸引大家,这些都是韦茅斯村以及附近镇上的小伙子们通常聚会的场合,其中还有新英格兰的许多正在择偶的年轻牧师。父亲知道,这些访客中总会有人成为阿比盖尔的朋友。

亚当斯就是这众多访客中的一个。他是通过朋友理查德·克兰奇的引见才造访史密斯牧师的家,除了这个家庭中的女孩,牧师大量的藏书也深深吸引了他。

阿比盖尔就是在书房里第一次认识了亚当斯。一天,阿比盖尔照例去书房,忽然瞥见亚当斯正站在书房里。他站在父亲的书桌边,面对着满墙的书。一手拿着一本翻开的书,这名年青人轮流嗅着,肩膀快耸到耳朵了,好像是把自己围起来,不受外界干扰。看到一个异性男子全神贯注地站在这个她最热爱的房间里,拿着那些自己也非常喜欢的书欣赏,阿比盖尔的感觉真是有点异样。正是在这个房间里,看到亚当斯把那两本书放回书架,又挑出另外两本,阿比盖尔很纳闷:"他究竟在干什么?"这是她第一次有机会好好端详这个小伙子。通常亚当斯发觉有人在观察自己时,总是一副局促不安的样子。从侧面看,他下颌丰润,身材粗壮刻板,与阿比盖尔最最爱戴的父亲恰好相反。父亲是高个子,身材清瘦,筋骨毕现,强健有力;而眼前的这位男子却显得有些矮小,虽然他的肩膀同样也非常宽厚。

阿比盖尔脚步咚咚地走进书房。亚当斯吃了一惊,转过身来,丰满的双颊上泛起了红晕。他向她张开双臂,手上各托着一本翻开的书,说:"你知道吗,史密斯小姐?只要闻闻纸张,就可以分辨出一本书是在哪里出版的。这本克顿·马瑟的传记是在波士顿印刷的,有一股浓烈的纤维编织味。这本《编年史》是在伦敦印刷的,散发着压紧的湿布的香味。"

"那可让人有点诧异了,亚当斯先生。"

"为什么?"

"我还以为是书的内容造成了味道的差异呢。你的法律书可能散发着一股牢房的阴湿味,而我父亲书桌上的布道书能使你的鼻孔里充满……"

"硫磺味!"亚当斯叫了起来。

"太对了。"

亚当斯不禁将她打量了一番:阿比盖尔骨骼匀称,高高的前额曲线优雅,正好与凸出的颧骨相配,下巴的轮廓呈狭小而坚毅的椭圆、颌骨结实。她嘴巴小巧,但双唇丰满,皓齿细小而整齐。她的眼睛是最好看的,暖褐色的眼珠又大又水灵,在弯弯的细眉下,显得非常友善。她的呈奶油色的肌肤柔软又富有光泽,颧骨下的酒窝红润润的,很可爱。她也喜欢自己的栗色头发,又浓又密,从额前两鬓梳向脑后,光可鉴人,用蓝丝带扎住垂在背上。

亚当斯与阿比盖尔相比,在容貌上毫无可以炫耀之处。他有着一张椭圆、扁平的脸庞,虽然体格结实,但是个子矮小,丝毫没有显出咄咄逼人的才智和对生活的热爱之情。在别人的眼中,他可能是任何一个长着黑色浓眉、头戴灰色假发的肥胖而未经世事的年轻人。而她却很容易看出他有过人的吸引力,她用专注的目光注视着他,一眼就看出了他身上的潜在的能力,深深地爱上了他。当别人看到的只是个矮胖、虚张声势的小个子男人时,她却分明看见了一个巨人伟大的心灵。

爱情就是这般奇妙,只是第一次见面,阿比盖尔就喜欢上了亚当斯。虽然他们 8 年之后才能结合,但是阿比盖尔在这中间从未停止对亚当斯的仰慕和热爱。是的,她就像生病一样爱着他,从未有丝毫减弱。

7 与阿比盖尔结婚
JOHN ADAMS

热恋

1761 年,亚当斯最好的朋友理查德·克兰奇结婚,这件事给他一个强烈的暗示——他也应该需要考虑自己的婚姻大事了。理查德·克兰奇是亚当斯最好的朋友，他最终也没有追求到两人都喜爱的汉娜，而是和阿比盖尔的姐姐玛丽·史密斯结婚了。在理查德·克兰奇的陪伴下，亚当斯越来越多地了解了史密斯一家。他对他们的看法已经开始改变。一开始，他对阿比盖尔有些不经意的兴趣，后来却越发热烈以至于每个人都注意到了。

亚当斯喜欢阿比盖尔小姐，这件事情在史密斯家里变得几乎众人皆知。但是，亚当斯迟迟没有向阿比盖尔求婚，阿比盖尔很害羞，不好意思向那个打动她心扉的男人表明心迹，亚当斯花了一段时间才体会到阿比盖尔罕见的心智与人格魅力。

亚当斯的做法也许有他自己的理由，由于史密斯牧师家庭的特殊性，亚当斯感到财力上不够充分，而且自己也没有变得富有的希望。但是，当他父亲去世时，给他留下了一份不大的遗产。这些财产使他得以参加镇选民大会，这也就使他在社区得到了有一定影响的社会地位。尽管财产不多，但他毕竟成了有产者和纳税人，被选为不动产的终身保有者，有一段时间还被任命为公路勘测员。在他的家乡，因为小酒馆容易滋生邪恶，使得人们养成了好酒与喧哗口角的恶习，亚当斯发动人们示威游行，反对那些小酒店。最后，他还成功促成一部限量发放酒店执照的法律。渐渐的，在法庭上穿着黑色袍子、戴着白色帽子的亚当斯美名远扬，为人们所瞩目。所有这些使他变得自信起来，他开始热切地追求阿比盖尔。

很快，两个彼此欣赏的人坠入了爱河。他们的感情是那样热烈，以至于现在重读他们的通信仍会被深深感染。在一封亚当斯写给她的信中说："哦，我亲爱的姑娘，感谢上天，再有两个星期，经过如此长的分离后，它终于要将你交给我。看不见你，我的灵魂和肉体全都紊乱，要是再这样下去一两个月，我会变成这世界上最令人讨厌的愤世嫉俗者。最近，除了所有人身上的缺点、愚蠢、脆弱和不足，我什么都看不见。人们丧失了他们所有的优秀品质，要么就是我丧失了自己的公正和洞察力。但是你，永远软化、温暖我内心的你，一定会恢复我的仁爱之心、健康以及思想的平静。是你使我对生活的态度和举止优雅别致，是你消除我性格中不合群、性情暴躁的成分，使我有着好脾气，能够成功地协调自己敏锐的洞察力和完美的率真之情。相信我，现在、永远都是你的。"

也许在爱情面前，时间总是过得很快，又或者是因为杰里迈亚·格里

JOHN ADAMS

第一章 少年

德利曾经警告过他，作为一个抱负远大的律师，他不能太早结婚。所以直到 1764 年，在几乎追求了 5 年之后，约翰·亚当斯才最终向阿比盖尔·史密斯求婚。在他 29 岁生日来临之前，约翰·亚当斯的生命发生了前所未有的转变，这次求婚将给他带来一生的福祉。

时间证明，和阿比盖尔·史密斯结婚是约翰·亚当斯一生中最重要的决定。在各个方面，她都和他不相上下。虽然他如此爱她，欣赏她对自己有益而平稳的影响，但他从没想到她会在自己生活里扮演如此重要的角色。亚当斯与阿比盖尔长达 54 年的婚姻生活成了美国总统罗曼史上的一段佳话。他们之间的关系就像是两颗灵魂结合的共鸣与欣喜。

亚当斯说，他们两个在一起，"如同是磁石和钢铁一样"。但是，政治的责任感使得亚当斯离开家在欧洲待过很长一段时间，在他担任副总统及总统的 12 年里，阿比盖尔经常是一个人住在昆西。从 1801 年亚当斯离职时算起，他们分离的时间远远超过相聚的时间，但是他们之间的通信却从没有间断；他们的亲密关系没有因为年龄的关系而衰退；早期亚当斯在欧洲当外交官，阿比盖尔在离开家去与他相会时写道："我的思想好像是凝固了，我最大的愿望就是依赖于你的指挥与保护，我的丈夫，我的爱人，我的朋友。"这在历史上是很少见的，在这段婚姻中，丈夫与妻子结合在一起生活得异常美好。是爱，征服了空间与时间。

结婚

按照家规，阿比盖尔的母亲强烈反对这桩婚事。她的娘家是昆西家，而阿比盖尔的婚事和这却极不相称。但是，阿比盖尔和约翰的决心，加上他们对彼此的吸引——正如约翰说的，就像铁和磁石一样——已经足够使他们获胜。1764 年 10 月 25 日，在韦茅斯教区的牧师公馆，在一个由阿比盖尔·史密斯父亲亲自主持的小型仪式上，约翰·亚当斯和阿比盖尔结为夫妻。

举行婚礼的那天晚上，新郎、新娘搬到布伦特里住。当时，已经有一个仆人在那儿等候他们，她是亚当斯父亲早年收养的一个孤儿，约翰的母亲暂时把她借给这对年轻夫妇。他们结婚后，阿比盖尔就要搬进亚当斯的农宅。韦茅斯的牧师公馆及其里面的陈设与亚当斯童年时居住的那幢朴素农宅有太大的差别。当然，史密斯家还有两个黑奴，而在亚当斯家里却什

JOHN ADAMS

第一章 少年

么都要自己动手。几周后,阿比盖尔已经开始自己在敞开的壁炉前做饭,亚当斯则忙于他的法律书籍和农场事务,她还亲手纺织日常生活所需的布料。

结婚后,虽然从小受庇护,饱读诗书,但阿比盖尔和男人一样从事所有的累活,而且丝毫不会懈怠。她成为一个十足的新英格兰妇女:每天早上5点起床,晚上要到8点才能歇息,一天难得空闲。

她做所有必须

阿比盖尔肖像。在她的一生中,全力支持丈夫的事业是约翰·亚当斯得以成功的重要因素。

做的事情。整整一生,她都要自己缝纫、烘烤、喂鸡鸭、自己搅拌制作黄油(因为这是她的职责所在,她也知道自己做的黄油更好吃)。阿比盖尔虽然读过许多书籍,对英国诗歌和文学知之甚多,但她从来没有改掉北方佬说话时的质朴方式。这位出身于牧师家庭的娇小姐毫无骄娇二气,好像在一夜之间她就变成了一个令人叹服的家庭主妇。令约翰更高兴的是,阿比盖尔和他毫无书卷气的母亲相处得很好,她对母亲的尊敬丝毫不比他自己要来得少。阿比盖尔认为,她婆婆是个快乐、开通的人,有着"值得仿效的仁慈之心",她全身心地为这个家的幸福着想。而婆婆也对阿比盖尔非常满意,认为她的儿子亚当斯运气很好,找到了这样一位妻子。这两个

JOHN ADAMS

女人越来越喜欢对方，看起来比亲生母女还要和谐。有那么一两年，苏珊娜·亚当斯一直和儿子彼得住在隔壁的房子里，直到她后来嫁给布伦特里一个叫约翰·霍尔的人。

约翰·亚当斯的女儿阿比盖尔·阿米莉亚·亚当斯肖像画

1765年7月14日，结婚后不到9个月，约翰和阿比盖尔有了他们的第一个孩子，是一个女孩。他们叫她阿比盖尔或者娜比。她的母亲记录道："她可爱的形象像她更可爱的爸爸。"

阿比盖尔·阿米莉亚·亚当斯，生性安静、内向。她有蓝色的眼睛，头发微红，圆脸庞，皮肤白皙。由于家境较好，阿米莉亚从小就接受家教。天性和后天教育使她深受父母的影响。17岁那年，阿米莉亚爱上了一位年轻律师罗亚尔·泰勒。他搬来布伦特里县之前，在波士顿做律师，爱好写诗。罗亚尔身材高大，黑色头发，英俊潇洒，令布伦特里的未婚女子为之倾倒。罗亚尔看上了阿米莉亚，两人订了婚。但亚当斯家族认为罗亚尔地位低下，不能与自己这样的显赫家庭联姻。

虽然两人已订婚，约翰·亚当斯对女儿选择这么一位不般配的丈夫大为恼火。为了拆散他们，亚当斯把阿米莉亚送往波士顿，但没有奏效，阿米莉亚又回来恢复了婚约。她父亲代表美国驻巴黎后，就命阿米莉亚和母亲去巴黎陪他。阿米莉亚提出去巴黎可以，但如果一年后她和罗亚尔仍相爱，罗亚尔就要去欧洲与她结婚。起初两人频繁书信往来，渐渐地罗亚尔的信越来越少。几个星期过去，阿米莉亚逐渐失望，变得更加沉默寡言。

1785年约翰·亚当斯被任命为美国第一任驻英公使，阿米莉亚又随父母迁往伦敦。她继续跟弟弟约翰·昆西互通信息，也坚持给罗亚尔写信，却没有回音。一次在圣詹姆斯法院，她被介绍认识了父亲的副官、美国公使团秘书威廉·史蒂芬斯·史密斯。史密斯是纽约州人，曾任华盛顿将军的副官，参加过独立战争。他是亚当斯家女婿的标准人选。这次介绍标志着他与阿米莉亚关系的开始，也意味着亚当斯家族期待已久的阿米莉亚和罗亚尔解除婚约的实现。

由于约翰·亚当斯的举荐，史密斯被任命为驻英国总领事。1786年6月26日，阿米莉亚做了史密斯的新娘。新婚夫妇在伦敦她父母家附近安了家。由于新郎在亚当斯手下任职，阿米莉亚作为亚当斯女儿的地位并没有什么变化，只是多了一个丈夫而已。阿米莉亚结婚的消息给了在美国的罗亚尔沉重的打击。他放弃了律师业，回到波士顿。他的诗人才华显露出来，两部剧本大获成功，令他一举成名。

1788年，亚当斯和史密斯两家回到美国后，史密斯的真实面目才显露出来。他成年累月不归家，在家时也不理睬阿米莉亚。史密斯在不归家的那些时间里，曾卷入了委内瑞拉的一次叛乱，还在西部做地产投机生意，却全以失败告终。阿米莉亚得了乳癌，48岁时死在位于纽约州"狂野西部"的家中，被她弟弟称为"金钱游戏的无辜牺牲品"。具有讽刺意味的是，曾被亚当斯家族拒之门外的罗亚尔·泰勒在法律界获得成功，成为佛蒙特最高法院的大法官。他死后被尊为"深受全世界敬爱的人"。

两年后，第二个孩子约翰·昆西出生了（他日后的业绩和其父亲一样伟大）。

约翰·昆西·亚当斯，约翰·亚当斯的长子，1788年毕业于哈佛大学。21岁前，他就曾四渡大西洋，其中三次是在独立战争期间。十几岁时，他就任拜访俄国女皇凯瑟琳的美国使团秘书和翻译。他随父亲驻外时，在巴黎和荷兰来登上学，因此外语很好。虽然他后来从事法律业，但在哈佛主修的却是文学和古典研究。

他样样出众，一位哈佛教授称他是哈佛有史以来最有才华的学生。他

JOHN ADAMS

一生力求成功，正是他父亲对子女严格要求的写照。老亚当斯不断鼓励儿子在学业上出类拔萃。他们父子在社交和感情方面都不太敏感。追随父亲步入政界后，他以父亲的座右铭为自己的人生准则。老亚当斯让儿子按照17世纪清教徒式的道德准则行事，告诫他："我的孩子，你的人生目标应是追求道德，因为它们是永存的。"正是这类忠告才塑造了这个才华出众的年轻人像他父亲一样桀骜不驯的性格。

完成哈佛学业后，约翰在波士顿做了一阵律师。1794年，他被乔治·华盛顿总统任命为驻荷兰公使。1798年，又从荷兰被派到瑞典，代表美国进行贸易条约谈判。在伦敦的一次短暂停留期间，约翰·昆西遇到了美国驻英公使的女儿露易莎·凯瑟琳·约翰逊，并与她结了婚。

1802年，昆西夫妇和孩子回到美国。他立即投身政治舞台，当选马萨诸塞州参议员，进而进入美国参议院。任马萨诸塞州参议员时，由于他富有外交经验，被聘为哈佛学院修辞学和辩论学教授。后来他被任命为驻俄国公使，直到1812年英美战争结束，他被派去参加根特条约谈判。回到美国后，昆西出任门罗总统的国务卿。许多历史学家认为是他一人制订和实施了1823年的门罗主义，向全世界宣布美国准备同其他大国竞争，以阻止欧洲在西半球扩张殖民地和侵略原有殖民地。

1825年，约翰·昆西·亚当斯成为美国第一位继承父业的总统。同他父亲一样，昆西在民众中威望不高。选举团的投票结果为99:84，安德鲁·杰克逊将军获胜。但由于众议院有决定权，而他们支持前总统的儿子，约翰·昆西·亚当斯才当选总统。

1828年，他的任期结束，他又作为众议员返回华盛顿，一直到1848年。无论在婚前或婚后，亚当斯都是独自行事，对别人一直是个谜。在公众眼里，他是个冷漠、刻薄、脾气暴躁的老人。但是，对于与他同时代的政治家来说，约翰·昆西·亚当斯以才华横溢、历经磨难而著称。

有了这一儿一女之后，阿比盖尔向人们证明了她是个称职的母亲，她甚至在刚刚生完昆西后就已经开始为其以后该上什么大学，为娜比买漂亮衣服，让她上舞蹈学校和"所有这些事情"操心。

JOHN ADAMS

第一章 少年

约翰·亚当斯长子约翰·昆西·亚当斯画像,他日后的成就决不在其父亲之下。

JOHN ADAMS

第一章 少年

　　1767 年，在近 3 年的婚姻生活后，阿比盖尔认为，她的约翰仍然是"丈夫中最温柔的"，他的爱意从未"减弱"；对亚当斯来说，生活从未像现在这般充实：有了阿比盖尔在身旁，他和农场的纽带变得更加坚固。她是他的定心丸，是更新、更美生活至关重要的中心。离开家的日子，那些参加法庭巡回审判、远离她和"孩子们"的日子，变得越来越难以忍受。此刻，对于亚当斯来说，家就像一块磁石，无时无刻不在强烈地吸引着他。

JOHN ADAMS
第二章
革命

"如果你遭了殃，你还能同凶手握手言欢，那么你便不配被称为丈夫、父亲、朋友和情人，并且不管你这一辈子的地位和头衔如何，你都是个胆小鬼和马屁精……"托马斯·潘恩喊出了许多人想喊而不敢喊出来的话："独立"，"独立"。在短短的几十天里，《常识》这本仅有几十页的小册子在只有250多万人口的北美殖民地发行了50万册，并在随后的独立战争中发挥了战争檄文一般的作用。

JOHN ADAMS

1 印花税法风波
JOHN ADAMS

第一篇政治著作

约翰·亚当斯有了第一个孩子后，他更加勤于工作，家庭的责任感使他开始思考一些现实的社会问题。作为一个英格兰清教徒的后代，他对自己所处的美洲的前途有着令人惊奇的预测。由于工作关系，亚当斯加入了一位名叫杰里迈亚·格里德利大律师发起的法律俱乐部。这个位于波士顿的新的律师组织给亚当斯提供了开拓思路与了解其他律师思想的机会。正是在这里，他在格里德利的建议下开始写作人生中第一篇政治文章，后来，史学家把它称之为《论宗教法规和封建法律》。这篇文章，是亚当斯有生以来第一篇政治著作，也是他最杰出的作品。写作这篇文章时，亚当斯只有30岁，担任律师工作也才两年。

这篇文章之所以得到史学家的重视，与其发表后在当时引起的轩然大波有直接关系。亚当斯在这篇文章里，起初只是表达自己的一些想法，是一篇小试牛刀的作品。然而当他发表后，由于当时特定的历史时期，这篇小文被许多人注意并且研读。正是由于这个原因，亚当斯的名字开始被更多对美洲政治感兴趣的人们所注意。

一切，都和当时发生的英国对美洲的"印花税法"有直接关系。

18世纪时，北美英属殖民地人口增长很快，从1702年的27万人，到1770年已接近220万人，大约每过25年翻一番，在美洲的北部，人们从事自由贸易，南部则是大片的种植园区，一片人丁兴盛、事业发达的景象。如此繁荣兴旺的美洲，使得英国开始注意到其中的利益。英国国王曾规定：殖民地的自由居民对涉及他们的立法有发言权，也就是说殖民地居民的权利得到了部分承认。但是，时间来到乔治三世的时代，殖民地与英国的关系开始出现问题。年轻的乔治三世国王血气方刚，他的观点是："不但要统而且要治。" 1763年，英国在与法国争夺殖民地的七年战争中取得胜利。在战争中，虽然美国土著曾与法国一起在东北部共同抗击英军，

JOHN ADAMS

但是魁北克依旧落入英国手中。但是当以英国人自居的英属北美殖民地居民为此庆祝的时候，他们并不知道这其实是一系列矛盾接踵而来的开始。

延续七年的战争给英国带来了巨大的债务，总计1.3亿英镑的债务是战前英国外债的两倍。英国当时的胜利导致了两种尴尬的局面：一方面，在美国的殖民者觉得，再也不需要英国来替它出力对抗法国和印第安土著了；另一方面，宗主国英国却强烈感觉需要美国来为它的战争埋单，同时英国在美国的殖民地体系与由英国陆军和海军所负责的安全体系，也需要资金来维持下去，这些也应该由在美国的殖民者来偿付。英国人原本想在国内解决问题，但加税的要求一提出就引发了一系列骚乱。于是他们把目光转向海外殖民地，特别是美洲大陆，他们试图从那里筹措殖民地防务和管理开支。其中，英国首相兼财政大臣乔治·格伦维尔说："从殖民地取得某些收入是必要而又正当的。"他的提议在英国议会获得通过。

1764年，英国颁布"糖税法"，对从西印度群岛进口到北美殖民地的所有食糖和糖浆，均要征收高额关税。在马萨诸塞，人们将糖浆加工成郎姆酒，这是当地最主要的出口商品之一，而新关税将使这些工厂倒闭，进而连累大多数商家。为此，马萨诸塞拒绝交纳任何税款，走私迅速发展起来。英国方面对此有所放纵，也许当时有点顾虑，并不尝试将该条例强制执行，只是对过去每加仑征6便士的外国糖税减为3便士，但撤销各殖民地原享有的某些免税待遇，对输入美洲的外国食糖和奢侈品（如酒、丝麻）收取附加税。

1765年，英国颁布"印花税法"，这是首次出现在美洲英属殖民地的新税种。1765年5月最后一个星期，"印花税法"传到美洲殖民地，立刻就引起了骚动，特别是在马萨诸塞。从11月开始，除了私人通信和书籍，几乎所有手写纸张和印刷品，包括小册子、报纸、广告、契据、文凭、票据、合同、所有法律文件、船舶证件，甚至连结婚证书和扑克牌，都必须贴上半便士至20先令的印花税票，有的则要贴多达10英镑。

"印花税法"由英国议会通过，是英国首次试图直接从美洲殖民地征税，以支付法英七年战争的支出，支付殖民地军事力量的给养，这样做是为了防止印第安人的进攻。虽然英国当局声称，征收这两种税都是供当地的防卫与安全之用，但此举却没有征求殖民地人民的意见。北美殖民地的每个人都深受影响，人们开始反抗英国的这个新税法。首当其冲的波士顿

JOHN ADAMS

人民爆发了，他们开始用各种方式表达他们的不满。征税员被涂上桐油，浑身粘满羽毛，印花税票被夺过来烧掉，木偶像被悬挂在火堆上点燃，维持秩序的陆军少尉托马斯·哈钦生的妹夫彼德·奥列弗的房子被人们冲击，就像狂风暴雨般的袭击一样捣得烂作一团。不久，哈钦生自己的豪宅与其中无数油画、银器、瓷器与稀有书籍全被洗劫一空。

根据英国传统，财产是和生命与自由紧密相连的，如没有本人同意或他所选代表同意，无人可以侵犯他的财产。殖民地普遍认为，殖民地的权力来自英王特许而不是英国议会，而且殖民地在英国议会没有代表，因此英国议会无权对殖民地直接征税。要征也得殖民地议会说了算。据当时的《波士顿日报》报道说，弗吉尼亚处于"极其惊恐"的状态。8月，波士顿愤怒的群众"像被释放的恶魔"，他们向当地官员安德鲁·奥利弗的住宅扔石头，因为奥利弗被指定负责分发税票；接着他们袭击并摧毁了副总督托马斯·哈钦生的房子，误以为是他发起这让人厌恶的税种。

不寻常的一年

1765年的这桩税法事件，使得亚当斯开始在政治上引人注目。就在这一年，他当选为布伦特里的大道勘测员，这是一个他父亲曾经担任的职务。到了1766年，亚当斯又当选为布伦特里的镇管理委员会成员。政治著作加上日益增多的露面机会，让他突然成为公众人物。在他开始出名时，他的婚姻和家庭生活才刚刚起步。"我永远都不会引人注目，除非某种大好的机会让我释放自己的全部能力。"他曾经这样写道，现在机会来了，"……在兴趣和雄心的驱使下，当然还包括荣誉、感激和职责，我必须为此付出我最大的能力。"他写道，由于一贯诚实坦荡，他没有忘记在其中提到自己的雄心。

亚当斯之所以开始提到自己的雄心，在于他自己对未来趋势的正确判断。当英国议会通过了印花税法，并拟于11月生效时，亚当斯认为自己的机会来了。在此以前，亚当斯只是把律师当作一种谋生手段，并没有打算投身政治。但当印花税法的消息于5月传至殖民地时，约翰心中浮起了一连串设想：英国如此粗暴地征税，殖民地人民肯定不愿支付，到11月1日时，整个弗吉尼亚将发生什么情景呢？到那时，必定会出现生意都要关门，法院也要关门，律师将无事可做，他的生活前途将告吹。另外，北美殖民地人们强烈的自由主义精神在亚当斯身上有着根深蒂固的影响。他相信整个殖民地民众都会反抗英国的不公正政策。

正是在这样的形势下,亚当斯发表了他的《论宗教法规和封建法律》。亚当斯把这篇文章放在《波士顿日报》上,以不署名、无标题的形式发表。约翰·亚当斯在文中几乎没有提及印花税法。全文更像一份他自己的声明,声明他的炽热爱国之情,充分表现出对自由和权利的渴望与尊重。作为从英国迁移至此的殖民地人民的后代,他坚信美洲的自由并非是有待争取的理想,而是根据英国法律规定,通过几代美洲移民的勇气和牺牲早就确立了的一项权利。很多年以后,亚当斯说,远在任何交火、流血事件发生前,革命就已经在美洲移民的思想中开始了。

"记住,无论冒多大风险,我们都要支持自由。我们有权得到它,这权利是上帝赋予的。自由,如果不了解它,它很难被保存下来。人天生有权获取知识。即使我们本没有这项权利,但我们的父辈们也为我们争取、买到了这项权利,他们为此抛弃了自己的安逸、财产、享乐甚至鲜血。伟大的造物主没有白费心血,他赋予他们理解力和求知欲。但除此之外,他们还有一种权利,一种天赋,不可割让、不能剥夺、神圣的权利,我所指的是有关他们统治者的性格和行为的知识。"

英国政府明显轻视了北美殖民地人民对自由的渴望和敬畏。年轻的乔治三世没有意识到,在这块大洋彼岸土地上的人们,会比珍视生命更强烈地珍视自由。其实,早在"五月花"号船民登上这块土地之初,这种精神就以契约的形式被订立下来。

今天,"五月花"号的复制品停泊在马萨诸塞的海湾,在船舱里,摆放着一份文件的复制品,这份文件被称为美国最早的立国文本。"五月花"号上的41位男士在文件上签下了名字,他们是船上的成年男性移民,由于当时妇女没有政治权利,所以她们没有签署。在他们走上新大陆之前,在船上召开了一个会议,并最终签署了这份文件以记录会议的精神。《五月花号公约》,这份写在粗糙羊皮纸上的文书,内容很简单,但它开创了一个先例,也树立了一个典范:人民可以通过自己的公意决定集体行动,以自治的方式,管理自己的生活;行使统治必须经过民众的同意;人民可以通过公议的契约建立秩序，而不是由人民之上的权威予以强加。

《五月花号公约》中这样写道："为了上帝之荣耀，为了增强基督教信仰，为了我们国王和国家的荣誉，我们漂洋过海，在弗吉尼亚北部开发第一个殖民地。我们这些人在此签署此文件，并在上帝面前共同庄严立誓签约，自愿结为民众自治团体。为了使上述目的能得到更好的实施、维护和发展，将来不时依此而制定颁布的被认为是对这个殖民地全体人民都最适合、最方便的法律、法规、条令、宪章和公职，我们都保证遵守和服从。"

本着这样的精神，1620年12月25日后的一天，在普利茅斯上岸的"五月花"号船民选出了自己的代表，这些参加签约的人组成了普利茅斯殖民地的自治体，这个自治体具有选举官员、通过法律和吸收新的投票委员的权力。从此，北美殖民地的自治意味着一切公共事务必须征得全体自由民的意见，由此开创了一个自我管理的社会。它标志着"政府需经被统治者的同意方可实行统治"这一原则得到认同并实施。《五月花号公约》的签订方式和内容，在王权与神权并行统治的时代，暗示了民主政治的许多基本理念。因为它否定了由来已久的君权神授思想，否认了统治权无须治下普通民众认可的现状。虽然用今天的眼光来看，《五月花号公约》只是此后无数自治公约中的第一个，但它所呈现出的依法管理、民众自治理念到今天仍然具有重大价值。可以说，弗吉尼亚的这种精神成为后来另外12个州竞相效仿的模式，它也对《独立宣言》和美国宪法产生了巨大的影响，被人们称为美国精神的先驱。

投身政治热潮

"作者是个年轻人，年纪不会长于33或34岁，但有着无与伦比的判断力。"住在波士顿的资深牧师查尔斯·昌西看到亚当斯登载在《波士顿日报》上的文章后写信给罗得岛教士埃兹拉·斯泰尔斯时说，斯泰尔斯后来成为耶鲁大学的校长。"我认为这是最好的文章之一。它为作者带来荣誉，遗憾的是作者并不为人知晓。"

以上就是查尔斯·昌西对亚当斯文章的评价，他所言不虚，这名年轻人的文章确实令人难忘。在文章里，亚当斯并没有号召人们武装起来或举行更多的群众集会，但他文章的煽动性却是不言而喻的。但有一点也许牧师没有说对，亚当斯已经在那时开始被政治人士所注意。当时，亚当斯已经完全投身到波士顿的政治热潮中，他经常和格里德利、詹姆斯·奥蒂斯、塞缪尔·亚当斯等人会面。在一次次热烈的讨论中，亚当斯不断汲取这些人的勇气和智慧，更加坚定了他投身政治的信心。

仔细观察过围绕在自己周围的这些人之后，亚当斯认为自己的堂兄塞缪尔·亚当斯"最透彻地了解自由的含义"。塞缪尔·亚当斯"对这项事业敏锐而热忱"，为人"一贯正直"，有着"少有的好性格"。塞缪尔·亚当斯是约翰·亚当斯的远房兄弟，他是美国历史上有名的战斗人士。前者这一支久居波士顿，所以被称为城市亚当斯，后者这一支久居乡间，所以被称为乡间亚当斯。塞缪尔生于1722年，约翰生于1735年，所以塞缪尔不但在年龄上是老大哥，而且在革命道路上也是老大哥。1765年底，塞缪尔·亚当斯在波士顿组织了一个被称为"自由之子社"的秘密组织，他们领导城市居民放火焚烧成堆的印花，抢劫海关官员们的家，并迫使印花代售商辞职。约翰·亚当斯不像塞缪尔·亚当斯那样呼吁人们起来战斗。作为乡下人，他生来就不喜欢波士顿那样的"聚众滋事"，他甚至厌恶这种"对和平的粗暴践踏"。

亚当斯在文章中呼吁人们要团结起来，不向英国当局低头。他在文中写道："政府统治是件清楚、简单、明智的事情，它建立在自然和理性之上，是人所共知的……我们受磨难的真正根源来自于我们的怯懦。我们直不敢思考……让我们敢于阅读、思考、演讲、写作……英国人的自由并非王公、议会的恩赐……我们的许多权利是与生俱来、不可或缺的，像普遍真理一样得到人们的认同，早在当初就确定，甚至早于议会就已经存在……让我们阅读、回忆并铭记我们祖先的初衷和抱负吧，他们离开自己的祖国，来到这不适宜居住的荒野……想想他们惊人的毅力、艰苦的遭遇吧。他们面对饥饿、寒冷毫不退缩，全都默默承受。他们从事强体力劳动：清理土地，修建房屋，种植食物，捕鱼捞虾，而且随时面临野兽的威胁。想想那些文明和宗教原则，那些希望与期待，依靠这些支持，他们才得以度过所有艰难险阻，始终耐心屈从……让我们把这回忆当作自由吧，自由的希望，为他们、为我们，也为我们的希望，这希望帮助他们战胜了所有的挫折、危险和考验。"

1766年，时年31岁的亚当斯又当选为布伦特里的镇管理委员会成员。作为此项工作的职责之一，不久之后亚当斯起草了《布伦特里指示》。这

JOHN ADAMS

份文件里面包括镇上不动产终身所有权人给他们代表的指示，这些代表将前往马萨诸塞的立法机构"地方议会"。这份文件10月份被《波士顿日报》刊登后，立刻又引起轰动。在很短的时间里，布伦特里周围40多个城镇采纳了亚当斯起草的这份文件。亚当斯在《布伦特里指示》中表示："我们一直把（英国）宪法的主要和基本原则理解为，任何自由人都不应屈从于任何未经其本人同意的税种。"由于英国当局在制定印花税法的时候没有殖民地代表在场，所以亚当斯说必须实现无代表、不上税的原则。《指示》宣布，审判必须在陪审团的监督下进行，必须就此成立独立的司法系统。

"1765年是我生命中最不寻常的一年"，亚当斯在当年12月的日记中写道，"英国议会为了捣毁美洲所有权利和自由的大阴谋——我指的是印花税法，在整个大陆激起的这种精神，会被所有的后代视为我们的光荣。"

这真是令人感到难以置信，这位刚刚30岁的年轻人居然在当时就预见到了这一年发生的事情的重要性。正是由于这贯穿一年的"印花税法"风波，使得约翰·亚当斯真正经历了政治斗争的锻炼，开始了其反抗英国当局的伟大事业。

2 亚当斯家族当选议会代表
JOHN ADAMS

波士顿最繁忙的律师

由于北美殖民地人民的反对，英国议会不得不在1766年春天废除了印花税法。接下来的两年里，紧张局势有所缓和，人们也渐渐忘却这起事件。到了1768年，英国议会又出台了新的法律，对进口到殖民地的商品征税，并且坚持说这些是外在的而非内在的征税，因为这要牵涉到外来的贸易。1768年，马萨诸塞州议会联络弗吉尼亚州议会，共同发出巡回信件，呼吁殖民地各州团结起来。于是英国政府又颁布了一次唐森德条例，解散了马萨诸塞州议会。除此之外，英国内阁还准备逮捕殖民地领导反抗的领导分子，以亨利八世时的叛国罪判刑。殖民地人民愤怒了。波士顿的商人率先起来，领导了全国性的抵制英货运动。殖民地人民组织起来，用武力抵抗英国税吏的搜查和压迫。

　　这次空前广泛的反英运动，不仅抵制英货，而且要求废止唐森德条例。在斗争中，华盛顿把1769年的弗吉尼亚决议引进下院，决议由乔治·梅森起草，华盛顿和托马斯·杰斐逊都在决议上签了名。杰斐逊那年26岁。抵制英货的结果，是英国向殖民地输出的贸易总额剧减，这些对纸张、茶叶、油漆和玻璃征税的法案又一次遭到了美洲人民的抵制。英国政府、英国当局对两年前人民的反应心有余悸，只好又取消唐森德条例，局势重新回到平静之中。

　　亚当斯的工作在这时也有了很大规模的发展，他几乎成了全波士顿最为繁忙的律师。杰里迈亚·格里德利在一年前去世，奥蒂斯的精神状态也出现问题。由于奥蒂斯引起了某些人的忌恨，1769年，一个英国军官在奥蒂斯头部猛击一拳，使他得了精神病。年仅30多岁的亚当斯不得不应付越来越多的律师业务。很多年以后，亚当斯的家人回忆起这段时间，还感叹亚当斯当时几天都不得休息一下。

　　虽然不是每次都能打赢官司，但亚当斯为各种人辩护，包括贫穷的欠债人、盗马贼和走私犯等等。他看到生活的方方面面，学习客观地看待事物，像乔纳森·休厄尔写的那样，被认为是"自从开始领圣餐以来最诚实的律师"。

　　1768年，亚当斯在波士顿的业务越来越繁忙，他在波士顿开了一间办公室，还雇了两个年轻人——乔纳森·奥斯丁和威廉·都夺，跟着自己学习法律。作为回报，他们每人要付给他10英镑。亚当斯在日记中表示，"为了他们的教育和他们在世上的进步，自己会尽一切所能帮助他们"，他忠实地信守了自己的这一誓言，给了这对年轻人真正的辅导和扶持。3年后，当威廉·都夺最终成为律师时，亚当斯专门找时间写信给都夺的父亲，夸奖这个年轻人具有清晰的头脑和诚实的品质，并希望这位父亲能帮助自己儿子成立自己的事务所。

　　律师收入本就不低，加之生意昌盛，亚当斯的经济状况得到很大改善。按照亚当斯家的传统，他开始购置土地，一次只买5英亩到10英亩的盐沼地或林地，但基本每年都稳定购进土地。最终，当弟弟彼得结婚并搬到妻子家之后，亚当斯买下了那座老房子、谷仓和53英亩土地，包括流经其中那条被叫做"清流"的小溪。对于亚当斯来讲，这可是一件大事，他终于在自己 33 岁的时候实现了童年时就有的梦想。

另一方面，收入宽裕的亚当斯加紧他的收藏书籍的过程。他有越来越多的书，已经达到令他妻子感到不安的程度，在外人眼中，这甚至被公认为太过奢侈。尽管如此，亚当斯也毫不约束自己对书籍的喜爱。有一点可以证明他这时对购买书籍的狂热喜爱：他向一个伦敦书商下了一份长期订单，只要是出版了的、只要主题是法律和政府治理的所有名著和小册子都要。当然，虽然收入可观，他还是在日记中表露了对这种巡回出庭生活的担心。由于不能每天都按时回家，注重家庭生活的亚当斯在城里租了一套房子，让全家人搬去同住。但他并不喜欢这个决定，害怕这不利于家人们的健康。

1769 年，亚当斯接手了一桩案子，当事人的双方分别是美洲的普通水手与英国军官。美洲的 4 名水手被指控杀死了一名英国海军军官，而亚当斯则充当被告们的辩护律师。当时这名海军军官率领一队征兵队强行上船，要抓他们当兵。最后，这些水手以正当防卫的名义被无罪开释，但公众却强烈反对强行征兵这种可憎行径。亚当斯的行为可谓勇敢，毕竟享有特权的宗主国军队具有很大的权势。阿比盖尔非常为自己的丈夫担心，那时她又怀孕了，害怕和紧张的情绪使得她的身体总是不得安宁。

这桩案子结束后，弗吉尼亚殖民地检察官乔纳森·休厄尔应州长弗朗西斯·伯纳德要求，决定聘请亚当斯出任海事法庭辩护律师。然而，亚当斯丝毫未受诱惑，尽管这通向财富的大门已经对他敞开，更别提皇家任命对人们虚荣心的满足。亚当斯毫不犹豫推掉了这个职位，尽管对于任何有抱负的律师来说，这无疑是个美差。人们都明白，出任这个职位本身就有大钱可赚，用亚当斯的话说就是："通向省里最富裕行当的途径。"拒绝的原因很大一部分是出于政治上的感受和考虑：在政治上，他和休厄尔分属于完全相反的立场，休厄尔公开承认自己是个亲英分子，而亚当斯则坚定地站在殖民地人民的一方。

"龙虾兵"事件

1770 年，亚当斯代理了一桩令他名声大振的案件。当时，英国政府有很多驻扎在美国的军队，由于关系紧张，军队与地方经常出现一些摩擦。这些维持秩序、身穿红外套的英国士兵不受当地人的欢迎，城里居民与士

JOHN ADAMS

第二章 革命

兵之间频繁发生暴力冲突，人们憎恨地称英国兵为"龙虾兵"。终于，小摩擦酿成了大事件，殖民者们辱骂英国士兵，酿成了"流血的龙虾兵事件"，有一个年轻人被英军用毛瑟枪所射杀。事情发生后，在这个年轻人的葬礼后不久，军队与民众爆发了更大的冲突。

1770年3月5日，是一个非常寒冷的日子。夜晚来临时，波士顿街道被1英尺深的积雪覆盖。殖民地议会海关大楼前只有一个英国士兵在站岗，他遭到一小群男人的嘲笑。时间刚过晚上9点，城里教堂突然响起钟声，这是有火灾发生的警报。几乎同时。人们都拥到街上来，其中还有不少人刚刚从码头赶来，手里挥舞着棍棒。当这几百人突然聚集到海关大楼前面时，又有8名英国士兵被派来增援。他们的毛瑟枪全都装满子弹，插上刺刀，他们的指挥官也已经拔剑出鞘。拥挤的人群开始喊着、骂着向这些遭人蔑视的红外套投掷雪球、冰块、牡蛎壳和石头。混战中，英国士兵喊出"杀死他们"时，枪真的响了。最后，有3个人当场死亡，8个人受伤。死者中有一个叫克里斯托弗·阿塔克斯的年轻人，是个黑白混血儿，他也加入了那伙白人当中，向英国士兵挑衅，他是第一个为美国的自由而战的非洲裔美国人。亚当斯的堂兄、极其活跃的政治人物塞缪尔·亚当斯立即把这起事件称为一次"血腥的屠杀"。他很快向人们分发了保罗·里维尔出版的一份印刷品。里维尔在其中生动地把当天的场景描述成对无辜者的杀戮，是英国的暴政，还有后来被人们记住的"波士顿惨案"。

那个据称是下令开火的军官托马斯·普雷斯顿上尉，已经被逮捕并移交到上级法庭接受审讯，因为他被控告造成了"波士顿惨案"。34岁的亚当斯被要求担任这些英国士兵和他们队长的辩护律师。他被告知，没人愿意接手这件案子，为英国士兵辩护。就像他毫不犹豫地拒绝乔纳森·休厄尔给他的皇家任命一样，亚当斯毫不犹豫地接下了这起案子。他坚信，在一个自由的国家里，任何人都不能被剥夺请辩护律师和参加公平审判的权利。出于道德准则，他还相信这个案子非常重要。作为此案的律师，他的职责非常明确。显而易见，接手这件案子可能会危及他来之不易的声誉，用他的话来说就是给自己"招来喧哗和不利于自己的怀疑以及偏见"，即使他此后就该案的辩护听起来有些自以为是，他也是完全诚实的。

尽管当事人心怀坦荡，但旁观者却充满疑虑，尤其在这样敏感的时刻。英国的军官们委托亚当斯为托马斯上尉辩护，但波士顿人民疑惑他是

JOHN ADAMS

否真正地站在爱国者的立场上？人们甚至传说亚当斯收了大量的贿赂才愿意接手这起官司。但事实上，律师费和平时一样，良心的平复才是他能从这起官司中获得的最大收获。公众的指责让亚当斯在一瞬间感到极端痛苦。"使我镇定下来、专心思考的惟一办法，"他在日记中写道："是在桌前坐下，把我的日记在面前摊开，然后拿起笔；这些东西使我的注意力从其他问题上移开。如果说要捍卫人类的权利和不争的真理，那我将致力于从死刑的痛苦中拯救那些不幸的专制和无知的牺牲者，在我看来，命运是公平的，他们的祷告和多年的流放已经足够抵消他们对人类的蔑视。"

亚当斯决心已下，他要捍卫法律的尊严，而不是盲目地照顾民众的爱国热情。他的助手是年轻的小乔赛亚·昆西，法院指定的对方律师是乔赛亚的哥哥塞缪尔，他的助手是罗伯特·特里特·佩恩。审判开始时，亚当斯上来就说"我是囚犯们的律师"，接着他大声对所有人宣布士兵们是清白的。他说这场悲剧并不是士兵们引起的，而是暴乱的民众引发的。他强调，以维护和平为借口在城市驻兵的不可避免的后果就是产生暴民。

好像还嫌不够，更富有戏剧性的是，亚当斯竟然将案件诉诸种族偏见，他提醒陪审团说，这群乌合之众是由"混乱的黑人、爱尔兰人与野蛮的乡下人"所组成。而且士兵们要面对非洲人阿塔克斯，他是一个"看起来会使每个人恐惧的人"。"保护无辜者远比惩罚有罪者更重要，事实就是事实，"他对陪审团说，"无论我们的愿望、倾向或者感情如何，它们都无法改变事实和证据。"亚当斯强有力的辩护无懈可击，陪审团暂时离庭，商议了两个半小时。最后，8名士兵中有6人被无罪开释，另外有两人被判过失杀人罪，他们的拇指因此被打上了烙印；而激起众怒的普雷斯顿上尉也被宣告无罪释放。

这次判决激起了人们的愤怒，亚当斯甚至遭到《波士顿日报》的申诉。在他后来的日记中，亚当斯声称自己的业务比原来减少了一半。但时间证明，亚当斯在这次诉讼中的表现增强了他的公众形象，从长远来说，为他赢得了更多的尊敬。许多年后亚当斯回忆起此事，认为这是自己接过的最令人疲劳和伤脑筋的官司，他带着几分骄傲的口气总结说，这次辩护是"我一生最英勇、慷慨、有气魄的行为之一，是我献给祖国最好的服务之一"。

JOHN ADAMS

当选议会代表

尽管为英国军队辩护招致种种批评，亚当斯在1770年还是被波士顿镇选民大会选举为驻马萨诸塞地方议会的代表。这是他第一次真正介入政治，尽管之前他早就有了很大的政治名声。新的职务带来新的责任，这使他从事法律事务所各项业务的时间更少，也会使收入进一步减少。亚当斯把这些担忧告诉了阿比盖尔，她听到丈夫的担忧开始流泪，但阿比盖尔表示无论将来会发生什么，她都愿意分担丈夫的负担。

但是，太多的法律纠纷和政治活动，使得亚当斯的身体迅速崩溃。他的日记中记录道："特别是几乎每天在公共场合连续几小时发言的义务耗尽了我的健康，使我胸部疼痛，肺部也患上疾病，这严重威胁到我的性命。"祸不单行，当亚当斯的身体因为繁重的事务受到影响的时候，他们的女儿夭折了。苏珊娜·亚当斯是他们的第三个孩子，她生于1768年12月28日，是亚当斯家族中惟一一个年幼夭折的孩子。对于殖民地的新生儿来说，即使是在富有家庭，生存环境也极为恶劣。苏珊娜1周岁后，和家人住在波士顿布拉特尔广场（在华盛顿特区的总统住宅被命名为白宫很久以前，亚当斯家族在波士顿的房子就叫做白宫）。因为华盛顿没有亲生孩子，苏珊娜便成为第一个去世的美国总统的孩了。据记载阿比盖尔·亚当斯为这个女儿的早逝长期悲痛不已。很长时间里，他们一直生活在这件事的阴影中。亚当斯为此深感不安，许多年里他对此绝口不提。

1770年5月29日，约翰·亚当斯和阿比盖尔·史密斯的第四个孩子、第二个儿子查尔斯·亚当斯出生在波士顿市。查尔斯从小也在私立学校学习，后来进入哈佛大学。1779年9月，查尔斯和哥哥约翰·昆西一起来到伦敦。当时他们的父亲正代表美国在那里谈判。不到两年，查尔斯思乡成疾，为了他的健康，父亲决定送他回国，1781年8月从伦敦启程。由于中途船在西班牙靠岸修理，家人与11岁的查尔斯失去联系，以为他在海上失踪。4个月后，查尔斯回到家里，但从此一直像个迷途羔羊。

查尔斯和他弟弟托马斯一起进入哈佛大学学习法律，并获得律师资格。但查尔斯从来没有当过律师。毕业后，他回到波士顿，和母亲一家人住在一起。他爱上了表妹萨拉，并不顾家人反对他年纪太小，于1795年8月与萨拉结了婚。没人知道查尔斯是怎么变穷的，到1797年，他已经无力

JOHN ADAMS

负担妻子和两个孩子的生活，沉沦于酒精之中。1800年10月，他母亲来纽约看望他和萨拉，没想到期待中的幸福家庭变成"躺在病床上的查尔斯已无家可言，只是靠朋友供他一个栖身之地"，妻子早已离开了他。

1800年11月30日，由于长期酗酒，查尔斯死于肝硬化。亚当斯和阿比盖尔为"这个儿子的不幸去世"而深感悲痛。

1771年春天，他们举家搬回了布伦特里，熟悉的环境、宜人的气候加上每天骑马锻炼，亚当斯的身体逐渐康复。尤其令夫妻二人感到宽慰的是又一个孩子托马斯·博伊尔斯顿在1772年9月出生了，这个小家伙的出世多少冲淡了亚当斯女儿夭折的感伤。在家乡舒适生活的休养后，亚当斯又外出参加巡审，去过居无定所的生活。与往常一样，他的行李中依旧装着《堂吉诃德》，他仍然不断地给阿比盖尔写信，最多的时候，一天能写3封。"我想每天都看见妻子和孩子们，"他在外出参加巡审时写道，"我想看看我的草地、花朵和玉米……此外，除了妻儿们，我最想看到的是我的书。"他仍然在思索自己的灵魂究竟应该追随怎样的道路。"我的目标究竟是什么？"他问道，"我是在攫取金钱呢，还是在觊觎权力？"是的，他收藏了大量图书，但这究竟为什么呢？"收集这些图书的目的是名誉、财富或权力，还是效忠上帝、国家、客户还有我的同胞们？究竟什么才是我内心的真实所想？"

生活看起来又回到了从前的轨迹，整个1772年局势较平静，马萨诸塞的法律生意也不错。亚当斯的业务又多起来，他参加了200多场在高级法院举行的审判，他的客户中有许多是殖民地最有钱的人。在这些审判和辩护中，亚当斯具有很高的胜率，人们开始称呼他为优秀的"演说家和律师"。在很多场合，亚当斯被人们告知他是他们听过的最好的演说家，"与在希腊或罗马演讲过的任何伟大的演说家一样"。事实也是这样，亚当斯经过几年的锻炼，即兴发表演说已经非常娴熟，而如果需要的话，他甚至能毫无限制地讲下去。有一次，为了给一名客户足够的时间取回一份重要的记录，亚当斯一连讲了几个小时。这几个小时里，整个法庭和陪审团都非常耐心地听他讲话。结束时，他们每个人都被亚当斯深深感染，给予了热烈而经久不息的掌声。

3 波士顿倾茶事件
JOHN ADAMS

东印度公司

1773年的波士顿，人们竞相唱起了一首新歌，它是这样开头的："团结起来！莫霍克族，拿起斧头，告诉英王，我们不再为他的外来茶叶交税……"这就是"波士顿倾茶事件"令后人津津乐道的一首爱国歌曲。在历史上，波士顿倾茶事件又被称为波士顿茶党事件。1773年，英国政府为倾销东印度公司的积存茶叶，通过了《救济东印度公司条例》。该条例给予东印度公司到北美殖民地销售积压茶叶的专利权，免缴高额的进口关税，只征收轻微的茶税。条例明令禁止殖民地贩卖"私茶"。东印度公司因此垄断了北美殖民地的茶叶运销，其输入的茶叶价格较"私茶"便宜50%。该条例一经公布，立刻引起北美殖民地人民的极大愤怒。人们不能接受英国当局为挽救东印度公司而强加给他们的法律，在当时，北美人民饮用的走私茶占整个消费量的9/10，数量十分庞大。

惹了麻烦的东印度公司可谓声名显赫，在世界史上也占有重要意义。这家公司有时也被称为约翰公司，是一个股份公司。1600年12月31日，当时的英王伊丽莎白一世授予该公司皇家特许证，给予它在印度贸易的特权。此后，这家英国政府在海外最大的利益集团一直扮演了重要角色，直到1858年才被解散。

东印度公司的总部在伦敦，公司的全名是"伦敦与东印度贸易的商人的管理公司"。它由一群商人组成，这些商人获得了英国皇家给予他们的对东印度50年的贸易专利特许。公司共有125个持股人，资金为7.2万英镑。1608年，公司的船到达苏拉特并在那里建立了一个贸易点。此后两年中，东印度公司得以在孟加拉湾建立了它的第一个工厂。由于公司在印度登陆后报告说获得了很高的利润，英王詹姆士一世向其他公司颁发了补充许可证。1609年，詹姆士一世延长了东印度公司的特许，将其期限定为无限期。

在这样明显的保护下，东印度公司很快就超过了之前一直在海外领先的葡萄牙人。到 1647 年为止，东印度公司在印度已经建立了 23 个工厂，有 90 个雇员。许多公司的职员发财回到英国后建立了自己的不动产、企业和获得了政治权利。在英国议会中公司建立了一支自己的说客队伍。但一些原来与东印度公司协助的有野心的商人也对公司施加压力，他们希望能够在印度建立自己的私人公司。在这些压力下，1694 年议会通过了一个非管制法令。这个法令允许任何英国公司与印度贸易，除非议会通过法令禁止该贸易。这样英国议会实际上取消了施行了约一百年的特许证。1698 年议会通过法律建立了一个平行的"东印度公司"（官方名字为"英国与东印度贸易公司"），这个公司拥有国家保障的 200 万英镑的资金。但旧公司强大的分股人很快就购买了 31.5 万英镑的新公司的股份，这样他们就在新公司中占多数了。两个公司在英国和在印度抗争了一段时间，都想获得贸易的主宰地位。但很快就看得出老公司实际上几乎没有遇到任何竞争。最后两个公司于 1702 年合并，同时参加合并的还有政府的一些机构和两个其他公司。这个合并公司的全名为"英国与东印度贸易商人的联合公司"。

此后几十年中议会和东印度公司之间不断争战，公司希望自己成为一个永久性的设施，而议会则不放过任何机会来占用公司的财富而同时不使它获得更大的自主权。1712 年，虽然公司还清了它的债，另一个法律却重申了公司的地位。1720 年，英国 15% 的进口来自印度，几乎所有进口都通过东印度公司。之后，由于利益的纷争，英国和法国成为了大敌。两国之间常常为控制殖民地而发生小战争。最后小冲突真的导致了战争。从 1754 年到 1763 年的七年战争的结果是法军战败，这挫折了法国的帝国愿望，也削弱了法国境内工业革命的影响。

东印度公司的主要贸易货物是棉花、丝绸、靛青、硝酸钠和茶叶。同时东印度公司不断对荷兰人通过马六甲海峡对香料贸易的垄断挑战。1711 年，东印度公司在中国广东建立了一个贸易点，使用银换取茶叶。1770 年，孟加拉大饥荒（当地 1/6 的居民饿死），东印度公司的业务大受影响，英国本土也敲响了警钟。由于劳动效率的降低，英国在孟加拉占领地区的军备和管理支付不断增加，资金失去控制；同时在工业革命后欧洲的贸易也陷入萧条，绝望的公司总裁们向议会呼吁提供经济资助。当时，东印度公司积压了大约 1700 万磅茶叶，占压资金严重。

JOHN ADAMS

波士顿倾茶党

为了尽快帮助东印度公司抛售积压的茶叶，英国议会于1773年通过了茶叶法令。这个法令给予准许东印度公司享有到北美倾销茶叶的专卖权，让东印度公司每磅茶叶缴纳3便士轻税后，就可以直接卖给零售商，同时禁止殖民地人民走私茶叶。英国政府的目的在于用低廉的茶价引诱北美人民饮用东印度公司的倾销茶，当走私茶因价格原因绝迹后再重新推高茶叶价格。

这种强加于人的垄断行为导致北美人民拒绝饮用东印度公司的倾销茶，费城、纽约、查尔斯顿等港人民迅速行动起来，以实际行动来反对英国当局。他们采取反对英国茶船进港卸货的方式来表达自己的不满。在波士顿，以韩柯克和萨姆尔·亚当斯为首，一批青年组成了波士顿茶党，专门与英国政府对抗。

1773年11月，东印度公司运茶船达特摩斯号装载342箱茶叶开进波士顿港。波士顿是当时北美最大最重要的一个码头，对美国人民来说是最有象征意义的一个码头。英国殖民者经过周密计划，加之周围就有英国海军保护，以为东印度公司的茶叶一定会在此成功卸货。可是他们没有想到波士顿人民早已痛下决心，坚决不让茶叶卸下来。

12月16日，波士顿8000市民集会，要求运茶船达特摩斯号离开港口。这一要求遭到当时驻美洲的英国哈钦生总督的拒绝。当晚，波士顿青年组织的"波士顿茶党"穿上带有羽毛头饰的衣服，化装成印第安人的莫霍克族模样，趁着夜色登上茶船，将船上价值1万多英镑的300多箱茶叶倒入海中。成千上万的波士顿人拥到码头上观望助威。英国的海军就驻扎在几百码附近，人们大都以为这次"茶叶集会"随时都可能被炮火驱散。奇怪的是，居然什么也没有发生。负责这三艘轮船安全的蒙塔古上将那晚就在格里芬渡口前方的一所房子里。他亲眼目睹了"茶叶小组"行动的全部过程。但是他却只能眼睁睁地看着这些"印第安人"倾倒光了所有的茶叶然后大摇大摆地返回市区，他竟然无能为力。

此时亚当斯和家人又搬回了波士顿，他亲眼目睹了事件过程中人民的激烈表现。尽管仍然不喜欢群众暴乱，但亚当斯对这件事却表现得兴高采烈。他在北美人民与英王的斗争中看到了更多东西，并且被热情的爱国主

第二章 革命

57

义高潮所感动。他在日记中欣喜地写道,这是"所有事情中最伟大的事件,它是如此鼓舞人心,所以当我站在那些爱国者的立场上,看到他们在夜幕的掩护下偷偷登上英国在波士顿港口的船只倾倒茶叶时,会觉得他们是一个庄严、崇高而又伟大的党派,正是他们创造了这一戏剧性的历史。破坏茶叶的行为是那么勇敢,那么大胆,那么坚定,那么无畏和不屈,它必定会产生重要的影响;它又是如此的持久,必将开创历史的新纪元!"

英国人感受到了压力,随即采取高压政策,下令关闭了波士顿港口,取消马萨诸塞州的自治,在殖民地自由驻军等。从英国传过来的、说英国军队就要打过来的谣言开始流传,而那些爱国者的领袖也被指控犯了叛国罪。"这是有史以来这个城市遭受的最沉重打击,我亲爱的灵魂,生活在一个充满磨难的年代,"亲眼目睹了这一切的亚当斯写信告诉阿比盖尔:"海港被关闭,波士顿只有毁灭。它只能在这高贵的历程中饱受折磨,最终衰竭。整个夏天我根本没有做生意的可能,一周来,我一个先令也没赚到。"当然好一些的消息就是茶叶税已经被废除了。包括本杰明·富兰克林在内的一些领导人开始警告大家要谨慎小心,有的领导人甚至开始寻找和解的可能性。不断升级的摩擦更激起殖民地人民的强烈反抗,使英国政府与北美殖民地之间的矛盾尖锐,公开冲突日益扩大。当所有马萨诸塞人濒临反叛边缘时,亚当斯把阿比盖尔和孩子们又送回了布伦特里,让他们待在那儿。他必须要先安顿好自己的妻儿,因为他知道,自己将要开始做一件大事。

"诺万格鲁斯"的反击

1774年,就在北美殖民地人民与英国政府因为波士顿倾茶事件矛盾不断升级之际,英国政府派出的军队开始在一些地方采取武力手段,流血事件时有发生。以派系斗争而出名的亲英分子丹尼尔·李奥纳德此时跳了出来,他坚持说殖民地人民没有权利反对征收赋税,没有权利蔑视祖国的权威。他还指控殖民者们前后的言行不一致。李奥纳德指控是一小部分的煽动者误导殖民地人民,使他们产生了英国不仅要控制殖民地,还要剥夺人们的权利与自由的猜疑。

亚当斯看到这一切,马上以"诺万格鲁斯"的名字(拉丁文"新英格兰")为笔名,在波士顿的许多报纸上发表文章,回击李奥纳德及其支持者的言论。他在文章中说，美洲人有决定他们自己命运的任何权利。

"……我们要始终如一，决心维护自己弥足珍贵的权益和自由，不惜牺牲生命和资产；我们有充分且合理的信心，任何侵权性图谋，都没有好下场。"

同时，作为律师的亚当斯，对英国当局抛开美洲人民，制定损害殖民地民众利益的法律的行为感到十分气愤。

"自从美利坚《印花税法》废止以后，我们十分兴奋，热切地憧憬着我们同胞间恢复邻里安宁、万众一致，宗主国与美利坚之间恢复和睦、亲善，这本来在那可恨的税法实施之前是司空见惯的。但是，令人极度悲伤和需要关注的是，我们发现自我陶醉得太早了些，苦根尚未铲除……我们羞愧伤心地看到国会通过了一个又一个法案，目的很明确，就是从我们当中征敛税收，而且不经过我们同意，贪得无厌地向我们收钱，而靠其权力借以发生的宪法，我们却没有份额……"

亚当斯还警告说，如果美洲人民麻痹大意，将会面临爱尔兰曾经遭受的镇压。美洲应该立即采取行动，否则他们将会面临像爱尔兰人那样以土豆和白水为生的悲惨境遇。

亚当斯的文章深深鼓舞了与英国当局斗争的人民，在英国当局不断加大武力镇压的同时，殖民地人民终于觉醒了——要消除敌人强加而来的压迫，只有先武装自己！为了使北美反殖民的力量团结起来，马萨诸塞州和弗吉尼亚州的议会建议于9月5日在费城召开第一届大陆会议。英属北美13个殖民地的民众开始推举代表召开会议，商讨与英国斗争的大计。要求英国取消征税法及其他压迫政策，要求不经殖民地同意不得擅自向殖民地征税。

早就因为屡次发表反对英国当局的亚当斯此时已经名声在外，他被视为大陆会议理所当然的人选。在这种舆论下，亚当斯被马萨诸塞地方议会选为5位代表之一，前往费城参加第一届大陆会议。这些与会的全部54名代表身份各不相同，好几个代表都以富裕著称，比如华盛顿；而其他的却出身卑微，比如康涅狄格州的罗杰·谢尔曼。他们中的近一半人是律师，大部分都接受过大学教育,另外,他们都有一个共同点——在各自的州享有很高的政治声望和社会名誉。

4 费城之旅

大陆会议的由来

由于一贯反对英国当局的不公平律条,加上他多年来获得的良好名声,尤其是其令人叹服的政治才华,约翰·亚当斯获选马萨诸塞地方议会的代表,前往费城参加"第一届大陆会议"。

这场注定改写美洲历史的会议,完全是北美殖民地与宗主国英国之间矛盾日益尖锐的结果。前面介绍过,为了加强殖民统治和挽救东印度公司的经营困境,英国政府不但颁布了一系列税法,还颁布了《驻军条例》、《唐森德条例》。在这些条例下,殖民地人民必须缴纳特别税以供养殖民地英军的开支。英国对北美殖民地的经济压榨和政治统治,激起当地人民的强烈反抗。北美人民纷纷举行抗议集会、罢工、罢市,并针锋相对地训练民兵、筹备军火,准备为争取民族独立而进行武装斗争。弗吉尼亚议会在杰斐逊领导下呼吁各殖民地联合起来共同斗争,建议召开由各殖民地代表参加的会议,共同"商讨各殖民地的不幸的现状"。

1774年9月5日到10月26日,在费城召开了殖民地联合会议,史称"第一届大陆会议"。除佐治亚州因为州总督阻挠而缺席外,其他12个殖民地的55名代表都参加了会议。华盛顿作为弗吉尼亚议会的代表参加了会议。大陆会议围绕民族独立问题展开了激烈的争论,民主派主张殖民地完全与宗主国决裂并立即开始军事行动,保守派则主张与英国永久联合。会上激进派代表塞缪尔·亚当斯和约翰·亚当斯等人同温和派分子约翰·迪金森、杰伊等人展开了斗争。妥协派占据优势。大会向英王递送请愿书,要求英国取消对殖民地的高压政策。与此同时,会议支持马萨诸塞商人发动的抵制英货运动,通过了与英国断绝贸易关系的决议案,制定《权利宣言》。在大陆会议期间,这时的美洲处处充满活跃的政治气氛,崇尚自由的殖民地人民更加珍视自己的权利，他们到处举行集会，通过决议，表明对时局的态度。

大陆会议最终没有提出独立要求，只是通过了《权利宣言》，要求英国政府取消对殖民地的各种经济限制和5项高压法令；重申不经殖民地人民同意不得向殖民地征税，要求殖民地实行自治，撤走英国驻军。如果英国不接受这些要求，北美殖民地将于12月1日起抵制英货，同时禁止将任何商品输往英国。大陆会议同时还向英王呈递了《和平请愿书》，表示殖民地仍对英王"效忠"。尽管这次大陆会议没有提出独立问题，但它是殖民地形成自己的政权的重要步骤，它表明，北美人民已经联合起来，共同反对英国的殖民统治。

由于英国政府拒绝接受北美人民的正义要求，1775年5月，第二届大陆会议在费城召开。会议通过并且发布了《独立宣言》，正式宣布北美13个殖民地断绝与英国的隶属关系，成立"美利坚合众国"。在北美殖民地宣布独立后尚没有一个正式中央政府期间，大陆会议起到了临时政府的作用。美国正式成为一个邦联国家后，大陆会议改称邦联会议，在邦联宪法的基础上，行使中央政府的权力。直到1789年新宪法诞生，大陆会议被主权分立的美国联邦政府所代替。

在第一、第二届两次大陆会议上，约翰·亚当斯都发挥了别人不可替代的作用。在后来的历史中，人人都知道《独立宣言》的拟稿人是杰斐逊，但很少有人注意到约翰·亚当斯才是促成《独立宣言》的主将。可以说，整个大陆会议的过程中，约翰·亚当斯是最为活跃的一位代表。从大陆会议成立起直到他奉命出使欧洲，亚当斯堪称是大陆会议的中心人物。他和他那个有名的堂兄"城市亚当斯"塞缪尔·亚当斯是大陆会议主要的发起人之一，也是他们俩兄弟首先倡议由华盛顿担任革命军的总司令。当时在会议上发言的，正是约翰·亚当斯自己。不首先确立亚当斯在大陆会议中的重要作用，就无法理解他在费城所度过的那些日子，也无法读懂他在日记中反复提到的"激动"和"抑制不住的兴奋"。

"一早起来，我的日程表就排得满满的，参观、仪式、聚会、生意、报纸、小册子，等等，直到我上床为止。"他激动地向阿比盖尔报告。亚当斯来到费城后，得以第一次全方位地了解了这座美洲的"革命之城"，也正是在这里，他遇到了华盛顿、富兰克林和杰斐逊等人。这3个人加上

JOHN ADAMS

亚当斯自己,构成了美国历史的最开端。可以说,由此,约翰·亚当斯终于开始了其浓墨重彩的政治领袖生涯。

"友爱之城"

和其他4名由弗吉尼亚议会选出的代表一起,约翰·亚当斯踏上了参加大陆会议的旅途。在旅途的终点,有一座美丽的城市——费城。亚当斯想到自己要亲自探访这座城市,并且还可以见到许多志同道合的革命战士与社会精英,他实在抑制不住内心的激动。在他的日记里,可以看到许多他对费城时光的描写。作为一位年近40的中年人,亚当斯终于承认自己到了费城以后,与那里的人相比自己"稍显土气",还说在这里"生活的奢华令人感到不安"。他夸奖它"异常笔直的大街","气派的房子和公共建筑物",还有宽阔的特拉怀河潮起潮落。在1774年10月底第一次大陆会议结束的时候,他又向往地写道:"快乐、祥和、优雅、热情、礼貌的城市,费城。不知道自己什么时候会回来。"

事实也是如此,被人们称为"革命之城"的费城是18世纪真正的大都市,是英属美洲殖民地最大、最富饶也是最漂亮的城市。费城,坐落在宾夕法尼亚州东南部,德拉瓦河与斯库基尔河的汇流处,是宾夕法尼亚殖民地的首府。1682年,英国贵格会创始人、探险家威廉·潘恩发现并命名了费城,同一时期当地建了357间屋子;到了1699年,人口已快速成长为7000人。18世纪中叶,费城(Philadelphia)是希腊语,意为"兄弟之爱",所以美洲人也把这座城市叫做"友爱之城"。这里除了冬天之外,每个季节都生气勃勃,河上交通繁忙,大小船只来往不断。

因为宗教容忍的好声誉和城市西面尚有大量可开垦的肥沃土地,费城成了进入美洲殖民地的主要港口。大量涌入的英格兰人、威尔士人、苏格兰—爱尔兰后裔,还有法国德国人的移民潮稳定增长。不计影响力只计数量的话,分属长老派和浸礼会的移民人数远远超过所谓"贵格城"的贵格会教徒。当时,年轻的本杰明·富兰克林从波士顿抵达费城,口袋里只有1个"荷兰"(德国)元:当时的费城还是个只有1万人口的城镇。截至1776年,费城已经有3万人口,比纽约大,是波士顿面积的两倍,其贸易额也已超越了波士顿。

正如它的创建者威廉·潘恩构想的那样,拟建中的费城的建筑图纸上全是宽敞的网格。对于习惯了波士顿狭窄街道混乱状况的约翰·亚当斯来说,认为这样的安排非常明智。"我喜欢它",亚当斯在自己的日记中宣布,当时他到费城参加第一次大陆会议。刚刚到达费城,满怀好奇的他拿着手杖外出,决心自己认清道路。费城的道路都同样又宽又直,互相平行,并以林木和果木命名:梨树街、苹果街、胡桃木街、栗树街。

城里主要的大道叫市场大街,因为一个大型公共市场就坐落在此。沿着河边的街道都有砖制人行道和排水沟,显得整洁和规整。一到没有月光的夜晚,两边的鲸油路灯就会照亮街道,为出行的人们提供照明。另外,许多主要街道两旁都植满树木,每隔一段距离还会有供人休息的长椅。"这是我到过的最规范、整洁、方便的城市,它以最快的速度达到现在的了不起的水平",这是当时所谓先进国家英格兰的一个游客说的。除了规划整齐的街道,费城给人印象最深的还是公共建筑和教堂。在最杰出的"费城市民"本杰明·富兰克林的建议下,热心公益的费城人建立了殖民地第一个消防局、第一座医疗学校、第一个图书馆。在费城的主要大街上,议会所在的州政府、第一次大陆会议会址,还有亚当斯所说的"尊贵的"基督教堂标志性的尖塔,所有这些建筑都非常富丽堂皇。另外,新医院、新建的济贫院和新建的栗树街监狱都是当时美洲最为先进的设施。

虽然距离外海还有100多英里,费城却一直是美洲最繁忙的港口,码头顺着河岸延伸出去大约2英里。大商船的顶桅帆注视着繁忙的港口。这儿的造船业非常发达,海上贸易是这个城市的血液,在这里你能看见最多的运输工具就是舰船。各种小艇、渔船,还有双桅船停泊在码头,还有一些大型平底的船只也在这儿停靠,它们专门用于从上游的工厂运送生铁。船只出港时装载着费城的主要出口物——木材和小麦,归航则满载欧洲和西印度群岛的货物,包括糖、糖蜜、香料等等。当大陆会议在此召开时,由于殖民地无法生产武器和火药,只好依靠从欧洲经由加勒比海,特别是荷兰属下的小岛圣尤斯特歇斯岛秘密运输武器。亚当斯在这里就看见有越来越多的载有欧洲生产的武器和战争给养品的船只在进进出出。

费城拥有令整个美洲都眼红的名人市民。富兰克林作为当时费城的首席公民是当时最有名的美洲人。富兰克林还率先成立了"美洲哲学会","以促进有用的知识",结果费城成了美洲公认的思想中心。美洲哲学会的杰出成员还包括:托马斯·哥德弗雷是学会的数学家,塞缪尔·罗兹为机

JOHN ADAMS

械学者，威廉·帕森斯为地理学家，威廉·科尔曼为财务总管，富兰克林为学会秘书。此外，托马斯·霍普金森是学会主席，托马斯·邦德是医生，约翰·巴尔特拉姆是植物学家，菲尼亚斯·邦德是首席自然哲学家。在上列人员中，哥德弗雷已经发明了象限仪，得到英国皇家学会的承认；约翰·巴尔特拉姆则被林尼厄斯誉为当代"最伟大的自然植物学家"；托马斯·邦德作为一名优秀的医生，不久将在富兰克林的帮助下，创办宾夕法尼亚医院。

费城还是当时的出版中心。由于富兰克林的贡献，在这座城市有 23 家印刷机构，到 1776 年第二次大陆会议后，已经有了 7 家报纸，甚至比伦敦的报纸数量还多。费城因此成为美洲殖民地的出版业之都。在费城出版的著名书籍有富兰克林撰写的畅销书《穷理查的历书》，还有约翰·迪金森影响深远的政治小册子《宾夕法尼亚州——农民致英国殖民地人民书》，托马斯·杰斐逊的《英属美洲的权利摘要》。当 55 位代表最终达成决议之后又有了《常识》，这本书后来比美洲出版的任何读物都畅销。

英国当局在美洲东海岸大肆封锁美洲人民的经济，但却不能逼近费城一步。作为当时美洲经济的龙头，费城对殖民地人民具有重要的意义。在当时，费城制造生产的货物比美洲其他城市都要多——小到靴子、假发、镜子和五金器具，大到别致的马车和富兰克林式火炉，还有大量的砖。在费城这样的城市，几乎所有的建筑都用砖砌成。每条街上都有商店，里面陈列着大量的商品。大陆会议的大多数代表在老家从未见过这些商品：从法国白兰地、斯特拉斯堡鼻烟到精致的便壶、假牙，还有约翰·亚当斯"大量"购买寄回家给阿比盖尔的普通别针等等。在一封信中，阿比盖尔不厌其烦地用了大量的文字来夸赞这些"别针"的物美价廉。

费城有 30 多家书店，还有比这多两倍的酒店和咖啡屋。亚当斯在很短时间内就搞清了它们的具体地址和经营类别。比如"伦敦咖啡屋"是城里有名的商人和船长们偏爱的地方，许多生意都在那里成交；而"城市旅店"则是大陆会议代表们聚集的地方。1774 年 8 月第一次到达费城时，亚当斯在日记中写道："我们满面尘土，又脏又累，无法抵制要我们住进城市旅店的邀请。"他认为，同类的旅店中，那是北美殖民地最有派头的旅店。就是在城市旅店，亚当斯在几天后第一次见到了乔治·华盛顿。

费城的酿酒厂和啤酒厂经营得非常兴旺。亚当斯发现当地制造的啤酒非常可口，他暂时放弃了自己从大学就一贯饮用的高度苹果酒。"我不再喝苹果酒了，而是享受费城啤酒。"他在给阿比盖尔的信中承认，并且还建议布伦特里也应该有这样美味的饮料。

富兰克林

提到大陆会议，必须要说说费城；说到费城，又必须讲一下富兰克林此人。

许多人认识富兰克林，大都是从"风筝与雷电"的故事开始的，在许多人的意识里，他是一位印刷商、出版人、哲学家、科学家、避雷针的发明者。其实，他是美国历史上无法绕开、非常重要的一位政治人物。他出身寒微，10岁辍学回家做工，12岁起在印刷所当学徒、帮工。但他刻苦好学，在掌握印刷技术之余，还广泛阅读文学、历史、哲学方面的著作，自学数学和4门外语，潜心练习写作，所有这一切为他在一生中取得多方面的成就打下了坚实的基础。当他从波士顿抵达费城之后，年轻而又孤立无援的他口袋里只有1个"荷兰"（德国）元。几经周折，他创办了自己的印刷所。由于吃苦耐劳，讲求信誉，注意经营管理，他不仅在印刷界激烈的竞争中站住了脚，并且把业务扩大到邻近几个州以及西印度群岛，成为北美洲印刷出版行业中的佼佼者。

1735年2月4日，富兰克林发表了《论保护城市不受火灾》的文章，论及酿成火灾的各种疏忽和事故及防火须知，呼吁人们小心火烛。市民见了文章后，赞同共读社和富兰克林的意见。不多久，一支30人的自愿救火队组成了。自从组织了这些消防队以后，费城再未发生过大的火灾。

早在1743年，富兰克林就提议建立一所高等学府，可是没有成功。他决心了结这一份心愿。他所做的第一步是联络朋友中有志于此者共同完成这一计划，其中相当大的一部分是共读社社员；第二步是编写和出版一本小册子，名为《有关宾夕法尼亚青年教育的建议》，把它们免费赠送给城中有地位的人。小册子发出去以后，富兰克林开始为创办这所学院募捐和奔走。捐款人推选出了董事，并指定富兰克林和首席检察官法兰西斯起草学院的组织章程。同时，富兰克林和他的朋友还忙于租校舍、请教师等筹办工作。1749年11月3日，包括24名董事的学院董事会组成，富兰克林当选为校长，这一职位他一直担任到1756年。在那以后仍是学校的董事。

JOHN ADAMS

1751年1月7日，学院开学了。后来的费拉德尔菲亚大学就这样创立起来。

在筹办学院的工作接近尾声时，托马斯·邦德——富兰克林的好友，美洲哲学学会的医生——提议在费城创办一家医院。富兰克林不懂医术，却深谙推动一项事业之道，他运用他在费城人中的影响力和他的《宾夕法尼亚报》的传媒力量，帮助朋友募得了大量捐款，并设法使州议会拨给津贴2000镑。1755年5月28日，医院在枞树街和松树街之间的第八街奠基，基石上的铭文为富兰克林所写。那年6月30日他当选为董事长，后来在新落成的大楼里主持了董事会第一次会议。

1751年8月10日，英国邮政大臣任命富兰克林和威廉·亨特同为"英王陛下在北美大陆的各省及领地的邮政总代理"，年薪共为600镑，"从邮资所得中支付"。1730年，邮政总署设在弗吉尼亚，而从这时起，威廉堡和费城南北分管整个北美殖民地的邮政。由于亨特的身体健康状况一直不佳，主要邮政事务就落在富兰克林肩上。身任邮政总代理后，富兰克林决定进行邮政改革。他建立起一套完整、清楚而简单的邮政系统，将表格和指示付印后发到各地邮局。

1753年，富兰克林在费城建立了收费邮递制度，凡在到达当天未被领取的邮件收取额外邮递费。这一做法在其他大城市也被鼓励实行。富兰克林还规定，将收信人姓名登在报纸上后，凡三个月内无人领取的邮件须送交设在费城的邮政总局——这是美国"无法投递邮件的处理部门"的开始。他最有意义的改革是要求各地邮政局长注意邮递服务的统一性和持续性，并且由于他改进了邮政服务的速度和安全性，使邮政事业得到广泛利用而繁荣起来。在使北美洲分散的、各自为政的各殖民地联结为一体方面，富兰克林贡献之大是前无古人的。

富兰克林不仅善于解决自然科学里的专门问题和社会政治活动中的实际问题，还常常探索许多哲学问题和社会问题。他是自然神论者，认为精神依附于物质；他认为社会贫困的原因是劳动者必须养活寄生者；他酷爱自由和平，反对战争，痛恨种族歧视和奴隶制度，主张维护黑人和印第安人的利益。他是当时最渊博的资产阶级自由主义思想家之一。富兰克林积极投身革命运动，对独立战争的胜利和美国国家制度的初期建设做出了重大的贡献。

JOHN ADAMS

第二章 革命

在1754年北美各殖民地领导人物出席的奥尔巴尼会议上，他提出著名的"奥尔巴尼联盟"的计划，被会议通过，成为最早将美利坚合众国的大联合这种思想灌输到殖民地人民头脑中去的人。在日后的美洲独立运动中，富兰克林不仅预测了美英之间矛盾冲突的发展，而且也预言了其结果：胜利属于殖民地人民。但是他始终认为美英决裂将是一场灾难。他说："我不敢妄称有预言家的天分，历史表明，由于这样的事态发展道路，伟大的帝国曾经化为灰烬；最近的我们有如此之多的理由去抱怨的政府措施表明，我们正处于同样的进程中，表明假如双方不表现出更多的明智和谨慎，我们可能会得到同样的下场。"正因为此，他在英国期间，竭尽一切可能，力图阻止双方走向这场"灾难"。对殖民地人民，他虽然认为有一切理由反抗，但希望反抗形式不要过于激烈；对英国当局，他把所有的镇压措施归咎于当权者的顽固和不明智，寄望于由较好的大臣执政。他心目中关于英、美统一在一个强大帝国内的理想还没有泯灭。

基于这种理想，在宾夕法尼亚他始终同殖民地人民一道同业主集团的横行不法作斗争。1757年，他代表州议会赴伦敦向英王请愿，要求业主交纳税款，取得成功；1764年，他第二次赴伦敦，要求英王保护殖民地利益，没有结果。其后，英国政府加强对北美殖民地的镇压，激发了殖民地人民更强烈的反抗斗争。富兰克林的立场彻底转到革命方面。

1775年5月，他回到美洲，立即投入到革命斗争中去。他担任宾州治安委员会主席，并和潘恩共同起草了州宪法；他作为宾州代表出席第二次大陆会议，成为美国独立宣言的起草人之一；他担任美国邮政部长，组织战争期间的邮政，成绩显著；在美军作战屡次受挫的情况下，他作为三人委员会成员同华盛顿会商，决定实行北美13州的总动员，使得独立战争得以坚持6年之久。

在英强美弱的局势下，殖民地人民必须争取外援。富兰克林奉大陆会议之命出使法国，争取美法结盟，共同对英作战。当时局势复杂，情况并不利于美国。富兰克林在这样凶险的外交环境中，以美国必胜的信念、坚韧的耐心、巧妙灵活的外交手腕，缔结了美法同盟盟约。富兰克林利用欧洲国家之间的矛盾，抓住有利时机，争取了人力、物力、财力上的大量外援，确保了独立战争的胜利。在战争后期，他参加并一度主持美英议和谈判，签订了有利于美国的英美和平条约，胜利地完成了艰巨的战时外交使命。战后，他成为新生的美国第一任驻法特命全权大使留法工作，直到1885年归国。回国以后，他连续4年当选宾夕法尼亚州长。在美国宪法会议上，他是宪法起草委员会委员，他为了调解会议代表的意见分歧而提出的议会的两院制，成为美国的基本国家制度之一。

1788年后，富兰克林不再担任公职，但他仍然为美国服务，不断发表政论文章，以供政府选择。尤其令人感到敬畏的是，他还致力于促进废除奴隶制的活动。1790年4月17日，富兰克林因病与世长辞。在他死后，美国国会为他服丧一个月，法国国民议会也决议为他哀悼。在他出殡的那一天，为他送葬的人们排成了长龙，达到两万人。

5 初识华盛顿和杰斐逊
JOHN ADAMS

费城聚会

费城的繁华让亚当斯感到新鲜，但很快他就发现，对那些不习惯城市生活的人而言，费城拥挤的人群和噪音让人难以接受。习惯了乡村生活的他不能适应这里的环境，最糟的还是逢到集日的时候。每到星期三和星期六这两天，那些讲德语打绑腿的乡下人赶着巨大的农场牛车蜂拥而来，车上载着农产品、活鸡和猪牛等家畜。人们在人行道附近前后移动，甚至被挤到街上。无论在美洲大陆的任何地方，都没有那么多人聚集在这么小的范围内，也没有这么多从事不同行业的人聚集在一起：水手、零售商、机械工、油漆工、修帆工人、黑人女奴、自由的码头黑人搬运工人等等。他们和贵格教商人——这些城里穿着华丽服装的上流人士混杂在一起，每个人都那么忙碌。在外乡人眼里，这真是一幅奇异又和谐的景象。

大陆会议的代表来自东部的各个州，虽然他们都是有文化的上层人士，但很少有人能习惯这熙熙攘攘和喧闹之声，难以习惯费城夏天令人窒息的闷热，难以习惯满城到处都是铺天盖地的蚊子和苍蝇。由于商业和服务业发达，费城物价非常高，人们难以在这里找到廉价的住宿地。亚当斯和马萨诸塞的其他4位代表住在第二大街的一家公寓，这家公寓由莎拉·

亚德太太经营，在"城市旅馆"的对面。亚当斯当时的开销记账显示，每人每周的住宿膳食费用宾夕法尼亚的货币结算是30先令，这还不包括柴火和蜡烛的费用。与美洲殖民地的其他城市相比，这里穷人的处境稍微好些，但城市里仍然经常碰到衣衫褴褛的乞丐。

参加大陆会议的代表们在最初的几天并没有马上开始讨论时局，他们都是习惯了富裕生活的人，即使在面对诸如如何对付一个强国的问题面前，这些习惯了家庭舒适生活和好吃的美食家也显得优哉游哉。费城在第一次大陆会议开始后，代表们沉浸在一次又一次的宴会当中。对亚当斯来说，即使在纽约，他也没有见过这种个人财富的展示，这样的纵情吃喝。1776年9月16日，费城在州政府的宴会厅为大陆会议的代表们举行盛大晚宴，整个宴会共有31次敬酒仪式。随后，费城的名门望族纷纷设宴款待代表们。希彭家、鲍威尔家、卡德瓦拉德家和迪金斯家族都举行过接待会和宴会，并因此衍生出许多由费城最漂亮、穿着最时髦的女士主持、参加的聚会。

"在这个地方，我会被人们的亲切杀死，"亚当斯告诉阿比盖尔，"我们早上9点参加会议，一直待在那儿，认真地忙碌着直到下午3点左右才散会。4点左右，我们和费城的一些贵族们又开始共进晚餐，享用上千种美食，坐饮马德拉酒、红葡萄酒和勃艮第酒，一直到晚上6点钟。"他告诉阿比盖尔，即使是朴素的贵格会教徒，也吃各式各样的肉食和甜点。"又是一次极其奢华的盛宴"，他在另一次宴会后写道。这次是在费城市长赛缪尔·鲍威尔的家。从房屋上雕刻富丽的门窗镶嵌板和堂皇的绘画，亚当斯判断出鲍威尔具有相当的财富和品位。他说，如果把市长家一套纯银的茶具出售，其价值比亚丹斯布伦特里宅第内的所有物品还要贵。"和本杰明·丘先生共进晚餐，他是这个州的首席法官，"他的另外一篇日记这样记载道，"布丁、果冻、酒浸果酱布丁、奶油葡萄酒、覆蛋白的蛋糕……还有水果甜点、葡萄干、杏仁、梨、桃子。最绝、最妙的是酒。我喝了许多马德拉酒，没有感觉任何不适。"

在与这些名流的会面中，亚当斯作为大陆会议的代表，并没有忘记自己此次来的使命。周围的人和与会代表使他感到眼花缭乱，但作为一个训练有素的律师，亚当斯还是给每一个人都下了一个评判。如果用一句话概括，他认为——这是历史上前所未有的集合。像往常观察周围的人那样，

JOHN ADAMS

亚当斯用只言片语概括了对其他大陆会议代表的生动印象。弗吉尼亚的理查德·亨利·李是个"瘦高……有水平的人";罗杰·谢尔曼讲话"又多又长,还很慢";纽约来的詹姆斯·杜安有"狡猾、打量人的眼睛",但表现得"非常理智"。第一次开会时,费城代表团的发言人、著名律师约瑟夫·加洛韦就给亚当斯一种"阴险、狡猾"的印象,果然,他后来辞去大陆会议代表的职务,跑到英军那里寻求难民保护。

费城的另一个显赫人物约翰·迪金森"像影子一样……苍白得像死灰一样",亚当斯甚至怀疑他是否能活过下个月。在独立战争期间,正是与他,亚当斯展开了艰苦的论战。特拉华州的代表西泽·罗德尼"是世界上长相最奇怪的人……像芦苇一样细长,面色苍白,他的脸庞不比一个大苹果大。不过他的表情流露出理智、激情、勇气、智慧和幽默"。

亚当斯惊叹与会代表们流露出的非凡的才华。"暂且不论欧洲国家外交官的狡诈和谈吐,即使是参加秘密选举教皇的枢机团的主教们……也无法超过我们在这儿见到的杰出代表。"这儿有与任何人相当的"财富、能力、学识、雄辩和敏锐。每个与会者都是了不起的人:演说家、批评家、政治家,因此每个人都会就每个问题表现自己的演说、评论和政治能力。"

代表们来自各个不同的地方,在对待与宗主国的关系上也存有分歧,随之而来的后果就是会议陷入了琐碎的僵局之中。代表们第一件要争执的事竟是由谁来做开幕祈祷。来自弗吉尼亚的代表帕特里克·亨利劝解道:"在弗吉尼亚人、宾夕法尼亚人、纽约人和新英格兰人之间的区别不再是什么了不起的事。我不是一个弗吉尼亚人,我是一个美利坚人。"

"每个问题都被适当地讨论,其敏锐和细致程度同伊丽莎白女皇的私人顾问团一样",亚当斯告诉阿比盖尔,经过一个月事无巨细地对所有问题"敏锐、细致"的讨论,他感觉"厌倦得要死"。大陆会议的事物琐碎得难以描述,以前从没有过这样的会议。几乎每一个问题都被人提起过,而结果是所有事情都一拖再拖。亚当斯逐渐对这种拖沓和低效率感到失望,此时某些代表也开始激怒他。而一再重复的盛宴也成为他"朝圣之旅"的另一个负担。甚至连费城也失去了它的魅力,所有这些不过是"财富和秩序"。就在这个时候,一个人的出现给了亚当斯新的信心和不竭的动力。

JOHN ADAMS

邂逅华盛顿

亚当斯对华盛顿有了清晰的了解，是在他素来崇敬的教堂里。与这位伟人的近距离接触，是亚当斯一生中绝对难忘的人生体验之一。在代表举行会议的间隙，大陆会议每个星期天休会一天。这一天，亚当斯大部分时间都待在教堂里，参加两次、甚至三次礼拜。作为从小就对宗教教派感兴趣的他，费城有大量的教派可供选择。亚当斯几乎参加过所有教派——如英国圣公会基督教、卫理公会、浸礼会、长老会、贵格会和德国摩拉维亚教派的礼拜。在他的日记中，他评价所有这些教堂，比较它们的音乐和布道的水平。

一个星期天，亚当斯到位于第五大街的圣玛丽天主教堂参加了一次下午弥撒。那是在一个晴朗的下午，亚当斯决定爬上教堂的钟楼，经过光线微弱的狭窄楼梯，他来到了离地面 100 英尺的地方，那儿有一扇通向拱形穹窿屋顶外的屋顶活门，教堂的尖塔就在穹窿屋顶上。20 分钟以后，亚当斯在倾斜的屋顶上站稳后向下鸟瞰整个城市，整个费城东部的景色一览无遗：河流长长的弯道、冒着烟雾的红砖烟囱，还有东面新泽西的农田。

正是在从钟楼下去后，亚当斯在这所教堂邂逅了乔治·华盛顿。这次礼拜和他在布伦特里的教堂里度过的所有安息日都不一样。来到费城之前，在布伦特里的第一教堂里，明媚的阳光照亮了屋子的每一个角落，不给他留下任何神秘的暗示。而这里的天主教堂却是亚当斯有生以来第一次面对如此神秘的感受。他发现自己既感到悲哀又奇怪地被感动了。他告诉阿比盖尔："神父的衣服满是蕾丝花边，他的讲道坛装饰着天鹅绒和黄金。祭坛上的摆设也非常华丽，大理石框内，耶稣救世主的画像足有一个十字架那么长，他沉浸在痛苦之中，鲜血从他的伤口滴淌。"

亚当斯的强烈感受无从解释，但对亚当斯来说，这是一次非凡的经历。他在日记和给阿比盖尔的信中详细地回忆了当时的情况，他几次提到了乔治·华盛顿——这个当时就让人闻之激动的名字。

令人感到好奇的是没人知道那时华盛顿的感受如何，这位拥有大量土地的弗吉尼亚人此时正在思考美洲的前途。

1732 年 12 月 22 日，乔治·华盛顿生于弗吉尼亚的一个种植园主家庭。很小的时候，父亲因病去世，只给他留下了少量的田产和 10 个黑奴。

JOHN ADAMS

第二章 革命

16岁的时候，华盛顿去西部做土地测量员，后来又在俄亥俄河流域做过土地买卖，靠着自己的艰苦奋斗，成为当地有名的大种植园主。当时，英法两国为争夺北美殖民地进行了旷日持久的战争，英国为战胜法国，竭力争取北美大种植园主的支持，1754年，弗吉尼亚总督答应把20万英亩土地给参加反法战争的富人，华盛顿积极参加了英国方面对法作战，指挥弗吉尼亚地方武装英勇战斗，屡立战功，协助英军把法军赶出北美。但战争结束后，英国却立刻翻脸，宣布西部土地为王室私产，不准垦殖。这一禁令使华盛顿一下子丧失了3万多英亩土地，从此，他成为英国殖民政策的坚决反对者。1775年4月19日，波士顿人民在莱克星顿打响了反抗英国殖民统治的第一枪，北美各州人民纷纷响应，轰轰烈烈的美国独立战争爆发了。

1775年6月，北美13个英属殖民地在费城召开"大陆会议"，华盛顿被任命为大陆军总司令。华盛顿早年参加七年战争，官至弗吉尼亚民兵中校，虽然不是职业军人，但他熟悉北美大陆，精通作战指挥，而且他了解英军的作战方式，这也是大陆会议任命他为总司令的原因。正如约翰·亚当斯所说："在我心目中只有一个人适合这个重要的职务，他就是来自弗吉尼亚的华盛顿先生。就他作为一位军官的才干和经验而论，就他巨大的才能和卓越的品格而言，他定能赢得人民的赞同，团结北美各殖民地，共同奋斗。"

会议召开期间，波士顿义军正和那里的英军激战，华盛顿立即骑马亲临前线指挥战斗。在华盛顿赴任的时候，发现部队不仅良莠不齐，未经训练，而且缺乏弹药，全军弹药只有32箱，人均9发子弹，不够发起一次战役。许多新兵的武器只是一把铁锹、铁镐，或者是一把绑在木杆上的镰刀！在战争初期，美军中的大多数人是临时招集来的农民，没有武器，没有受过正规军事训练，另一方面，美军的后勤供应也极度困难，士兵们经常吃不饱、穿不暖，在寒冷的冬季，有许多士兵不得不赤脚行军。

相反，他们的对手却是最强大的国家，拥有最广大的殖民地，是惟一开始工业革命的国家，在北美英军投入兵力达9万多人。当时的英军装备精良，训练有素，后勤供应充足。在这样力量悬殊的对比下，美军一败再败。1776年8月，英军将华盛顿的军队包围在纽约城中。大陆军面临着严峻挑战。尽管华盛顿一再激励士气，他说："生命攸关之际，我们要像一个人、一个战士一样撤离。"但美军依然损失惨重。在 9 月 15 日，英军开始进攻时，美军开始溃散，华盛顿非常愤怒，他站在溃逃的人群中，试图用马鞭把士兵赶回阵地，但没有成功。

1776 年 11 月，是华盛顿和美军最艰难的岁月。士兵们别说按期拿到军饷，还常常饿着肚子。不满的情绪在军中滋长，人们经常大打出手，并且不愿续签从军契约。而在高级将领中，有些人忌妒华盛顿，散布流言攻击他，在战场上见死不救。华盛顿说："这样一种肮脏、唯利是图的情绪弥漫着整个军队，任何可能发生的灾难就都不会让我感到奇怪。"华盛顿为此忧虑："要走的路到底有多远？路途上有多少坎坷和荆棘？我能到达胜利的彼岸吗？" 3 个月内，华盛顿丢失纽约和长岛，19000 人的部队因为逃跑、伤亡和服役期满，只剩下不到 6000 人。年底，大多数士兵根据契约将回家，北美独立的美梦似乎就要破灭了，人民开始绝望。要塞相继失守，到 1777 年 9 月，连首都费城也被英军占领，有些意志薄弱的将领率兵向英军投降。

但华盛顿并没有拒绝人民赋予他的责任，这位曾在七年战争中与法国人作战的指挥官，拒绝接受每月 500 美元的薪金，带着没有受过多少训练的民兵走上战场。而华盛顿夫人和华盛顿之子都曾亲往军营慰问部队，激励士气。在极端严峻的形势下，华盛顿始终忠于自己的信念，忠于北美人民的独立事业，从来没有动摇过。在战争的进程中，他把原来自由、散漫、缺乏组织纪律和统一指挥的美军组织起来，在战斗中锻炼成长，逐步建立了一支强大的正规军。他还鼓励美洲人民，号召他们为自由而战。他指出美利坚人是自由的，面对英国的压迫只有勇敢地反抗。

在他的努力下，各州团结和联系起来共同作战。1777 年 10 月，实力大增的美军在萨拉托加大败英军，从而扭转了整个独立战争的局面。与此同时，为了孤立英国，美国又多方展开了外交活动，争取法国等国的援助。亚当斯和富兰克林担当了这个非常重大的任务。1778 年 6 月，法国军舰开进美国，英军被迫从费城撤退，把主攻方向转向南方。1780 年，英军把主力转移到南方港口城市约克镇。法国和美军两路并进，直逼约克镇。法军用海军封锁海港，切断英军海上补给线，断绝了英国军队的退路，华盛顿则率部从正面猛攻。1781 年 9 月，英军统帅康华理率部上千余人向华盛顿投降，美国独立战争取得了最后的胜利。

JOHN ADAMS

杰斐逊

如果把华盛顿、亚当斯和杰斐逊排列起来的话，就是大家众所周知的美国开国3任总统。在费城召开第一次大陆会议时，这3个人有着一段足够长的时间来互相了解。

杰斐逊来费城参加会议，其出发的方向正好与亚当斯相对，不知这能不能解释二人日后在政治上的针锋相对。随身只带了一个14岁黑人男仆，杰斐逊从弗吉尼亚的皮特蒙德出发，一周之后的1774年5月14日，他到达费城。杰斐逊到费城的路线和亚当斯的正好相反，他向北偏东北方向而行，从弗吉尼亚满是红土的乡村出发，向前进入马里兰州，经过蜿蜒数英里富庶的农场，进入宾夕法尼亚州之后来到费城。

年仅33岁的托马斯·杰斐逊是弗吉尼亚州最年轻的代表。他又高又瘦，脸上长着雀斑，头发黄中带红。杰斐逊身高足有6英尺3英寸，几乎比所有代表都高，站在某些像约翰·汉考克一样的代表身旁简直可以用"耸立"来形容，汉考克只有5英尺4英寸，可能是整个大陆会议中最矮的人。站在约翰·亚当斯旁边，杰斐逊看起来就像个瘦长、长雀斑的年轻小伙。由于年龄上相差8岁，亚当斯无论年龄还是政治经验都是杰斐逊的长辈。两人的体格、背景、举止和性情差别之大几乎无人能及。亚当斯体格结实，而杰斐逊非常瘦、四肢细长，可以说是瘦骨嶙峋。亚当斯坚定不移，总是挺直身体，杰斐逊则通常是两手紧紧抱在胸前而立。坐着的时候，他好像被折叠着装到椅子里，所有的关节、肘部和超大的手掌、脚板都折叠在一起。亚当斯几乎秃顶，而杰斐逊满头都是浓密的红棕色头发。

杰斐逊是美国历史上才华横溢的人物之一。在30岁之前，他已经学习了6门语言、法律、数学、科学和哲学；他是自学成材的建筑师，设计了不少世界上最漂亮的住房；他是发明家，设计了美国的货币系统；同时，他还是出色的音乐家。他还是个了不起的骑手，骑姿优雅。他爱唱歌，会拉小提琴。在阅读经典著作方面，他的造诣和亚当斯不相上下，但在数学、园艺、建筑和对科学知识的兴趣方面，他远远超过亚当斯。

1743年4月13日，托马斯·杰斐逊出生在弗吉尼亚州的古什兰（现阿尔巴马尔市）。托马斯的父亲彼得·杰斐逊是一个性情温和的富裕农场主，他是当地的土地测量员，在弗吉尼亚的贵族政治中占据着不容置疑的

JOHN ADAMS

第二章 革命

1772年,后来成为亚当斯接替者的美国总统杰斐逊就诞生在这里。

地位。托马斯的母亲简是伦道夫家的一员,这是弗吉尼亚州最有声望的家族之一。

　　托马斯·杰斐逊在阿尔巴马尔县有5000多英亩土地,大部分都是从他父亲那儿继承来的。与他的父亲和大部分弗吉尼亚农场主不同的是,杰斐逊有特立独行的生活方式。他搬到一座山顶上居住,远离人群和日常生活。在山上,他有一座由名家设计富丽堂皇的乡村别墅。他在1768年26岁时开始这项工程,直到6年后才完全建成。还没有完全建好的时候,这座建筑就已经有了一流意大利别墅所特有的高高的柱廊,取名为蒙蒂塞罗,是古意大利语"小山"的意思。他为此订购了10万块砖,从伦敦买来特制的窗框,还在费城招聘了一名木匠和一名石匠,让他们修建柱子与走廊。由于造价超高,建造这座房子确实是项冒险的计划,但是由于结婚带来的一笔额外财富,使杰斐逊能够把它变成现实。1772年,杰斐逊娶了玛

JOHN ADAMS

莎·斯凯尔顿——一个年轻而富有的寡妇,她为他带来了巨额的财富和大量的土地。

杰斐逊每天都要骑马巡视自己的庄稼和田地,地里有差不多100多个奴隶在劳动。他通常每天要骑10英里,足有从布伦特里到波士顿那么远,却仍然是在自己的土地上。而且,在贝德福德县的西南面,他还有5000多英亩种植园,全都是他岳父的遗产。

杰斐逊被当作弗吉尼亚最完美的、拥有田地的绅士培养和教育。他不了解其他生活方式。他童年最早的记忆是躺在枕头上被一个奴隶抱着,此后他被奴隶们以无数的方式抱过,那些奴隶们不只在他的田地里劳作,他们为他劈柴火、做饭,服侍他吃饭,为他洗熨内衣裤、掸衣服,照顾他的孩子,为他洗洗刷刷,为他开关门,为他备马铺床,从黎明到黄昏殷勤地伺候他。

26岁时,杰斐逊选举进入了弗吉尼亚州议会。令人奇怪的是,他并不是一个出色的公共演说家,因此,他写了很多信和文章来代替演讲。这些信和文章的主要内容是关于美国殖民地和英国之间日益增长的矛盾,其中一篇的内容是杰斐逊所称的"美国人的权利"的问题。这篇文章使杰斐逊的名字传遍了整个北美殖民地。他反对英国政府的态度如此强硬,以至于英国政府宣布他为叛徒,一旦他被抓住,就会被绞死。

3年之后,他被选进了大陆议会。由于善于写作,他被指定为《独立宣言》的撰写人。在独立战争中,杰斐逊是弗吉尼亚州议会的第一名成员,然后任州长。他为了通过一项保证宗教信仰自由的法律而辛苦工作。这一法案是美国历史上同类法案中最早的一个。独立战争结束后,杰斐逊为驻法国公使。当新的联邦宪法通过、华盛顿当选为第一任总统后,杰斐逊被任命为国务卿。

从一开始,杰斐逊就全身心地相信,全体民众应该而且可以管理他们自己。他相信,只有受过教育的公民才能够保护这个新生的民主政体。同样,他认为所有的孩子都应该至少上到三年级。在杰斐逊时代,很多人根本就没有接受过任何教育。

华盛顿的财政部长亚历山大·汉密尔顿赞同英国的政治体系,即由国王或者一个至少是终身制的总统作为最高领袖的政治体制是最好的。杰斐逊坚信,按照汉密尔顿的观点,合众国最终会变为独裁政体。而汉密尔顿认为，杰斐逊的观念将会导致暴民统治。

拥护杰斐逊观点的人拥戴他为领袖，这些人被称为共和党。（几年之后，这些共和党人自称为民主党人）同意汉密尔顿观点的人被称为联邦党人。没有人刻意设计，但这成为美国政党制度的开端。

华盛顿总统在更多的时候同意汉密尔顿的观点。华盛顿第一任期结束后，杰斐逊辞职返回到故乡弗吉尼亚。

当华盛顿拒绝担任第三任期总统之后，约翰·亚当斯当选为总统，而托马斯·杰斐逊当选为副总统。亚当斯属于联邦党人，杰斐逊则属于共和党人，这种混合组合方式的产生是因为撰写联邦宪法的人没有意识到政治派别的问题。他们的计划是，让获得最多选票的人当总统，让选票得数为第二的人担任副总统。后来，联邦宪法做了修改，规定总统和副总统应属于同一个政治派别。

亚当斯只担任了一任总统，之后，杰斐逊当选为总统。由于他认为国家应该尽可能地以低成本运转，所以他对陆军和海军进行了裁军。同华盛顿不同，杰斐逊从不穿潇洒漂亮的制服，他也不乘坐由马拉着的四轮车，只是以步代车或者骑马。

这个时候，法国宣布密西西比河以西的大片广袤的未知土地为法国所有。在新奥尔良，法国控制着密西西比河河口两岸的地区。这意味着，如果法国人不想让美国的船只出入的话，它可以随时关闭河道。但是这条水道对于阿拉巴契亚山以西的美国定居者来说实在是太重要了。1803年，杰斐逊决定从法国手中购买新奥尔良。出乎他的意料，法国的帝王拿破仑竟然同意出售从密西西比河到落基山脉的整个路易斯安那地区。

杰斐逊认为，总统除了具有宪法规定的权力之外不能拥有其他的权力。但是宪法中没有任何规定说总统可以拥有使美国国土翻倍的权力。但是杰斐逊同样相信，美国的未来取决于西部。这个机会对美国来说实在是太好了，失去这个机会真是可惜。他签署了购买路易斯安那地区的协议。

1804年，杰斐逊第二次当选总统，开始了他的第二个任期。

在他总统任期即将结束的时候，如果杰斐逊愿意的话，他还可以再次当选为总统。但是他总是担心，如果一个总统的任期太长的话，他就有可能试图成为一名独裁者。杰斐逊认为，任何总统的任期都不应该超过两届。当然，当总统从来没有让他感到过真正的幸福。因此，他拒绝参加第三任期的竞选。他回到了被称为蒙提萨罗的漂亮的家，也回到了当种植园主的生活。像其他南方种植园主一样，杰斐逊也是奴隶主。他为奴隶制度而烦恼，在他的遗嘱中，他使一部分奴隶获得了自由。他之所以不愿意在生前释放这些奴隶，是因为他这样做看起来好像是在批评他的拥有奴隶的邻居，他不想这样做。有证据显示，杰斐逊同他的一名叫萨利的奴隶保持着长期的紧密关系，据说后者还给他生了几个孩子。

卸任后，杰斐逊对这个国家的服务并没有结束。他规划并帮助成立了弗吉尼亚州立大学。他将老师们召集在一起，并帮助他们决定应该教授哪些课程。他还给继任的总统提供建议。托马斯·杰斐逊同约翰·亚当斯同一天逝世，都是1826年7月4日，正好是他撰写的《独立宣言》发表50周年纪念日。生前，杰斐逊为自己撰写了墓志铭："这里埋葬着托马斯·杰斐逊，他是《独立宣言》的作者，《弗吉尼亚州宗教信仰自由法案》的作者，弗吉尼亚州立大学之父。"他甚至没有提及自己曾经是美国的总统。

6 第二次大陆会议
JOHN ADAMS

莱克星顿事件

1774年10月26日，各殖民地的55名代表在第一届大陆会议后达成共识。在这次会议上，大陆会议通过了马萨诸塞提交的决议，宣布殖民地人民有"生存、自由和财产"的权利，而"不可容忍法令"是不公正和不合法的。不过此时无人公开倡导"独立"，大陆议会还通过给英王的请愿书，希望在英帝国的体系内获得充分的自治地位。

对局势的发展，英国国王看得远比大陆会议的代表们更为严重，乔治三世认为形势已无可挽回，现在应当由武力来发言了，他说："新英格兰的那些政府现在处于叛乱状态，必须用战斗来决定他们是属于这个国家还是独立"，"殖民地不是投降就是胜利。"

JOHN ADAMS

第二章 革命

　　1775年，英国议会颁布法令，把13个殖民地与英国以外的国家间的贸易予以断绝。而在此时的弗吉尼亚，行政长官帕特里克·亨利敦促议会向民团提供装备。帕特里克·亨利后来虽然成为弗吉尼亚州的第一任州长，并两度担任州长，但他的地位和名声主要来自一篇慷慨激昂的演说。在得知英王的决定后，他发表了激昂的演讲："……战争实际上已经开始了！北方吹来的下一阵大风将给我们的耳朵带来响亮的武器撞击声！我们的弟兄已经上了战场！为什么我们还站在这里不动……？""难道生命如此珍贵，难道和平如此甜蜜，以至于非要用镣铐和奴役去换取它们？我不知道别人何去何从，我的抉择是：不自由，毋宁死。我镣铐的锁链声早已响彻平原。战争不可阻挡——让它来吧。我愿重复此句，让它来吧！"

　　在他演讲3周后，独立战争打响了第一枪。这枪声，响起在一个叫莱克星顿的地方。在离《五月花号》登陆不远处，有一个叫做莱克星顿的小村。今天，在已经成为莱克星顿镇的中心区，耸立着一座手握步枪的民兵雕像。这位民兵双脚坚定地踩在石墙上，两眼警惕地注视着前方。下边有一块形式非常简朴的石碑。碑文写道：坚守阵地。在敌人没有开枪以前，不要先开枪；但如果敌人硬要把战争强加在我们头上，那么，就让战争从这儿开始吧！这是为了纪念美国历史上著名的独立战争的第一个战役——莱克星顿战斗而立的。

　　1775年的美洲，处在一个动荡不安的状况之下。此时的亚当斯参加完大陆会议回到了波士顿，静观事态的发展。初春的4月，美洲与英国的冲突终于大爆发。事情的起因至今也没有定论，比较真实的说法是这样：时任马萨诸塞总督兼驻军总司令的盖奇得到密报，在距波士顿不远的康科德镇上，有当地民兵"通讯委员会"的一个秘密军需仓库。盖奇立即命令少校史密斯前往搜查，摧毁当地民兵的军需库并逮捕反英领导人约翰·汉科克和塞缪尔·亚当斯。史密斯率800名英军部队连夜出发，4月19日凌晨，他们来到了离康科德6英里的小村庄——莱克星顿。

　　英军经过一夜行军，个个困倦不堪，呵欠连天。忽然，他们发现村外的草地上站着几十个村民，正手握长枪严阵以待。史密斯知道这些武装村民就是莱克星顿的民兵，北美大陆殖民地上的居民都叫他们"一分钟部队"，因为他们行动特别迅速，只要一听到警报，在一分钟内就能集合起来，立即投入战斗。让史密斯吃惊的是，这些民兵为什么这样快就知道英

JOHN ADAMS

军的行动呢？原来，"通讯委员会"的侦察员早就得到了情报，并立刻在波士顿教堂的顶上挂起一盏红灯。"通讯委员会"的信使、雕板工匠保尔·瑞维尔看到后立即骑马赶到康科德报警。得知英军出动，民兵迅速组织起来，在莱克星顿严阵以待，守候英军的到来。

骄傲的英军少校史密斯根本没把这几十个衣服破烂的民兵放在眼里，他举起指挥刀发出了命令。莱克星顿的民兵立刻还击，猛烈抵抗英军的进攻，枪声震响在莱克星顿上空，传出很远很远。几分钟后，枪声渐渐稀疏，民兵们因为人少，地形不利很快撤离了战场，分散隐蔽起来。

史密斯少校初战告捷非常得意，他指挥士兵乘胜追击，直奔康科德镇。英军赶到镇上时天已大亮，但街道上却看不见一个人，家家关门闭户，显得冷冷清清。气急败坏的史密斯下令搜查，英军进入各家翻箱倒柜，折腾了大半天，什么也没找到。原来，民兵早已把仓库转移，"通讯委员会"的领导人也隐蔽起来了。

正当英军在居民家翻箱倒柜搜查的时候，镇外喊杀声、枪声陡然大作。原来，附近各村镇的民兵得到英军入侵的消息，从四面八方向康科德赶来，包围正在搜查的英军。他们埋伏在各个隐秘的角落处向英军射击。英军一批又一批倒在地上，而当英军举枪还击时却连民兵的影子也找不到。英军像没头的苍蝇一样，只好慌忙撤退。他们再也顾不上大英帝国军队的面子，一路向波士顿方向退却。沿途还遭到民兵的不断袭击，死伤无数，狼狈不堪。战斗一直持续到黄昏，最后从波士顿开来的一支援军才把史密斯等人救了出去。这一仗，英军死伤247人，民兵牺牲了几十人，剩下的英军撤退到加拿大境内，直到9月份才最终脱险。

随着莱克星顿的枪声，美洲人民反抗英国当局不公正政策的斗争进入了一个新的阶段。美国独立战争从此开始。这枪声震动了大西洋沿岸的13个殖民地，也唤醒了殖民地人民的心灵。独立战争胜利后，美国人民为了纪念莱克星顿的战斗，在这个村镇的中心，铸造了一座手握步枪的民兵铜像。正是这个小小村庄的民兵，为美利坚民族的独立奠定了第一块基石。所以，莱克星顿成为美国自由独立的象征，被人们赞誉为"美国自由的摇篮"。

第二届大陆会议

莱克星顿事件和康科德事件发生一个月后,费城已经成了一座革命之都。亚当斯在 1775 年 5 月再次来费城参加第二次大陆会议,与代表商讨殖民地人民下一步如何应对。此时人们都在谈论美洲的前途,那些平时对政治素不关心的人们也在关注时局的进展。

第二届大陆会议于 5 月 10 日在费城举行。佩顿·伦道夫再度当选为主席,但是由于他需要回去担任弗吉尼亚议会的议长,马萨诸塞的约翰·汉考克被提升为主席。这个著名的机构的会议进程说明,一方面人们对于宗主国还有留恋不舍的感情,另一方面自治的精神又在不断增长,两种思想感情在斗争着。虽然许多非常积极地维护殖民地权利的人,仍然希望最后能获得和解,但战争的威胁就在眼前。少数人则主张完全独立,至少在口头上是这样。一个殖民地人士在 1775 年 7 月写道:"你不论旅行到全国的任何地方,你都会看到居民们在进行训练、制造枪机、铸造迫击炮和炮弹并进行射击,制造火药。"此时的费城一改以前的奢华,娱乐不再是城中时尚。"在当地最富有、人品最好的绅士们组成的军官的领导下,他们招募、编排、武装、训练了 3 个团的士兵,全都穿着制服。"亚当斯告诉阿比盖尔的叔叔伊萨克·史密斯。史密斯是个成功的商人,亚当斯对他非常景仰。"所有这些都(从)4 月 19 日(自从莱克星顿和康科德事件后)开始。平常每天他们都训练,星期天也不例外。"队伍在操练,民众在集会,大陆会议也正处于成立军队、任命最高统帅、发行第一批大陆货币的忙乱之中。

英国的密探在费城进进出出,搜集代表们的一切活动情报;还有报告说英国派出了强大舰队正由大西洋驶来,国王还专门为这次讨伐招募了德国雇佣兵。在这些或者谣言或者半真半假的消息下,大陆会议的所有会议都在紧闭的大门后以最秘密的方式进行着。因此,和其他代表一样,亚当斯能告诉家里的事情非常少,只是说开会的时间比原来长了,讨论的问题更紧迫了,或是每个人都越来越紧张了。

会议上成立了一个邦联,允许各殖民地按照各自的宪法处理自己的内部事务,但又把缔和宣战、订立条约和盟约、管理全面贸易的权力授予大陆会议;换言之,就是把在一切与整个社会的安全和福利有关的事务上制

JOHN ADAMS

订立法的权力都授予大陆会议。执行权力授予一个由大陆会议从代表中挑选、任职期限有限的12人委员会。没有派代表参加大陆会议的殖民地，只要同意邦联的条件，还可以成为邦联的成员。

一直犹豫不定的佐治亚很快也参加了邦联。这样，这个邦联就从新斯科舍一直延伸到佛罗里达。大陆会议马上就行使了自己的邦联权力。根据这种权力，大陆会议下令征集兵员，在殖民地各地修筑碉堡，筹集军火、弹药和军用物资，同时为了筹措这些和其他显然属于自卫性质的措施的经费，会议授权发行为数达300万美元的钞票，上面印着"联合殖民地"的字样，由邦联担保予以兑现。

会议通过了一项报复性法令，禁止向英国渔船提供一切供应品；还通过一项法令，宣布马萨诸塞省由于英国王室违反自己的宪章，已经不再受它和英国王室订立的契约的约束，并建议它成立一个内部的政府。

由于人数的原因，大陆会议的讨论挪出了第一次会议的举行地卡本特厅。位于栗树街南面、第五大街和第六大街之间的州政府成为代表举行会议的新地点。这座四十多年前修建的州政府建筑，整个都用红砖砌成，西面外墙上高高地装着一个报时钟。两层高的主楼有高高的钟楼，显得气势非凡。大陆会议在一层的会议厅召开，它就在栗树街入口的左面。这是一个宽敞的大厅，足够容纳几百人。主楼两端紧接着带有拱廊的较小些的"办公室"，是代表们小范围讨论和起草文件的地方。整个大厅没有任何装饰，"干净但不雅致"，墙壁被粉刷得雪白，光线从墙上的大窗户射进来。如果今天你来到这个地方，大厅的摆设与当年毫无二致。在大厅东端低矮的讲台上，放着一把高背椅，供会议主席用。大厅里有两个烧柴的火炉，东面的墙角还有两个一模一样的壁炉，分别位于主席座椅的两边。供代表们用的椅子是50多把温莎椅，全都面朝东墙主席座椅摆放成半圆形，其中散放着铺有绿色羊毛毡的工作台。就是在这里，当年来自美洲13州的代表们根据自己所属区域入座：来自新英格兰的坐在左边，中部殖民地的坐在中间，南部殖民地的坐在右边。

就在代表们就是否应该独立的问题争论不休的时候，第二次大陆会议遭遇了疾病的威胁。费城1775年的夏天十分反常，整个夏季都闷热难当，大批的蚊虫在城市的各个角落孳生。接下来的秋天又没完没了地下雨，难得一见晴朗的天气。由于卫生条件有限，加上连绵的阴雨，代表们的身体健康遭遇了威胁。由于疾病在费城广泛传播,大陆会议开会时咳嗽声不断,还有许多代表都面有菜色。有些代表抗议说,大厅里柴火炉冒出的烟造成大家健康状况不佳,于是炉子被搬走了。但代表们又患上了其他疾病:南卡罗莱纳州的托马斯·林奇中风了,而且再也没有康复。城里又有天花发生,让人们更加紧张不安。到了来年3月,新英格兰的显赫代表、罗得岛的塞缪尔·沃德最后死于天花。在后来大陆军的军营里,甚至爆发了痢疾。

亚当斯也没有幸免,他的健康也恶化了。起初,他的视力出现了问题,阅读的时候很困难。他写信给阿比盖尔,诉说"耗时耗力"的争论导致的挫折感,加上身体染恙,在费城的时光很是艰难。后来,他又患上风湿病和重感冒,健康更加让人担心。但尽管如此,亚当斯仍坚持每天工作12到14个小时:每天早上7点到10点,他参加委员会的讨论,接下来参加全体大会直到下午,然后从晚上6点到10点再参加委员会的会议。他就像一个连轴转的机器,在任何需要他的地方出现。亚当斯的律师经历帮助了他,每个代表的态度都被他了解和掌握。大陆会议的组成人员也越来越了解他。亚当斯屡屡当选重要委员会的委员,这正显示了他的影响力和其他代表对他的尊敬。他们敬重他的正直、他的才智还有他辛勤工作的非凡能力。他是马萨诸塞州代表团、实际也是整个大陆会议最重要的委员。就在此时,随着会议讨论到利益中心的时候,代表们的分歧越来越大,会议陷入了僵局之中。

独立念头

来自各地的代表,在美洲应该如何对待英国的态度上发生了巨大的分歧。第一次大陆会议通过了马萨诸塞提交的决议,宣布殖民地人民有"生存、自由和财产"的权利,而"不可容忍法令"是不公正和不合法的。

那时,还没有人公开倡导"独立",大陆议会还通过给英王的请愿书,希望在英帝国的体系内获得充分的自治地位。到了第二次大陆会议的时候,代表中的一些人还对英国抱有幻想,希望能和平解决问题,即使在形势已经非常紧急的情况下,仍有许多人努力做出让步换得英国的和解。当时光来到1776年初,此时的殖民地人们也并没有与英国彻底决裂的意思,他们只是认为英国议会无权干涉殖民地的内部事务。人们仍忠于英王,只

JOHN ADAMS

是希望"伟大的国王"给予自己大一些的自治权。在杰斐逊起草的《关于拿起武器的原因和必要的公告》中,也说"并不怀有野心,想要同大不列颠分离和建立独立国家"。在7月8日致乔治三世《最后的请愿书》中,也有人急切希望恢复与英国之间的"原有和谐"。甚至在华盛顿的麾下,军官们在就餐时还要为乔治三世的健康干杯。

1776年大陆会议委员会草拟独立宣言,最右边为约翰·亚当斯。

但在乔治三世和议会看来,这已经是大逆不道的叛乱行为了。英国本土的政治家们普遍对新大陆的人们不理解,没有代表权就不能征税?英国下辖的领土很多在议会都没有代表,不都在交税,谁也没因此造反呀!而且在美洲,英国为了保卫他们免遭法国人的进攻,帝国忠勇的将士不是在保卫殖民地边界的战争中做出巨大的牺牲了吗?他们怎么能如此忘恩负义!

在这个时候,一本名为《常识》的小册子开始在公众中流行。1776年1月9日,费城的罗伯特·贝尔印刷所出版了这本册子,它就像鼓舞人心的号角一样激起了大陆会议代表的精神,这是前所未有的。第一次出版时,这本书的作者署名为"英国人",一个月之后,当亚当斯再次出席大陆会议时,《常识》已经被第三次印刷出版。在很短的时间里,共有近20万份《常识》在流传中,风靡整个美洲殖民地。"谁是《常识》的作者?"南卡罗莱纳州一个通讯员在《费城晚邮报》上发表文章说:"应该为他塑尊金像。"

这份被奉为"独立冲锋号"的《常识》以通俗易懂的文字抨击了世袭君主制,指出它荒谬邪恶,称乔治三世为"皇家野兽",是美洲殖民地所有灾难的根源。在这本书中,作者号召人们武装起来、公开为战争辩护、呼吁美洲独立。尽管有人在心中可能做过这样的想象,但以前的印刷品从未有过如此大胆的言辞。

"北美的真正利益在于避开欧洲的各种纷争,如果它从属于大不列颠,被当作英国政治天平上一个小小的砝码,它就永远摆脱不了那些纷争。"

"我们为什么还犹豫?……阳光之下再没有比这更伟大的事业……看在上帝的面上,让我们做出最终的决裂……一个新世界的诞生指日可待了。"

"被杀死者的鲜血及造化的啜泣声在喊着:现在是分离的时候了。甚至上帝在英国和北美之间设置这么远的距离,也有力地而且顺理成章地证明,英国对北美行使权力这点绝不是上苍的意图……"

"如果你遭了殃,你还能同凶手握手言欢,那么你便不配被称为丈夫、父亲、朋友和情人,并且不管你这一辈子的地位和头衔如何,你都是个胆小鬼和马屁精……"

人们被这样的语言所鼓舞和激励,纷纷打听作者的背景。他们后来发现,这本书的作者只是一个郁郁不得志的英国移民。他叫托马斯·潘恩,一年多前刚刚踏上费城的土地。

托马斯·潘恩,1737 年生于英国的一个贫苦家庭,干过许多种职业,包括女式内衣。他对社会的贫富不均深恶痛绝,因此,他把自己的名字写成"Pain"(痛苦)。1774 年,怀揣一封本杰明·富兰克林的介绍信,潘恩移民到北美殖民地。在这块土地上,他找到了归属感。他的努力一直得到

JOHN ADAMS

本杰明·拉什的鼓励，后者可谓是他的精神导师。拉什本人曾经写过一本谴责奴隶制度的小册子，潘恩的《常识》这个名字也是他想出来的。潘恩到达北美一年半的时候，莱克星顿的小村就响起了反对英国当局的枪声。潘恩认为，这场战争的目的不应仅仅是要反对英国执政当局的种种经济盘剥，而是要争取殖民地的完全独立。

在他的宣传论著中，潘恩打破了人们对英王乔治三世的幻想，揭露了英国政治的腐败，号召北美人民尽一切努力，寻找新的出路，建立一个独立的新国家，为在欧洲遭到"放逐"的"自由"营造一个"避难所"。潘恩写道："啊，你们这些热爱人类的人！你们这些不但敢反对暴政而且敢反对暴君的人，请站到前面来！"

潘恩在自己的作品中呼吁：

"只要我们坚持不懈，不屈不挠，我们就有希望得到光荣的结果。胆小怕事，屈膝投降，其结果只好悲惨地接受各种灾祸。"

"在14世纪，英军全体将士对法兰西王国进行一番洗劫之后被赶回，吓得目瞪口呆。而这番英雄业绩只是由一位叫贞德的妇女率领拼凑的散兵游勇所干的。但愿上天也启发新泽西的某个女子去鼓舞她的同胞奋起，拯救她受苦受难的同胞，使他们免遭蹂躏劫掠之苦。"

"专制制度就像地狱一样，是不容易打破的，但我们可以欣慰的是：斗争越是艰巨，胜利就越光荣。"

最后，潘恩喊出了许多人想喊而没有喊出来的话："独立"，"独立"。

小册子在广大人民中引起了强烈共鸣。潘恩的思想和名言被人们奔走相告，在当时的北美殖民地广泛流传。在两三个月之内，"独立"这个原本被视为大逆不道的词成为每个北美人的口头禅。独立战争的民兵们很多人口袋里都藏着潘恩的小册子《常识》，并把它当成比长枪还要有力的武器。

对当时局势的发展，英国国王看得远比大陆会议的代表们更为严重。就在美洲人民袭击商船、抵制税赋的时候，乔治三世认为那里的形势已无可挽回。他认为，如果总督和收税官不能起作用了，就应当由武力来发言。在一次会议上，他对大臣说："新英格兰的那些政府现在处于叛乱状态，必须用战斗来决定他们是属于这个国家还是独立"，"殖民地不是投降就是胜利"。

在这位刚愎自用的国王的授意下，1775年英国议会颁布法令，把13个殖民地与英国以外的国家间的贸易予以断绝。并且，凡是没有无条件服从该禁令的美洲人都被英国政府视为叛徒，所有人都知道，叛徒都会被吊死。1776年2月27日，消息传到美洲，正在召开会议的代表们知悉这个消息，顿时议论纷纷。在亚当斯的极力推动下，会议决定断绝同英国的关系，用强硬的手段解决。会议最终同意开战并组建"大陆军"，他们委派华盛顿为总司令。此时的亚当斯虽然不赞成马上独立，但他早对时局有了清醒的认识。在亚当斯写给阿比盖尔的信中，他告诉她说："他们的头脑和心灵都为每件事情，甚至最坏的事情做好准备。"自从一开始卷入这项"美洲事业"，他就知道危机决不可能和平解决。"一想到我们可能会被迫采取悲伤的必要措施，即断绝我们和大不列颠的关系，更别提会因此带来的屠杀和毁灭，我就感到非常悲痛。"不可避免的战争，正是亚当斯"不安"的根源。

7 "爱国者"与"亲英派"的斗争
JOHN ADAMS

我们理应胜利

1776年2月初，约翰·亚当斯第一次在他的日记中提到了"美洲独立"的想法。这只比托马斯·潘恩的《常识》晚了一个月而已。大概就是在刚到费城的一两天里，在他上次居住的地方、亚德太太公寓的屋里，亚当斯表明了自己的决心，要帮助殖民地人民实现同英国脱离关系的目标。从日记中看来，这可能早在亚当斯还在路上的时候就已经写得差不多了。在日记中，亚当斯分别写下了："同法国和西班牙结成同盟，共同对抗（英国）"；"每个殖民地都承认的政府"；"要在每个殖民地建立火药厂，扩大生产（用于造火药的）硝石"。而且，在日记第二页上，他写道：需要一个"独立宣言"。

JOHN ADAMS

就像亚当斯想的那样，人们已经悄悄地谈过或在通信中提到了独立。但是，在公开的演说和出版物中，几乎没有人直接提起过独立。看来，反英人士还没有下定脱离英国独立的决心。在大洋彼岸的英国，态度却出奇地一致。国王和大臣们认为对于美利坚应该给予的不是自治，而是教训。国王那位傲慢的首相诺斯勋爵曾经说："我决不能接受一切人生而平等这种荒唐的见解。"作为英国首相，他决不允许那些殖民地的人们挑战帝国和他本人的权威。一些官员向国王和议会陈述：殖民地的人们是"粗俗、无法无天的懦夫。……大炮一响就能使他们落荒而逃……"当然也有一些头脑清醒的人看出了其中的危机，埃德蒙·伯克就警告英国政府：武力只能逞威于一时，"一个永久处于在被征服状态的民族，是无法治理的"。但是这些观点并不是主流意识，从国王到百姓，大多数人对此都是一笑而过。

在亚当斯看来，虽然独立手段激烈、战争不可避免，但这是惟一能确保美洲自由的办法，而且他坚决认为，必须迈出这伟大的一步。惟一的问题是什么时候采取行动。如果太早在大陆会议做出决定，结果必然是灾难性的，独立会被否决。但是，每推迟一天宣布独立，就会为后面更重要的斗争增添难度。所有的问题都集中在何时应该"趁着高潮一往直前"。

在参加会议的代表中，大致可以根据对待独立的不同态度而分为三派：内心亲英，公开反对独立的；谨小慎微、不愿采取行动的骑墙派；还有那些被亚当斯称为"真正的爱国者"、希望尽快宣布独立的人士。亚当斯估计，大陆会议中三种倾向的代表人数相当，所以，要求独立的声音在大陆会议中明显属于少数。在整个中部殖民地，还有部分南部殖民地，许多人都不希望从祖国分裂出来。而事实上，当时就有纽约、新泽西、宾夕法尼亚、特拉华、马里兰和南卡罗来纳6个殖民地的代表被特别授意，不得投票支持独立。

这些反对独立的代表认为，有在最后一刻和英国实现和解的可能性。他们说，根据历史的经验，事情还没到最后一步。在英国，还有像埃德蒙·伯克那样的人在议会为美洲的权利大声疾呼，并且还有人有板有眼地猜测一个负责和解的委员会正在从伦敦出发的路上。对亚当斯来说，这些话全是幻想。他在会议上大声疾呼："内阁控制殖民地，就像我控制一匹马那样，只要手拿一顶空帽子，假装里面装满了谷物……"

对于在会议上为数不少的贵格教来说，他们在任何时候都不忘记自己是和平主义者，他们说任何可能导致全面战争爆发的举动都是应该摒弃的。他们觉得乔治三世是"最好的君主"，那些自称是爱国者的都是"粗暴的人"。这种紧张局势在大陆会议上也显现出来。亚当斯目睹了这一切，不禁对此感到忧虑。大敌当前，内部却迟迟不能达成统一和协调。"这儿有一种深深的焦虑，一种顾虑重重的忧郁。"他写信告诉阿比盖尔，强调说，战争的事情一直都很难说。接着，他引用了自己喜欢的戏剧《卡托》中的一句台词：大受欢迎，华盛顿也很喜欢。亚当斯向她写道："我们不能保证胜利，但我们理应胜利。"

富兰克林与杰斐逊的态度

在大陆会议上，亚当斯发挥了重要的作用。此时，已经没有人怀疑他对美洲的独特作用和巨大价值。许多代表都盯着他，看他下一步如何行动，以便自己采取相应措施。

约翰·亚当斯知晓这一切，在同以约翰·迪金森为代表的"反对独立派"作辩论和斗争的同时，他也在不遗余力争取会议上最重要的两个人的支持——富兰克林和杰斐逊。

尽管本杰明·富兰克林此时身体虚弱，但代表依然认为70多岁的他是大陆会议最年长、最有智慧的人，事实也确实如此；人们还认为他是大陆会议最有影响力的人，但情况并非这样。在一开始，富兰克林就旗帜鲜明地支持独立，并像他告诉亚当斯的那样，认为大陆会议在这一问题上表现出的犹疑令人失望和困惑。富兰克林曾经当过宾夕法尼亚州驻英国的代表，在伦敦的长期经历使他比大陆会议的任何人都更了解国王和外交部。他根本不指望英国会在这个问题上再开出什么新条件。但令亚当斯不解和被动的是富兰克林丝毫不喜欢议会辩论，他开会的时候基本一言不发，有时还在自己的椅子上沉沉睡去。他从不为任何观点争论，即使对方的观点触及他的基本立场。事实上，在整个大陆会议上，他甚至难得开口讲话，除了私下聊天外，他很少冒昧提出观点。对脾气耿直的亚当斯来说，这实在令人难以理解。他几乎不能远离争论，尽管在当律师的时候已经争论得太多。"富兰克林从不假设任何事情，"亚当斯绝望地写道，"也不会受到影响而去充当领头人，他好像愿意让大陆会议自行其是，他甚至建议用弓

JOHN ADAMS

箭武装大陆军。"

作为另一位举足轻重的代表,来自弗吉尼亚的杰斐逊更令亚当斯感到不快。

1775年10月25日,亚当斯首次在日记中提到杰斐逊。他记录到杰斐逊跟随杰出的乔治·威思在威廉斯堡学了5年法律。他的这些经历给亚当斯留下了好的印象,亚当斯认为威思是大陆会议最能干的人之一。在捍卫美洲人权利方面,杰斐逊和亚当斯一样,都是不可动摇的积极行动者。杰斐逊对家庭、亲人和故土的专注决不亚于亚当斯。他们身上都带着出生地的明显特征,谁都不承认世界上有比自己"祖国"更好的地方。虽然谁都没有真正见过其他地方。亚当斯从没到过费城以南的地方,杰斐逊也没有去过纽约以北的地方。说到"我的祖国"时,杰斐逊通常指弗吉尼亚,亚当斯则指马萨诸塞。他们一个以身为弗吉尼亚人而自豪,另一个则以是个北方佬为荣。两人对文字、书籍和学问的热爱,在大陆会议的代表中无出其右。他们两人同样阅读广泛,同样学识渊博。其中一人最喜爱的作者名单可能也适用于另一人。

除掉对美洲和书籍的热爱,两人在其他方面有着显著不同,这些差异持续了很长时间,一直到他们的暮年都没有改变。马萨诸塞和弗吉尼亚实在是太不相同,事实上,地域对人生的影响远远超出一般人的想象。一个新英格兰海边农场上长大的人和一个像杰斐逊这样的有可观财富的人差别毕竟太大。杰斐逊认为自己算个有钱人,像个有钱人那样生活。他也继承了大量的债务和更多的奴隶,但在当时的弗吉尼亚,这是理所当然的事。整个经济和生活都依赖于奴隶和债务,烟草种植主特别依赖奴隶的劳动以及用来年收成作为抵押、从英国债主那儿借来的钱。约翰·亚当斯则恰恰相反,没有任何债务和奴隶,他终身对这两者都深恶痛绝。

杰斐逊生来就享有他父亲彼得·杰斐逊积蓄的可观财富,他是名副其实的大地主,拥有广大的土地和人数众多的奴隶。如果说亚当斯作为一名律师,无法容忍任何不公和有碍行使自由权利的行为的话,杰斐逊对于自己的土地和财产的保护也显得同样真实。

亚当斯认为杰斐逊是他在费城的被保护人;亚当斯在辩论中表现出的清晰的条理和勃勃的生机,以及"可靠的头脑"给杰斐逊留下了深刻印象,他因此把亚当斯看作自己的导师。他们在委员会一起工作,杰斐逊到来几周后,工作节奏加快,他们在一起的时间更多了。就像人们说的那样,他们每人都意识到另外一人对共同任务的重要价值。杰斐逊敏感地觉察到亚当斯在大陆会议的资深地位,或许也是为了满足亚当斯的虚荣心,杰斐逊对他一直都恭恭敬敬。

在会议上,亚当斯起初把杰斐逊看作了同道中人,但很快他就变得失望了。对于亚当斯来说,他说的毫无疑问就是他所想的;而对于杰斐逊,他说的话却总有些不明不白之处。私下谈话时,杰斐逊"精神焕发",大陆会议开会时,他却和富兰克林一样,很少说话,即使偶尔说话,他的声音也小得几乎听不见。他很少反对一个观点,或当面表示与别人意见不同:"永远不抵触别人。"正如他自己所言,他"憎恶争执",回避政治中的异议,极力躲开任何形式的对抗。他似乎要使自己的一生不遇到一点阻力,在安静和乐观中慢慢度过。许多年后,亚当斯仍然困惑于杰斐逊在费城表现出的被动,他声称:"大陆会议期间,我一直坐在他旁边,却从未听到他连续说出三句话。"

杰斐逊性格中有其独特之处,他性子比较慢,决定自己的独立观点时,他比亚当斯谨慎、矛盾重重。在对待英国当局的态度上,他经历了一个逐渐变化的过程:1775年8月,杰斐逊写信给亲戚约翰·伦道夫,说自己"心怀喜悦,渴望和大不列颠的和解"。他渴望"回到幸福年代,那时候,一直事务缠身,我可以完全退出公众生活,在家庭生活的安逸和平静中度过余下的日子,摒弃后来的欲望,无论听到世上发生什么事情"。但在同一封信中,他宣称"与其屈从于英国议会赋予我们的权力——最近的经验显示这些权力都被如此粗暴地行使——我宁愿亲手将这个岛国沉入海中"。

到了1776年春天,当美洲与英国的矛盾变得不可调和之际,杰斐逊独立的决心毫不亚于亚当斯。也正是因为他们对独立的共同热情、同样全身心投入美洲的共同事业,这两人才能以一种互相尊重、彼此合作的精神全神贯注于共同目标,全然不顾他们之间明显的不同之处。

在困惑的同时,亚当斯根本不可能像富兰克林那样温和、平静;也不会像杰斐逊那样沉默和文质彬彬。他是一位斗士,在事关捍卫美洲权利的事情上,亚当斯知道当机会来临、自己应该挺身而出扮演领导角色时,他就会全身心地投入。即使在前方有太多阻难和挫折,他也会像唐吉诃德那样毫不畏惧地挺身而出。

JOHN ADAMS

与迪金森的较量

在第二次大陆会议上，真正坚定拥护独立的只有新英格兰人，马萨诸塞的5名代表除了亚当斯本人，还有约翰·汉考克、罗伯特·特里特·佩恩、塞缪尔·亚当斯和埃尔布里奇。他们都一致表现出对独立真正的热情。其他中部和南部的代表们则各自有各自的立场，随着会议议题的不断深入，他们在会议上的表现也进入了较量的阶段。当英军的部队节节逼近时，形势的日益紧张令代表们更加难以统一意见。在不断展开的会议论战中时有惊人之举发生，热情好辩论的亚当斯和"亲英派"约翰·迪金森的直接较量就是其中最激烈的争斗。

约翰·迪金森是宾夕法尼亚州代表团的代表。宾夕法尼亚州代表团是反对派的堡垒，他们的代表都希望最终和英国达成和解而不是用武力的手段。约翰·迪金森在他们中间备受尊敬，有着不可低估的影响力。

生性小心、保守的迪金森是个出众的角色，他身材高挑，口才出色。他早期写过一本描述英国恶毒政策的小册子，这本名为《宾夕法尼亚州一农民致英国殖民地人民书》的书籍使他成为殖民地的英雄。他的名字被到处传颂，尽管他并不像许多人想象的那样是个朴实的庄稼人。迪金森出身富贵，在特拉华州的一个庄园长大，从小就受到很好的照顾。青年时代，他在伦敦学习法律，取得律师资格后在费城开业，并在那儿迅速成为同行中的拔尖人物。之后，他娶了一个贵格教徒的女儿，并继承了其岳父的遗产。迪金森生活铺张，喜爱奢华。他经常乘坐四轮大马车穿越城市，马车由穿着制服的黑人奴隶驾驶。他自己的房子坐落在栗树大街州政府的斜对面，其巨大和奢华即使是他的妻子也觉得这所房子太大、太浮华。

迪金森曾经希望给亚当斯留下良好的第一印象，他也做到了这点。第一次大陆会议时，亚当斯被邀请到费尔山迪金森的乡村别墅参加晚宴，他被深深地吸引了。迪金森"有着美好的心灵，国家的事业有赖于此"，亚当斯这样写道。一开始，亚当斯担心，大陆会议的愤怒情绪对这个外表瘦弱的人实在太过分了。虽然当时深受痛风病折磨，迪金森还是担任了费城一个军营的上校职务。他成了亚当斯一直渴望成为的"政治士兵"。但迪金森一直以毫不亚于亚当斯的决心告诉大陆会议，仍然有很大的可能用和平手段解决当前危机。他并不是个亲英分子，原则上也不反对独立，他只是坚持说，现在不是做出如此危险、不可变更的决定的时候。

莱克星顿、康科德事件，尤其是彭希山战役之后，迪金森仍然坚持说向国王请愿是恢复和平的必要手段。迪金森和那些反对独立者仍然希望这次危机能有个解决方法，坚持说还有可能和解，继续等待英国派出的和平使节。亚当斯对此极为愤怒，坚决抨击类似这样的行为。在大陆会议发表演说时，迪金森警告新英格兰的代表说，要是排斥恢复和平的可能性，他们就是"昏了头"。亚当斯立刻站起来激烈反驳他，驳斥他的软弱立场。两人争吵得非常激烈，各人都指责对方是别有用心的"阴谋家"。争吵持续了很长时间，迪金森在亚当斯的义正词严之下渐渐变得急躁，以至于亚当斯离开会议室时，迪金森还冲了出来，在屋外和他争论。迪金森愤怒地责问："亚当斯先生，究竟是什么原因使你们新英格兰人反对我们的和解办法？""你瞧，如果你们不赞成我们的和平计划，我们中的许多人会和你们新英格兰人断绝关系，然后我们会用自己的方式开展反对独立的行动。"迪金森此时已经有些恼羞成怒，他"霸道"的语气深深激怒了亚当斯。尽管如此，亚当斯仍然平静地回答说，为了团结和睦，他仍然可以协商调和，威胁对他根本没用。

亚当斯在后来几年回忆道，其实在到达费城参加第一次大陆会议的那天，马萨诸塞州代表就收到了某些人的警告。本杰明·拉什、托马斯·米夫林和费城的其他两三位爱国者骑马出城欢迎马萨诸塞州代表。在一个名叫法兰克福的乡村小酒店的密室里，这些新英格兰人被告知，他们"被怀疑在考虑宣布独立"。有人认为他们太狂热，他们绝不能在大陆会议中挑头。他们还被提醒，弗吉尼亚是殖民地中最大、最富庶、人口最多的州，这些"非常骄傲"的弗吉尼亚人认为他们才有领导的权力。

依照亚当斯的说法，这些建议给他们留下了极深的印象，结果乔治·华盛顿才被选为军队总指挥。对所有人，即使是反对独立的其他人，亚当斯也保持了一定程度的礼貌。这也证明，必要的时候，他也是一个有礼貌、有自制力甚至是有耐心的模范。

亚当斯记录说：有一天清晨，迪金森和他在路上相遇，两人擦肩而过，彼此的距离"近得足以碰到对方的胳膊肘"。"但从我身边经过时，他动都没动一下自己的帽子、脑袋和手。我向他鞠躬，并摘下了帽子。他非常傲慢地从我身边经过……但我决意要鞠躬，这样能知道他当时的心情如

JOHN ADAMS

何。"从此以后，亚当斯和迪金森成为陌路人，见面既不交谈也不互相示礼。在迪金森的影响下，其他人也拒绝和亚当斯讲话，大陆会议和整个城市似乎都对亚当斯怀有深厚的敌意。连续几个星期，亚当斯遭到人们的排斥，人们回避他就像"躲避一个麻风病患者"。亚当斯独自走在费城的大街上，"几乎成为所有人蔑视和憎恶的目标"。尽管这样，亚当斯仍然坚持自己的主见，他一如既往地大声疾呼——美洲要在最快的时间内成为一个新国家！

JOHN ADAMS
第三章
独立

（法国）王后环视大厅各处的人们，下令把许多调料端到她面前，然后开始按照自己的口味调配晚餐。之后，向仰慕她的观众展示了盛大场面，演示她如何用一把勺子完成皇家晚餐，一次吃光整整一勺食物。所有一切都像一座精确的时钟有条不紊地在运行，她脸上的任何部位和身体的任何部分，特别是手和胳膊的动作无懈可击，没有任何不妥当的地方。

JOHN ADAMS

1 前夜
JOHN ADAMS

美洲殖民地的融合

在上一章的结尾，我们了解到约翰·亚当斯不惧威胁，全力同亲英派的阵营进行针锋相对的斗争。他的坚强勇气来自对未来时局的正确判断，更与殖民地人民渴望自主权利、寻求独立的愿望有关。亚当斯自从在波士顿开业之后，律师工作让他接触到了许多社会矛盾，其表兄塞缪尔·亚当斯也给予他许多革命思想的灌输。亚当斯渐渐明白了美洲人民同大洋彼岸的英国不可能永远走在同一条道路上，这是他作为一个政治家所具有的正确的历史判断。从17世纪初到美国建国前的一百多年时间里，英国在北美共有13个殖民地，一些殖民地因为利益有时发生争吵，甚至大动干戈，但是，多个族裔、多种文化在广阔的北美大陆共处和混合，逐渐形成一个富有特色的民族。

由于远离英国本土，加之特殊的地理环境，在北美的英属殖民地乡镇政权很早就各自任命自己的行政官员，规定自己的税则，分配和征收自己的税款。凡涉及全体居民利益的事务，均在公众场所召开公民大会讨论决定，这是当时殖民地人民一开始就达成的共识。17世纪初，欧洲许多国家的君主专制体制已经取得了辉煌的胜利，在大放异彩和文艺繁荣的欧洲，人们还没有想到一些可能被他们轻视的原则已经在新大陆的荒野中公布出来，并且已经成为一个民族未来的信条。大洋彼岸的欧洲，大多数国家的政治生活一般都始于社会的上层，然后是逐渐地而且是不完整地扩大到整个社会。在那里，国王代表着最终的解释；而在殖民地有些时候则相反，乡镇成立于县之前，县又成立于州之前，而州又成立于国家之前。在这个没有历史、没有现代文明浸染的地方却出现了一种崭新的社会运行方式。

13个殖民地虽然各自自成一体，但它们都有共同的基础。不仅在政治观念上非常相似，更重要的是这些殖民地上的人们都遵循同样的文化体系。他们说英语，维持英国的风俗，像英国本土那样建立议会制度和陪审团制度，他们的书籍、建筑、图画、文学主要是英国式的，甚至都接受3000英里大洋外大英帝国的管理。实际上来自英国的直接管理力量非常微弱，虽然许多人一辈子也没有踏上过英伦三岛，大多数人从来没见过一个来自英国的皇家官员。由于生存环境的艰辛，新大陆人们已经不同于英国人，他们养成了勤恳工作、讲求实际的工作态度和排斥奢靡、务实严肃的生活态度。在他们的社会中，务实、进取的精神，特别是对于通过辛勤工作以获得成功的价值认同，以及勇于开拓和冒险，崇尚平等的意识已经深入人心。

在这样的形势下，美洲殖民地的融合就成为一件顺理成章的事情。经过近100年的发展，到18世纪初，13个殖民地的农工商业得到飞速发展，交通运输尤其突出，许多地方开辟了可以跑马车的公路，建立了邮政系统，当时，波士顿的信件6天就能到达费城。交通与通讯的发展使得殖民地各地可以互通有无、交流信息、联络感情。这一切都像一根纽带将13个殖民地联结在一起，对美利坚民族的形成起了深远的影响。辽阔的处女地和英国当局鞭长莫及的统治，都使他们富于自治和民主意识。民选长官、土地分配和平民教育使这里与英国呈现出很大的不同。一句话，这里是一个完全不同的新世界。

新世界就会有新规则，就会有新理想。

1782年，一位法裔移民克雷夫科尔发表了12篇文章，他称之为《一个美国农场主的来信》。他是这样描述新兴的美利坚人的："我们是一个耕者民族，散居在一片巨大的领土上，通过良好的道路和可通航的河流相互交流，由温和政府的丝带把我们联在一起，大家都尊重法律而不畏惧其权力，因为法律是公平的。我们生气勃勃，充满实业精神，这种精神已被除去镣铐，不受任何约束，因为我们每个人都是为自己工作的。""这里是英格兰人、苏格兰人、爱尔兰人、法国人、荷兰人、德国人和瑞典人的混杂。由这种混杂繁衍产生了一个现在叫做美利坚人的种族。……在这里，来自世界各国的人整合成一个新的民族，总有一天，他们所付出的劳动以及他们的后代将使世界发生巨大的变化。"

这些充满骄傲和勃勃生机的话语正是这块新土地上人们的心声。在克雷夫科尔发表他的言论之前，著名的政治思想家托马斯·潘恩的《常识》就已经深深触动了美洲人民的心灵。可以说，正是这本薄薄的小册子，打开了殖民地人民通向独立和自由的金光大道。

在莱克星顿战斗打响后9个月,托马斯·潘恩发表了他的小册子《常识》。这本仅有几十页的小册子在独立战争中发挥了不可估量的作用。很快,《常识》在只有250多万人口的北美殖民地发行了50万册。潘恩没有因此收入分文,依旧清贫。因为他拒绝接受任何稿费或版税,只为了这本书能够低价印发,得以让并不富裕的人民广泛购买和阅读。他的目的达到了,在《独立宣言》发表之前,他已经通过自己的著作,让《独立宣言》将要表达的思想变成了人人理解的"常识",普遍地深入民心。是潘恩的言论坚定了大陆会议代表们的决心,是《常识》加速了《独立宣言》的诞生。可以说,正是托马斯·潘恩在文章中勇敢喊出的"独立"口号最终促成了美国的独立,开启了历史的崭新篇章。

托马斯·潘恩《常识》中正确的原则和无可辩驳的推理让所有人对独立的正确性深信不疑,它影响了许多人,甚至包括华盛顿。在写给朋友约瑟夫·里德的信中,华盛顿曾非常诚恳地说:"《常识》是一本正当其时的书,它使我们许多人的心里产生了深刻的变化。因为它的指点,独立和自由的精神开始在我们心中沸腾起来,我们不能屈服做奴隶,不能任人压迫和宰割,我们决心与这样一个不公正和不道德的国家(英国)断绝所有关系。"在他的部队里,几乎人手一册《常识》。在福吉谷战役中,当部队士气低落时,华盛顿将军就下令让军队宣读《常识》,因为将军认为它有檄文的力量。

《常识》对亚当斯也产生了巨大的影响。很早之前,亚当斯就考虑过这些问题。在他看来,政府的结构是引起人们强烈兴趣的问题之一,它涉及到人性本质、政治力量和良性社会等根本问题。对这个问题的关注驱使他阅读了大量书籍,同那些他所尊敬的人进行交流。马萨诸塞州的朋友们告诉亚当斯,由于《常识》的发行,要求宣布独立的呼声比任何时候都大。"是时候了……我们从未有过如此好的时机",他的一个朋友写道。在给阿比盖尔的信中,亚当斯提到他寄给她的那本小册子时说,希望《常识》能成为"共同的信念"。而当知道波士顿有传闻说他就是这本书的作者时,亚当斯就好像受到了人们的恭维一样。他写信告诉自己以前手下的职员,声称自己从没有这样"有力、短促"的风格。"这是上天的旨意,"他在文章开头这样写道,"最伟大的哲学家和古代立法者都希望生活在我们所处的时代……在这样的时代里,史无前例的环境为13个殖民地提供了重新建立一个政府的机遇,他们可以选择这个政府的基础和构造。人类种族中又有多少人能有机会为自己和子孙后代选择政府体制?又有多少人对政府的选择权多于对气候的选择权?"

当然,对这本书,亚当斯也并非全无疑虑。理智的他不能赞同《常识》中一些过激和理想的成分。他告诉阿比盖尔,这本书的作者"更善于摧毁而不是建设"。

潘恩试图用《圣经》中的类比证明君主专制的非法性、宣布君主专制是"犹太人的罪恶之一",而亚当斯认为这些提法都很荒谬。潘恩向读者们保证,在对英国的战争中,有着众多经验丰富的海员、志愿士兵和充足战略资源的美洲肯定会大胜。但亚当斯对这场战争没有抱任何幻想。大陆会议的众多代表中,似乎只有他不相信会在短期内获胜,认为将会有长期、艰苦的斗争,战争也许会持续10年之久。更糟的是,他认为,美洲的"争辩会在欧洲引发一场全面战争"。在一篇回应潘恩的文章中,他考虑的远远不止独立和战争结果,还有一旦宣布独立、取得胜利后应该建立什么,意识到必须发动战争的残酷现实。

在所有的大陆会议的代表中,亚当斯是最清楚知道独立需要什么以及将遇到的困难和风险的人。他写道,人民的幸福是政府的目的,所以能确保绝大多数人民最大幸福的政府形式是最好的。既然所有"对真理的理智探索"都同意幸福源于美德,那么以美德为创立基础的政府最可能促进大多数人的幸福。他继续写道,所有伟大的思想家都同意,所有优秀的政府都是共和制的,而共和国的"真正概念"是"一个法制而非人制的帝国"。

后来的事实证明了亚当斯的先见之明。在华盛顿树立榜样之后,杰斐逊在第二届总统任期届满时,两党都要求他连任第三届。杰斐逊明确表示:"华盛顿将军在任总统八年后自愿放弃竞选,树立了榜样,我要仿效他。再多几个这样的先例,就会对任何一个想要极力延长总统任期的后继者们排除惯例的企图增加障碍。"像华盛顿一样,在亚当斯和杰斐逊心目中,国家的民主制度建设永远高于个人得失。这就是在制度保证下,法制而非人制的共和国形式。

JOHN ADAMS

第三章 独立

最后一次辩论

就在代表分为两派，在是否与英国彻底决裂的问题上暗中拉锯较量的时候，大陆会议本就不太平静的会场终于爆发了一次大的争论。一切都与战争的威胁有关，刚愎自用的英王派出了强大的部队来袭。1776年5月8日下午，整个费城都听到沉闷而确切无疑的炮声。两艘全副武装的英军军舰和一艘名叫"利物浦"的轻巡洋舰，企图突破费城的防线。费城人民的武装只是许多尖头小船，但这些组成的河防仍然坚不可摧，英军遭到了顽强的抵抗。费城的民众听到炮声从特拉华河以南30英里处传来，一直持续了两天，直到英军船只调头离去。整个战役没有重大伤亡发生，而且在许多人看来，就像《费城日报》写的那样，这是"最有趣的场景"。有数千人坐着马车、骑着马在河岸上观看，好像这不是战争而是一场烟火表演。在顽强的抵抗下，英军放弃了突破城防的念头，转而离开波士顿。他们并没有走远，舰队在海上等待增援，随时返回攻击纽约。

1776年5月10日星期五，战争后的第三天，大陆会议许多代表认为的关键时刻到来了。也许是英军的炮火震醒了一些代表的头脑，起初还以为可以和平解决问题的人也开始认真考虑独立派的建议。南卡罗莱纳、佐治亚和北卡罗莱纳3个殖民地的代表接到指示，可以自主决定是否参加独立投票；即使反对独立的阵营也越来越多地同意，需要全体一致、需要"和谐"，这无疑是统一意见的标志。"这真是智者智言"，弗吉尼亚州的卡特·布拉克斯顿写道。本杰明·富兰克林也站出来讲话："大敌当前，我们必须团结一致，否则就会四分五裂。"

看到情势发生了有利于自己的变化，亚当斯认为时机成熟，开始采取行动。他和理查德·亨利·李一起，提出了一项决议，建议每个殖民地行使所有政府权力，以保证"整个美洲，特别是其选民的幸福安全"。大陆会议不仅通过了这个决议，而且表决时高度一致。该决议就差一个前言。这个由亚当斯负责起草的前言是个言辞更为激进的声明。由此引发了三天激烈的辩论，亚当斯参与其中，得到了理查德·亨利·李的支持，而宾夕法尼亚州的詹姆斯·威尔森则是辩论的反方。最后，一个清除通往独立的路障的决定时刻终于到来了。

在这个决议的前言中，亚当斯展示了他决绝的信心，他排除了任何与敌人和解的可能性，宣布各殖民地应该立即独立。在这份重要的决议中，亚当斯饱含热情地写道：鉴于国王陛下协同大不列颠的参、众议员在议会最近的一个决议中把联合殖民地居民排除在他的王权保护之外。鉴于殖民地要求得到补偿、与大不列颠和解的卑微请愿没有得到任何答复，也不可能再被给予任何答复。鉴于王国所有的军队，在外国雇佣兵的协助下，将被用于毁灭殖民地的善良人民。鉴于让殖民地人民宣誓确认有必要支持大不列颠王权之下的任何政府有悖良心和情理……因此有必要完全推翻王权之下的任何权威，殖民地人民权威之下的政府有必要行使权力保证维护内部和平、道德、良好秩序，还要保卫他们的生命、自由、财产，反对敌人的侵略和残忍掠夺。

当代表们看到由亚当斯起草的这份前言时，就像一把盐撒进炙热的油锅一样，许多人开始反驳。"为什么这样着急？"詹姆斯·杜安对亚当斯的决心感到疑问："为什么非来得这样猛烈？"詹姆斯·威尔森嚷道："在我们准备建新房之前，为什么一定要推倒旧的、让自己暴露在险恶的四季之下呢？"约翰·迪金森则心不在焉，显然是感到不舒服，仿佛是一个疲劳工作的牺牲者。约翰·亚当斯的回答没有被记录下来。但是，随着争辩的继续，凭着他的著述、他在委员会的工作、他不竭的精力、勤奋和不屈的决心，他俨然一个与众不同的领导。最终，在1776年5月15日，他的主张获得通过。

前言通过了代表的表决，被激怒的詹姆斯·杜安告诉亚当斯，这就像"一台建造独立的机器"，亚当斯兴高采烈地回答说："这就是独立。"他为此给阿比盖尔回信，他写道，大陆会议在那天"通过了美洲采取的最重要的决议。我有理由相信，人民控制下的殖民地政府将不会轻易放弃自己的权力"。

在费城，民意也发生了剧烈转变，人们转而支持独立。5月24日星期五是周末，华盛顿将军来到费城，参加一个为期两天的会议，向大陆会议报告他对纽约局势与日俱增的担忧，英军任何时候都可能对城市发动攻击。人们都知道，国王已经征招了17000名德国雇佣兵，准备对美洲作战。3天后有消息传来，在威廉斯堡召开的弗吉尼亚代表大会5月15日一致表决同意，通知在费城的弗吉尼亚代表团"宣布联合殖民地是自由独立的州"。为此欢呼雀跃的约翰·亚当斯写信给帕特里克·亨利说："已经颁布了法令，再也不能取消，必须在美洲建立世界上其他地方已经盛行的更平等的自由。"

到了1776年6月7日星期五,弗吉尼亚州州长理查德·亨利·李在州政府发言。在座的每个人都理解这一刻的重要性。面对众多代表,理查德·亨利·李说:"联合殖民地,也有权力成为独立自由的州,他们被宣布免除对英国君主效忠,而且他们和大不列颠之间的一切政治联系也应该完全解除。"亚当斯立刻对这个动议表示赞成。

第二天,辩论如期开始了。根据杰斐逊的记录,对此表示反对的约翰·迪金森、詹姆斯·威尔森、罗伯特·利文斯敦和爱德华·拉特利奇宣布,他们仍是"这一措施的支持者",但反对任何形式的独立宣言,除非是"人民的声音"驱使他们这样做。更重要的是,如果大陆会议在听到这个"声音"之前开始行动,就会有某些殖民地"从联盟中分离"。这是愤怒的迪金森以前对亚当斯的威胁,但是杰斐逊没有记录这次发言的是不是迪金森。他也没有记录亚当斯、李和乔治·威思说了什么,只记下他们宣布,民意高于大陆会议:"人民等待我们去领路",除非宣布独立,否则欧洲列强既不会同殖民地开展贸易也不会同殖民地打交道,"现在的军事对抗未必能成功,因此在我们的事业有一线希望时应该建议组成联盟",而且,非常重要的是"不要浪费时间"。

激烈的辩论一直持续到天黑,代表们仍然不能达成一致。从6月10号星期一约翰·汉考克主席重新召集会议开始,拉特利奇和那些"冷静派"成功地使投票日期推迟了20天,直到7月1日才举行,这样所有来自中部殖民地的代表便有时间咨询家乡的意见。尽管如此,所有代表同意绝不浪费时间,开始为独立准备一份宣言,大陆会议为此任命了一个委员会,即后来为人们所知的"5人委员会",由杰斐逊、亚当斯、罗杰·谢尔曼、罗伯特·利文斯敦和本杰明·富兰克林组成。

当时亚当斯已经参加了23个委员会的工作,在同一周,他又被委派参加另外3个委员会的工作,其中包括最重要的新的"大陆战争和军火委员会",他担任该委员会的主席。这一切都表明,亚当斯已经成为大陆会议上最为重要的几个人之一,他的态度和意见对会议的走向起着关键作用。

最恰当的人选

约翰·亚当斯担任"大陆战争和军火委员会"的主席,表明他成为决定大陆会议走向和影响战略决策制定的重要人物。亚当斯在会议上发挥出的重要作用众所周知，正是他最终促成了"由华盛顿担任革命军司令"的决定。另外，他还亲自主持费城的防务，在刚到费城的时候，他就和其他几名代表一起，花了一天时间视察了特拉华河上的防御措施。

之所以推选华盛顿负责军队的领导，亚当斯有充足的理由。在给一位友人写的信中他说："华盛顿的行为中有某种使我深深感动的东西。他在大陆上是家产最多的人士之一，然而为了国家的事业，他却离开了养尊处优的生活，离开了家人和亲友，牺牲了自己的舒适环境，把这一切都拿来孤注一掷。他的见解是高尚的、无私的。在他接受这一重任时，他却说，他愿意把他的一切花费都准确地列进账项，而不愿接受一文薪金。"

莱克星顿惨案发生的时候，华盛顿正在弗农山庄，准备以代表身份到费城去参加第二届美洲大陆会议。华盛顿预见到，由于这一事件的缘故，他生活中一切令人愉快的社会关系势必要中断，他的最亲密的朋友们一定会起来反对英国政府。这个政府虽然在政策上有错误，却是他衷心拥护、决心维护的。华盛顿的心情很复杂，这从他给当时在英国的他的朋友和邻居乔治·威廉的信中可以看出。在信中，他称这是"令人痛心的事件"，但责任应该归咎于英国内阁和他们的军界代理人。"一想到同室操戈，兄弟相煎，一想到幸福而和平的美洲平原就要淹没在血泊中，或者就要成为奴隶的居住所，我就不胜伤心。这真是可悲的抉择！一个正直的人在选择自己的道路时还能有什么犹豫吗？"

大陆会议召他到费城进行商议。在夫人伴随下，他于 1775 年 5 月 21 日从纽约起程。大陆会议主席汉考克先生邀请华盛顿夫妇在费城逗留期间住在他家。看来华盛顿在与大陆会议商议时使人们感到振奋。他率直地表明，他深信：要同英国按照可以接受的条件达成和解是不可能的。英国政府党人已经在议会宣告：既然已经开战，就要坚持采取高压胁迫措施，直到他们完全屈服为止。不久以前出钱雇用外国军队就是这种政策的一部分，说明他们完全采取了敌对的态度。因此，一场持久的战争已经不可避免，但是现有的军队兵员不足，民兵的服役期太短，在这种情况下，要顺利地进行战争是不可能的。

在参加大陆会议之前，华盛顿担任过军队的指挥官，公众对他的军事才能和经验也十分赏识。大家普遍愿意组建一支军队。但是，问题是由谁来担任总司令？亚当斯在他的日记中隐约谈到秘密会议内部的意见分歧和利益冲突。他说，南方有一派人不能容忍由一个新英格兰将军担任新英格兰军队的司令官。他写道："我不敢说这种戒心究竟是真诚的，还是仅仅表现了一种自大和一种狂妄的野心想叫一位南方将军来指挥一支北方军队。但是，在我看来，他们的意图是很明显的，那就是，他们都属意于华盛顿上校，而且，我们的许多中坚分子都参与这个计划，以致如果我们不对这个计划让步，我们就寸步难行。"

大陆会议正式决定接管新英格兰军队，并确定总司令的薪水为每月500元。许多代表仍然认为他们的这一切步骤都只是反对英国内阁的措施，而不是反对英王的权威，因此，把波士顿周围的军队命名为大陆军，以区别于盖奇将军领导下的政府军。

亚当斯还说，在任命华盛顿的问题上态度冷淡的弗吉尼亚代表不只一个，彭德尔顿先生尤其明白地坚决反对。亚当斯在他的日记中声称，督促代表们做出决定的功劳在于他。

亚当斯在日记中说，有一天，他动议会议接管坎布里奇的军队，并任命一位将军。接着亚当斯又说，"此刻还不是提出人选的适当时刻，因为我有理由相信，这是一个有一定困难的问题，不过我还是愿意毫不犹豫地宣布，在我的心目中，只有一位先生适合于担任这个重要指挥职务；他是一位来自弗吉尼亚的先生，他现在就在大家当中，而且是我们大家都十分熟悉的；就他作为一名军官的才干和经验，巨大的才能和整个卓越的品格而论，他能赢得全美洲的赞同，并且能把所有的殖民地团结起来，共同奋斗，胜过全邦联中的任何别的人。华盛顿先生恰好坐在门口，一听到我指的是他，他谦逊地退到图书室中去了。我观察主席汉考克先生的面部表情，在我谈到各殖民地坎布里奇的军队和敌军状况的时候，他带着明显的愉快表情听我讲话，但是，当我开始谈到华盛顿可以担任总司令的时候，他的表情就突然发生了我从来没有见过的明显变化。他的脸上出现了一种被侮辱和愤懑的表情，要多明显就多明显。"

在大家讨论这个问题的时候，有好几位代表反对任命华盛顿为总司令。他们不是出于个人的好恶，而是因为那支军队全部来自新英格兰，而且已经有了自己的一位将领——阿蒂马斯·沃斯将军。这个问题被推迟到以后解决。在这期间，代表们进行了会外活动，设法求得一致意见。由于普遍的呼声都明显地赞成华盛顿，因此，大家就设法说服不同意华盛顿的代表们放弃自己的意见。

　　1775年6月14日，接下来就是选举军队总司令的人选。来自马里兰州的约翰逊先生提名华盛顿担任总司令，并强调说他是最佳的人选。选举接下来以投票方式对这个提名进行表决，结果是全体一致通过。第二天，华盛顿来到会场就座后，主席向他正式宣布这件事。华盛顿从座位上站起来，做了简短发言，对会议授予他这种荣誉表示十分感谢，并且表示他真心诚意地忠于这一事业。他又说："但是，为了免得今后发生对我的声誉不利的某种不幸事件，我请求在场的每一位先生记着，我今天极其诚恳地宣布，我认为自己不配担任授予我的这种指挥重任。至于薪饷，我请求允许我向会议保证，由于促使我接受这一艰巨重任、牺牲自己家庭的安适和幸福的并不是任何金钱上的考虑，我不愿从薪俸中得到任何好处。我将专立账目，准确载明我的一切花费。我相信，这笔薪饷足够清偿这些花费，我想得到的仅此而已。"

　　由于战况吃紧，华盛顿只能立即奔赴前线。在这样的时刻，他所关心的主要还是给他的家庭带来的不便。他在这个问题上给他妻子写了信，信中充满了男性的柔情。他写道："我向你最庄严地保证，我不但没有追求这一职务（大陆军总司令），而且还尽了最大力量避免担任这一职务，不仅是因为我不愿意同你和家人分开，而且因为我意识到这副担子太重了，是我的能力所担负不了的。你要相信我。我在家中和你在一起生活一个月所得到的真正幸福，比我在外面待几十年可以找到的幸福都多。但是，既然命运安排我担任这一职务，我也就希望我是上天有意要我完成某种有意义的使命。"他给弟弟约翰也写信说："我现在要向你和舒适的家庭生活暂时告别了。我要走到一个无边无涯、也许也找不到一个安全港口的广阔海洋上去。各殖民地的一致呼声要求我担任大陆军的指挥重任。这个荣誉是我既没有追求，也不希望得到的，因为我完全相信，它要求有很大的才干，要求有比我掌握得多得多经验的人才能胜任。"

　　华盛顿对大陆军的实际情况有所了解，他努力促使大陆会议通过了一些决议，给未来的部队争取到了一些有利条件。这些新决议规定：士兵服役期限为3年，每一名新兵再发10美元奖金；从各州抽调13800名民兵增援纽约驻军，直到1775年12月1日为止；建造足够数量的平底船和筏子以防止敌人的船只进入纽约湾或纳罗斯海峡；由宾夕法尼亚、特拉华和马里兰3个殖民地提供1万民兵，组成一支临时部队，驻扎在新泽西，以保卫中部各殖民地，驻扎时间也到1775年12月1日为止。此外，会议还授权华盛顿在紧急情况下可以要求比邻的各殖民地派遣民兵临时支援。

考虑到整体协调的问题，华盛顿还建议大陆会议设立一个作战机构。在那以前，在大陆会议中，军事问题是交给一些随便指定的委员会处理的，因此处理得很不及时，总是被人严重忽视。根据他的建议，一个名叫"军事与军械委员会"的常设委员会开始接管这些问题。这个委员会在1775年6月12日开始工作，由亚当斯、托马斯·杰斐逊、罗杰·谢尔曼、罗伯特·利文斯敦和本杰明·富兰克林组成。

走马上任

1775年6月20日，华盛顿从大陆会议主席那里接受了委任状，正式就任总司令一职。人人都希望看到新上任的总司令，应费城民兵军官的要求，在动身奔赴前敌前他检阅了好几个步骑兵民兵连。坦率讲，很少有人能像他那样完全符合公众心目中司令官的美的理想。这时的华盛顿才43岁，正当盛年，加之相貌堂堂，一表人才，风度雍容高贵，举止安静威严。当他巨大的身躯威风凛凛地骑在马上的时候，他的军人气派使人人都感到赏心悦目；不管他走到什么地方，空中都响彻一片欢呼声。

6月21日，华盛顿从费城出发，骑马前往波士顿。他在这次旅途中的军人旅伴有李少将和斯凯勒少将。在一段旅途中，还有几位私人朋友同行。护送他的部队是马凯上尉率领的费城的"君子部队"。整个这支队伍十分壮观。这支护送军队总司令的队伍每到一个城镇和村庄，都引起了人们的注意和赞叹。可以说，华盛顿将军还没有到达前线，他那令敌人闻风丧胆的名字就已经被广泛传开了。

6月23日，在去往波士顿的旅途中，华盛顿收到了一个鼓舞人心的好消息：在班克山战役中，美军消灭了1000多名英军。

莱克星顿战役后，约翰·斯塔克率领一支号称"青山子弟兵"的84人志愿队伍由佛蒙特北上，向加拿大进军，夺得了香普冷湖附近提康德罗加英军炮台，控制了哈德逊河北段。这支队伍基本上由十几岁的少年组成，他们出身农猎家庭，练就一手好枪法，立场鲜明、作战英勇。在此基础上，一支陆上远征队北上向加拿大出击，虽然最后失利，但此举牵制了英军半数的军队，削弱了驻北美13州英军的实力。对加拿大远征的失利，使美国人一直轻视加拿大人，认为他们甘受英国奴役，没有像其他地方的人一样起来响应。1775年6月16日，1200名大陆军和民兵为夺回波士顿，在普雷斯特上校率领下偷袭了驻在波士顿的查理士顿区的英军。美军占领了波士顿附近的班克山高地，在布里德山顶修筑了工事。英军付出了很大代价，向山头发动了3次攻击，才终于把美洲军队赶走。美洲军队退到了坎布里奇。

它是英军和美洲军队之间的第一次正式战斗。后果也是极其深远的。英军占领了他们所争夺的阵地；但是，即使说这是一次胜利，对他们来说，这次胜利也比一次普通的败仗更惨，更可耻。因为根据他们自己的报告，在一支2000人的部队中，他们的死伤人员就达到1054人，其中军官还占了很大比重。美洲军队的损失却不超过450人。对于美洲人来说，这场败仗（如果可以说这是一场败仗的话）却起了一场胜仗的作用。它使他们对自己有了信心，也提高了他们在敌军眼中的身价。他们向自己也向别人证明，他们是能够同欧洲有纪律的士兵进行较量的，而且能够在战斗中使他们蒙受最严重的损失。这一仗表明大陆军不但能在游击战中打败英军，同时也可在正规战中给英军以重创。

与此同时，马萨诸塞省议会已经做好了欢迎华盛顿到达的准备工作。7月3日，在到达坎布里奇的那天上午，华盛顿正式接管了军队的指挥职务。在他到达沃特敦以后，议会开会欢迎他，并向他致词祝贺。仪式结束以后，华盛顿又骑上马，由一队轻骑兵和专人护送，前往3英里以外的坎布里奇的司令部。在抵达营地以后，士兵们的欢呼声、礼炮的雷鸣声，向被围困在波士顿的敌人宣告他的到达。

在这样的场合，华盛顿没有头脑发热、自命不凡。一向谦逊的他懂得大家对他抱着殷切的希望。现实的情况是他指挥的军队是一群从农村征来的没有经过训练的新兵，"一批乌合之众，纪律涣散，松松垮垮，自由散漫"，分散在山头和溪谷的粗陋不堪的营地里。这样仓促地从田间征召来的农民义勇军，有很多人没有武器，他们有的随身携带一把铁锹、铁锨，有的是携带一把铁镐，或者是一把弄直后绑在木杆上的镰刀。而在他们所围困的城市中，敌人的指挥官却有一批久经沙场的士兵，海港内还有一批军舰停泊，市区周围还有一批坚固的碉堡互为犄角。

当华盛顿骑在马上环顾这批士兵时，他深深感到责任重大、任务复杂艰巨。不过，在谈到他面前的任务时，他既不是悲观失望，也不是自吹自擂目空一切，而是本着他高贵的天性，严肃、稳重而坚定，满怀希望地信赖上天的意旨。

军队在离司令部大约半英里的广场上列队接受检阅。华盛顿在李将军和大批随从陪同下到达时，在一棵大榆树下掉转马头，以军队总司令身份抽出了指挥刀。至今，人们还能指点出这棵古老榆树的所在。

在大陆会议讨论接管军队和委派总司令的时候，群情激愤的波士顿周围地区的形势愈来愈严重，并且逐渐白热化。封锁波士顿的地方军队不让物资从陆路运入市区。邻近的地区也不肯从水路供应物资。市内已经买不到新鲜食品和蔬菜了。波士顿开始经受苦难。

那时候，华盛顿还不知道英国在不久以前采取了非同寻常的权宜措施，为下一个战役做准备。英国给了不伦瑞克公爵、黑森州卡塞尔方伯和卡塞尔世袭亲王一笔巨款，请他们提供军队协助英国制服殖民地。4300名不伦瑞克军队和将近13000名黑森军队已经到英军中服役。上述德国亲王除了索取津贴外，还要求对于他们所提供的每一名士兵，付给7英镑，每阵亡1人，加倍付给。

7月下旬和8月上旬，英国军舰连同供应船继续来到。苏格兰高地部队、黑森部队和其他部队继续在斯塔腾岛登陆。8月初，不久以前在查尔斯顿受挫的亨利·克林顿爵士的分舰队在纽约海湾里抛锚停泊。里德上校写道："他的到来出人意料，犹如从天而降。"康沃利斯勋爵随他一起来到，带着3000名陆军部队。

集结在纽约附近的敌军兵力约为3万人。美军的兵力不过17000多人，但是随后增加到2万人，大多是没有受过训练、纪律散漫的新兵。1/4是病号，患有胆性热、斑疹伤寒和痢疾。还有一些人休假或出差去了。剩下的人又不得不被分派到各个前哨阵地和驻地，其间相隔达15英里。

在从敌方投诚者的叙述和其他情报中得知：大量的敌方陆军已经登上了运输舰；敌人已备好3天的粮食并采取了其他一些步骤，表明他们打算离开斯塔腾岛。普特南也送来报告说，敌人舰队至少有1/4舰只已经扬帆驶离。司令部里的人员对于敌舰驶往哪里或者是不是仅仅改换一下驻地，有许多揣测。可是一切迹象都表明，事态正在趋向白热化。

在这种紧急情况下，华盛顿写信给默塞尔将军，要求他从机动营调 2000 人来。斯莫尔伍德上校所指挥的营立即调来一部分兵力。州议会下令迅速征召乡村民兵，在海峡的岸上和哈德逊河国王大桥以上地段的河岸上组成临时军营，一旦敌人企图从上述两处水面的军舰上登陆，就对他们进行骚扰。还有一些民兵被派去增援长岛上的据点。乔治·克林顿将军带领队伍迅速开往刚刚在国王大桥北边建立的炮台，留下 200 人，由一名军官指挥，在安东尼地角的隘口建立工事，因为通向奥尔巴尼的大路要穿越这座山岭。华盛顿还要求在哈德逊河沿岸布置骑兵注视敌人的动静。

华盛顿这时已经做好了最后的庄严的准备工作，可以应付即将来临的战争了。凡是有可能私通英国的嫌疑分子都被迁移到远处。一切有关国家事务的文件都收藏在一个大箱子里，准备送交大陆会议。至于他的家务安排，华盛顿夫人已经在前些时候前往费城，打算返回弗吉尼亚，因为看来这年夏天她已经没有可能同他在一起生活了。这个夏季多半会是一个纷乱和危险的时期。

2 1776 年 7 月 2 日
JOHN ADAMS

投票

1776 年的费城，整个夏天暑热难耐。华盛顿将军率领大陆军与英国派来的援军在纽约对峙，大战一触即发。费城的大陆会议代表也在忙着准备一次"战斗"——美洲脱离英国，实现最终独立的战斗。

经过近一年的反复辩论和权衡利弊后，各方代表对时局的变化有了清晰的认识。1776 年 6 月，在等待表决的 20 天中，几乎所有殖民地州政府的意见都集中到了费城，同意独立和反对独立的阵营力量对比越来越悬殊，脱离英国成立自己的国家已经成为人们的共识。6 月 15 日，新泽西州又向大陆会议派出了 5 名代表，这些新来的代表还带来了一个消息——当地的立法机构宣布逮捕该州皇家总督、本杰明·富兰克林的私生子威廉·

JOHN ADAMS

富兰克林，还授权其出席大陆会议的代表投票支持独立。为保证这一指令得以实施，新代表以最快的速度赶到了费城。

而在马里兰州，以前跟随本杰明·富兰克林前往加拿大的代表塞缪尔·蔡斯正在召集力量支持独立。蔡斯拒绝接受马里兰州代表必须投票反对独立的意见，他认为只有独立才最符合马里兰州人民的利益。"我一点都没闲着"，他写信告诉亚当斯。

正如几个月来一直在做的，亚当斯现在正努力保持两方面的平衡，尽可能快而又不要推进过快、过于仓促。有些人和事都不能太着急。现在，掌握好时间和时机比任何时候都重要。为了同英国决裂，大陆会议里再没人比他做得更多、工作更努力了。但亚当斯关注的是事实上的独立而不是纸上谈兵。他特别关心应该做什么才能把各殖民地团结起来，为美洲的军事行动带来"生机"。

6月23日，宾夕法尼亚州所有镇的委员会召开大会，宣布该州代表在大陆会议必须投票支持独立。亚当斯写信给塞缪尔·蔡斯说："你们看，人们普遍希望这个大问题在7月1日被全部解决，如果再推迟下去，就会引起更大范围的动乱和危险的反叛。"

在亚当斯的想法中，一个新国家的诞生即将到来，或许真的像托马斯·潘恩写的那样，这将是个新世界，是属于美洲人民自己的全新世界。

1776年7月1日星期一，表决的时间终于到了。费城的天气一如既往地又湿又热，中午前下了一场夏季暴雨，给闷热难当的人们带来了一丝凉意。亚当斯和往常一样在黎明前就起床了。到今天为止，亚当斯已经在费城待了好几个月，就是为了这一天的到来。尽管在心中已经想象了许多次，但当决定美洲前途命运的时刻到来之际，已经不再年轻的他仍然觉得心潮澎湃，难以平复。他穿好衣服，先给以前的一名代表、佐治亚州的新州长阿希巴德·布洛克写了封信。"今天早上会有最盛大的辩论，"他在信中说道，"一份宣布这些殖民地自由和独立的宣言已经在几周前由一个委员会上报了，今天或者明天即将决定其命运。但愿上天使这个新生的共和国繁荣。"他还希望布洛克知道，为了防止英军袭击纽约，那里设置了不间断的夜班执勤。"我们每天都期待纽约备战，一旦真的发生冲突，可能会是一场血腥的冲突。"他警告说。辩论是一回事，战争是另一回事，但对于亚当斯来说，独立和战争从来不曾分离过。

JOHN ADAMS

吃过早饭后,他步行去州政府,去亲手实践这件"大事"。早晨10点,州议会大厅的大门关上了,所有代表齐聚于此,开始最终的表决。主席约翰·汉考克敲响了手中的小木槌,让代表暂时安静下来。理查德·亨利·李先前呼吁独立的动议被再次大声诵读,大陆会议决定成立由全体成员组成的委员会"继续考虑"此事。一贯反对独立的迪金森立即站起来发言。他重新罗列了以前提过的论据和推理,反对"过早地"脱离英国。"他显然花了大量的时间和热情进行发言准备,"亚当斯后来羡慕地回忆道,"他不仅十分机智、能说会道,而且十分优雅和率直。"迪金森对此时的形势有清醒的认识,他知道自己的立场已经变得多么不受欢迎,他是这样开始他的演讲的。他知道,这样出于原则坚持自己的立场无异结束自己的政治生涯。"我预料,今天的行为将给予我曾经很高……现在却日益衰退的受欢迎程度以终结性的一击……但在我就这个话题展开辩论时,我认为,沉默就是罪过。"他说,现在就采取行动宣布独立,就像"用纸做的小船冒险面对风暴,一切都太危险了"。

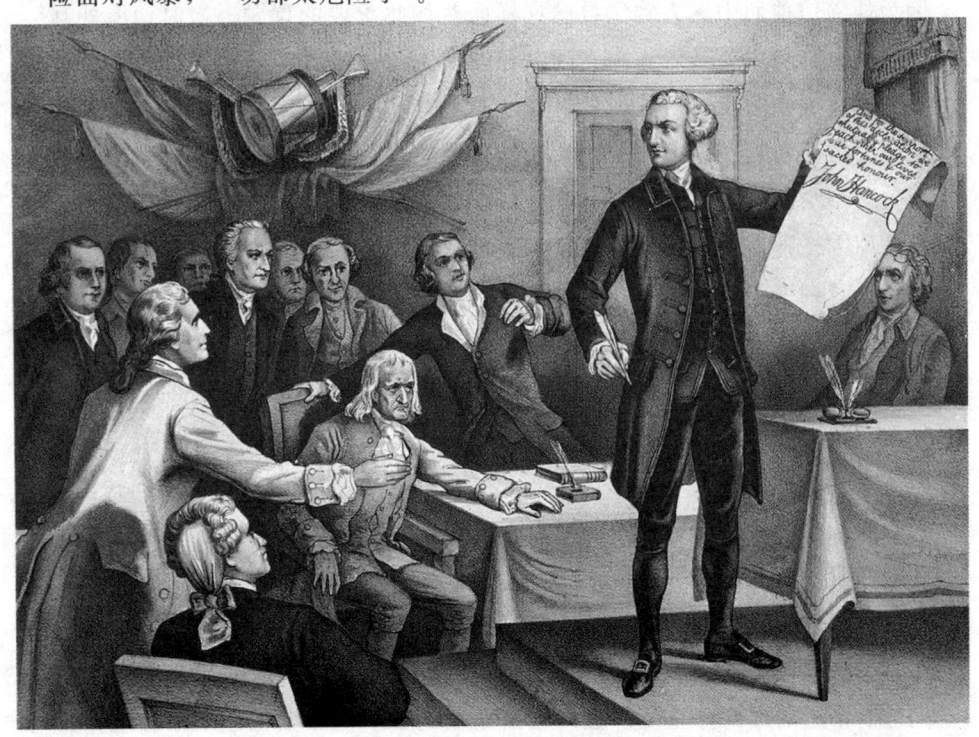

1776年7月4日,第一次大陆会议上代表聆听约翰·汉考克的讲演,亚当斯也在其中。

JOHN ADAMS

他坐下时一片沉静，没人说话，没人站起来回应他的发言，只有雨点敲打窗户的声音。现场的气氛显得凝重，尽管很多人都反对他的说法，但人们还是一直等到亚当斯最后的"决定发言"。

历史上，关于亚当斯的这次讲演，没有笔记保存下来。只有亚当斯自己对这次演讲的回忆，还有许多人记得亚当斯的精彩演讲并非全在其演说内容。毫无疑问，这是自大陆会议召开以来，人们第一次听过的最有力、最重要的演说，也是亚当斯一生最伟大的演说。

在杰斐逊看来，亚当斯的演讲"既不优美也不雅致，而且也不怎么流利"，但却"以思想和表达的力量打动了在场的每一位人"。回忆到早已过去的这一刻，亚当斯也许会说他就像激动的演说家表达他们自己一样，超越了自己，超越自己的精神。对于新泽西来的新代表理查德·斯托克顿，亚当斯是"这个国家为其独立的伟大事业所应该感激的人……是他维持了辩论，凭借其推理的力量，他不仅展示了正义，还有这样做的合理性"。

亚当斯自己在回忆中记录到，他有着古希腊和古罗马演说家的天赋，因为他深信他们中无人曾像自己这样面对如此重要的议题。当时，屋外刮起了大风，暴风夹杂着雷鸣、闪电和倾盆大雨。当所有的代表都期待着他展开对迪金森的反击时，他觉得自己那一刻就像灵魂附体一般。当1755年他还在伍斯特当校长的时候，亚当斯就曾经写过暴风雨如何使自己"心神不宁"。现在，他却稳健地发言，像他以前经常做的那样解释必须宣布独立的原因。他富有逻辑性，肯定、敏锐地指出这一刻的历史意义。展望未来，他看到了一个新国家、新时代，就像他在不久前给一个朋友的信中流露出的心情一样。他希望自己的生命里从来没有现在这一刻，亚当斯说："最伟大的目标以及与百万已出生或未出生者的自由和生命相关的议案正呈现在我们面前。我们处在革命的正中间，这是世界历史上最完全、最出人意料和最了不起的革命。"

演说也许真的非常精彩，因为有迟到者要求亚当斯把前面的部分重新阐述一遍。新泽西的两位新代表弗兰西斯·霍普金森和有名的长老会牧师、普林斯顿新泽西学院院长约翰·威瑟斯庞在亚当斯开始演说后1小时左右来到会议室，当时亚当斯几乎已经结束了他的演说。他们要求亚当斯把他们错过的那部分重复一遍，亚当斯拒绝了。他和颜悦色地回答说，自己不是某个听众的娱乐演员。但爱德华·拉特利奇告诉亚当斯，他是惟一能够自如运用事实的人。在拉特利奇的鼓励下，亚当斯屈服了，做了第二次演讲："以我所能的最简洁的方式，直到这些新泽西的绅士们最后表示他们完全满意。"那时候，他已经站了两个小时。接下来其他人开始发言，其中包括威瑟斯庞。他是第一个在大陆会议工作的神职人员，他讲话的方式明白无误地流露出他赞同独立的立场。这场辩论共持续了9个小时，当然最重要的仍然还是亚当斯与迪金森的辩论。

独立派胜利了!

到了晚间，将要举行投票。当投票程序启动之后，有4个殖民地出乎意料地退缩，拒绝宣布独立。本来赞同独立的宾夕法尼亚州代表团不顾该州的主流民意，和约翰·迪金森站到一起，投票反对独立。在投票中，该代表团的7名代表中有3名反对约翰·迪金森，宣布支持独立。除了富兰克林和约翰·莫顿以外，这3名代表中还包括詹姆斯·威尔森。威尔森一直是迪金森的朋友和同盟，现在却转而投票支持独立。但这也不能改变4:3的格局。纽约的代表选择弃权，称他们没有收到有关投票的具体指示，虽然倾向支持这项动议，但却不能形成投票的最终结果。南卡罗莱纳州代表也令人惊讶地投了反对票，而特拉华州虽然只有两个代表在场，意见却发生了分歧。还有一位特拉华州的代表是西泽·罗德尼，他是支持独立的派别中最有热情的成员之一。但从早上会议开始后就没有到会，到了晚间也没有出现。大陆会议派出一个骑手出去找他，但没人知道他当时在哪儿。

会议似乎陷入僵局，虽然大多数人支持独立，但事到临头却总有人临阵退缩。为挽救局面，代表爱德华·拉特利奇提出动议，将最后表决推迟到第二天举行，这意味着那些反对独立的州代表可能为了实现一致而改变主意。亚当斯和其他人立即同意了这项动议，支持退后一天最终表决。因为支持独立的是占绝大多数的9个殖民地，采取以上措施有助于形成最终的独立结果。当天的会议结束后，代表住宿的"城市旅店"内的气氛异常紧张，人们都聚集在一起，商讨白天出现的意外情况。使当晚紧张气氛显得更复杂的是，有消息传到费城，称有人看见纽约港外有100艘英国船只，这第一批到达的舰队将使英军在纽约的舰只增加到400艘以上。这一夜就在不安和议论纷纷中度过。

第二天即7月2日星期二，大陆会议如往常一样在9点钟关闭大门。

JOHN ADAMS

开始表决时，浑身溅满泥浆的西泽·罗德尼"穿着靴子、戴着马刺"戏剧性地走了进来。令人感到不可思议的是，他骑行了整整一夜，一路上多次换马以便准时到达参加投票。比罗德尼抵达现场更重要的是，当天宾夕法尼亚州代表团的席上有2人缺席，约翰·迪金森和罗伯特·莫里斯在当天自愿缺席。这两人拒绝投票支持独立，但又明白大陆会议保持一致的必要性，这样宾夕法尼亚州代表团以3:2的投票转而支持独立。前一天晚上究竟达成了什么私下协议，如果真有这样的协议，又有多少人在当天早晨到达州政府，这些人中都有谁，是否知道究竟发生了什么，有关这些没有任何记录。纽约代表团像昨天一样仍然弃权，但南卡罗莱纳代表团加入了一致支持独立的大多数，没有任何殖民地对此表示反对。投票顺利进行，在中午时分，大陆会议做出最终决议，决定和英国分离，至少字面上是这样表述的：1776年7月2日，在费城，美洲殖民地宣布独立。

尽管大陆会议有"泄密禁令"，禁止把决议的内容传开，但消息还是很快传遍了全城。事实是，在客栈和咖啡屋里这个消息人所共知，就像在大陆会议里一样。那些有足够能量知晓这个消息的人大都兴奋难耐，尽管这个结果本就在他们预料之中。

坦率地讲，使独立这一结果发生的不是别人，正是约翰·亚当斯。正是他在两次大陆会议上艰苦的斗争鼓舞了独立人士的信心，也正是他无畏的勇气和令人感到敬佩的智慧击退了亲英派一次次的打击。就像冥冥之中注定一样，亚当斯似乎比别人更了解当天的深远意义，在给阿比盖尔的一封两页长的信中，他肆无忌惮地倾诉自己的感情，今天读来仍令人动容："1776年7月的第二天将成为美洲历史上最值得纪念的日子。我相信，后代们将把这一天当作伟大的纪念性节日来庆祝。应该通过奉献给全能上帝的庄严法令规定这天被作为解放日来纪念。应该举行盛大典礼和游行来纪念这一天，整个大陆从此以后永远都要用演出、游戏、竞赛、枪炮、钟声、篝火来纪念这一天。"

"几天后你会看到，"他在给妻子的第二封信中写道，"会有一个'宣言'产生，这个宣言阐明这些目标以及以上帝和人类观点看来可以为此辩护的理由，这些目标推动我们进行这场伟大的革命。"他毫不怀疑地相信上帝亲手干预了这个新国家的诞生，"这两个国家必须永远分离是上天的旨意"。

这个亚当斯提到的宣言正是日后影响美国历史的《独立宣言》。众所周知,是杰斐逊起草的宣言,但人们一直没有完全弄清楚这一决定是如何通过的。这件事情发生很久以后,他和亚当斯对此做了不同的解释。

根据亚当斯的记录,杰斐逊建议由亚当斯来做这项工作,但他谢绝了,告诉杰斐逊这必须由他本人做。

"为什么?"杰斐逊问道。

"有足够的理由。"亚当斯说。

"你的理由是什么呢?"

"第一,你是个弗吉尼亚人,弗吉尼亚人应该当此重任。第二,我令人厌恶、被人怀疑、不受欢迎,你却恰恰相反。第三,你写得比我好10倍。"

在杰斐逊的回忆中,他不记得有过这些对话。杰斐逊的记忆是这样表述的:这个委员会在简单的聚会后一致推选他起草宣言。"我同意了,我来起草它。"杰斐逊为此专门在费城大会附近租了一个房间,把自己关在里面构思。

也可能他们的记忆都不对,也有可能两人都是对的。有记载说当时富兰克林是老资格的革命家,工作非常繁忙。他相当于宣言起草委员会领导,他委托亚当斯和杰斐逊去具体写宣言。根据合理的推测,委员会可能确实选了杰斐逊起草宣言,但出于尊重和礼貌,他可能主动表示要把这个殊荣让给亚当斯。如果,两人的叙述有不相符的地方,那便是亚当斯谦虚的口吻,更像是他年老后的语气,而不是1776年时的亚当斯。那时候的他绝对是个娴熟的作者,也决不像他后来说的那样不受人欢迎。事实上,大陆会议召开的整个过程,他在费城得到的敬重无人可及。即使真的有人认为他"令人厌恶",那也是极少数,而且人们只知道他自己用过这个词。在有关大陆会议的所有记录中,1776年费城这些事情的亲历者中只有一人曾以贬抑的笔触写过亚当斯,而且这段记录也是亚当斯许多年后写下的。

排除掉亚当斯的妄自菲薄,最有可能的就是他当时无暇顾及宣言的起草工作。毫无疑问,亚当斯的确看重杰斐逊的文学才华,但他也明白,在如此有限的时间里有多少事情等着自己去做。在费城,亚当斯每时每刻都感觉所负责任的压力不断增大。作为战争委员会的主席,每天早晚的会议使他敏锐地意识到华盛顿对纽约局势的苦恼。纽约方面每天都带来同样的警报,后勤供给严重不足,导火索、打火石到医药、挖壕沟的工具,都处于奇缺状态。波士顿的军队"因为缺少军饷几乎哗变"。在加拿大还有残存的一小部分大陆军队无法撤回,天花肆虐使情况更为复杂,形势极为严峻。亚当斯每天都要处理这些事项,他的时间确实很难分配。

杰斐逊从家乡一进大陆会议,就赶上对亚当斯拟定的前言的辩论高峰时期。杰斐逊对手头的事务感到极不适应,就像他难以适应这座城市闷热的天气一样。"我离开政治世界实在是太久了,以至于自己现在像个新手一样。"他写信告诉大学同学和密友约翰·佩奇。他为自己生病在家的妻子担心。如果能选择的话,他更愿意待在威廉斯堡,那里正在起草一部新的弗吉尼亚州宪法。在杰斐逊的意识中,参与弗吉尼亚新宪法工作可能比大陆会议上无休止的辩论更有意义。从他写给佩奇的信中来看,他当时更关注的真的不是大陆会议的事务而是一些书籍,他希望佩奇能把从一次财产拍卖上买到的两卷装的法语版凯尔特人历史和一本有关英国园艺的书籍转让给他。

也许事情的真相就像下面记载的那样:亚当斯对杰斐逊说,你应该是起草人。杰斐逊问,为什么?亚当斯回答说,理由很简单,你的文笔比我强。杰斐逊就这样接受了《独立宣言》的起草工作。

3 《独立宣言》的诞生
JOHN ADAMS

苦恼的起草者

美国的先哲们很明白,他们要写出一部令他们的后代不需要再改变的宣言。杰斐逊确实是这项任务最好的人选,就像华盛顿也是统率大陆军的最好人选一样,亚当斯对此再次发挥了关键作用。即使他对大陆会议的惟一贡献仅仅是使这两名弗吉尼亚人各自承担了其决定命运的职位,亚当斯对美洲事业做出的贡献也已经非常了不起了。事实是如果没有亚当斯的大力推荐与保举,华盛顿与杰斐逊未必一定可以担当他们在历史上担任的这些任务。

约翰·亚当斯选择由一个弗吉尼亚人起草宣言,其政治优势非常清楚,出于同样原因,由来自弗吉尼亚的华盛顿统率军队也非常有政治优势。即使如此,因为其被亚当斯称作"特有的恰当的表达能力",杰斐逊的工作变得让人非常放心。

费城的天气越来越热,在位于第七大街和市场大街的起居室里,杰斐逊开始工作。起草宣言对他来讲并不是一件多么困难的工作,影响他更多的是炎热的天气和室外的喧哗。工作的时候,他躺坐在一把旋转的温莎椅中,大腿上有张便携的写字桌。这张小巧的写字台和椅子都是由他自己设计,专门由费城的一个木匠定制做成的。敞开的窗户不断传来楼下交通的喧哗声,6月的白天黑夜都热浪滚滚。

他工作的速度很快,从现存的手稿看来,他当时娴熟地运用了各种素材。后来他说,当时自己身边没有、也不需要任何书籍。他后来解释说,他无意标新立异,只需要"把有关这个问题的常识摆在人们面前"。用他自己的话来讲:我的目的既不是创造新的原则、观点,也不是照抄任何特定的、以前的作品,我的目的在于表达美洲的思想,并应局势所需使这种表达带上适当的语调和情绪。

1776年,约翰·亚当斯与富兰克林和杰斐逊等人草拟《独立宣言》时的情景

JOHN ADAMS

　　在起草这份宣言的过程中，杰斐逊借用了自己先前的作品，特别是他最近起草的弗吉尼亚州新宪法，还有一份弗吉尼亚州的权利宣言。杰斐逊的作品高人一筹表现在他的表达优雅、流畅。亚当斯曾经看过一些宣言的前面部分，对此给予了很高的评价："我为它的高昂语气和奔放词汇感到高兴，它因此丰满充实，特别是有关黑人奴隶制，虽然我知道他的南方同胞们永远不会允许其在大陆会议通过，我当然决不会对此表示反对。还有一些我绝对不会用的措辞，如果由我起草的话，特别是称国王为暴君……对于一份庄重严肃的文件，这样的称呼太有激情、更像是在责骂。不过鉴于富兰克林和谢尔曼后面还要对此进行审查，我想这问题不应该由我提出。我同意报告这个问题，但现在不记得曾经对此改动或提出过建议。"

　　亚当斯毫不怀疑，一旦交由大陆会议批准，这份宣言还会被要求做出更多的改动，其细节和语言也会引发相当的争论。但他仍然对这份草稿充满信心，还亲手将全文抄写下来，寄给阿比盖尔。阿比盖尔因此认为《独立宣言》是亚当斯起草的，这当然也是可以理解的。

　　《独立宣言》被杰斐逊分为三个部分，一是基本政治原则，二是英国人做了什么，三是我们要做什么？宣言列举了英国王权对殖民地人民实行专制统治的种种恶德暴行，申诉了追求独立的充分理由。并从政治原理上指出，政府统治的合理性来自被治理者的同意，政府只有在能够保障人民正当权益的时候，才是需要的。

　　杰斐逊在宣言里几乎把所有的责任都推在英国当局身上，其语气的激烈让人惊讶。杰斐逊把一桩桩冤情和指控国王的罪名一一列举出来："他掠夺我们的海洋、破坏我们的海岸、烧毁我们的城镇……他现在又派出大批的外国雇佣兵来完成死亡、荒凉和暴政任务……"而且正是"大不列颠的基督教国王"亲自指挥了这一切。在列举对国王的长串指控之后，他还加入了许多攻击英国人民的指控，称"我们的英国同胞"更是压迫者，因为允许他们的议会和国王"派出不仅和我们流着一样血液的士兵，还有苏格兰人和外国雇佣兵来侵略和毁灭我们"。在此，杰斐逊指出，这正是悲剧的关键所在，正是被出卖的感觉，还有造成美洲愤怒的"共同血缘"原因。"这些事实最后刺痛了这痛苦异常的友爱之情，而高尚的精神命令我们永远同这些冷酷的同胞断绝关系，"他写道，"我们必须努力忘记以前我们对他们的爱"。

JOHN ADAMS

第三章 独立

尽管血腥的战斗还在进行，但对于大陆会议的许多代表而言，这段最有感情的文字还是太过分了，而且杰斐逊还在这里加上了最后的锋利的一笔："联合起来，我们会是一个自由、伟大的民族。"

在这份宣言中，杰斐逊还强烈谴责了奴隶制的存在。亚当斯和杰斐逊一直反对奴隶制，他称奴隶制是"人性中邪恶的传染病"。在波士顿执业的几年里，作为律师，亚当斯在好几起有关奴隶的案件中代表奴隶主出庭，从未代表过奴隶，但他并不需要奴隶制。他出身贫寒，从未拥有过任何奴隶，也没有雇佣过奴隶为自己的农场干活。亚当斯完全反对奴隶制和奴隶贸易，而且他倾向于逐步释放所有奴隶。

作为拥有大量奴隶的杰斐逊自己，也并不认为奴隶制在美洲的存在合情合理。他强调说，英国政府应该对奴隶贸易的恐怖行径负责。同其他段落一样有力，有关奴隶贸易的这一节是所有指控罪名中最响亮的高潮。事实上，黑奴的存在成为所有13个殖民地生活中的一部分。1776年殖民地的总人口将近250万，其中大约有1/5是奴隶，差不多有50万人（包括女人和孩子）。弗吉尼亚是当时拥有奴隶最多的州，仅在该地就有20多万奴隶。在弗吉尼亚代表团中，无人不拥有奴隶，而大陆会议所有代表的1/3都有或者曾经有过奴隶。从最近披露的个人记录看来，托马斯·杰斐逊在1776年共有200多个奴隶，这个数目和乔治·华盛顿当时拥有的奴隶数大体相当。

强烈反对独立的约翰·迪金森据说是费城第二大奴隶所有者，一共拥有11个非洲男女。即使是坚决反对奴隶制的本杰明·富兰克林也曾经有过2个黑人仆人，而且还亲自参与奴隶交易，在他位于市场大街的印刷所里买卖过奴隶。近年来，虽然这个城市的贵格教徒释放了越来越多的奴隶，但诸如富兰克林曾经印刷过的"出售15岁左右的漂亮姑娘"的广告还出现在费城的报纸上。大陆会议主席约翰·汉考克最近几年才刚刚解放了其家中的最后一个奴隶，而且众所周知，在有钱可赚的奴隶贸易中，新英格兰人正如杰斐逊所言是"名副其实的运输者"。有段时间即本世纪早些时候，大约一半的新英格兰船舶是用来运输奴隶的，而波士顿港也因为这项贸易而繁荣。

就像亚当斯所预想的那样，当宣言草稿提交讨论期间，大陆会议对杰斐逊的草案做了80多处修改，大部分修改和原文变动不大。国王的行为被称作"反复的"而不是"持续的"伤害之一。指责国王"使主持正义在许多州完全停止"被改为更简单的"他妨碍主持正义"。但有关英国人民责任的部分几乎都被砍掉了,草案没有提到"自由、伟大的民族",也没有提到苏格兰雇佣兵。毕竟许多代表,例如,詹姆斯·威尔森和约翰·威瑟斯庞都是苏格兰人。最为关键的修改是宣言中提出的废奴的主张,可惜的是在南卡罗来纳与佐治亚的代表强烈反对下,这个观点被删掉,使美国人在几十年后为之付出了几十万生命的代价。

大陆会议的代表提出许多修改意见,他们都不愿意让这件事情威胁到《独立宣言》的诞生,无论他们对此的感情有多么强烈。杰斐逊控诉奴隶制的章节被删除,一些和英国国王没什么关系的章节也做了修改。因为每个人都知道,美洲殖民地的居住者,还有基督徒一手制造了奴隶制,他们的罪恶丝毫不亚于国王。奴隶制和奴隶贸易几乎算不上乔治三世的过错,无论杰斐逊多么热忱地希望将这个罪名加在这位遥远的君主名下。

对于托马斯·杰斐逊,照顾代表的意见反复修改成了痛苦的煎熬。杰斐逊沉默地看着这一切。他没有说一句反对的话,也没有为自己所写的东西做任何辩解。后来,他把这种对自己草案的反对形容为"重压不间断、日日夜夜地压在我们身上"。一处修改接着另一处修改,代表们频繁地提出修改要求,他原来所写的大约 1/4 内容全都被删掉了。亚当斯没有袖手旁观,他帮助杰斐逊字斟句酌,"无畏地为每个词奋斗"。本杰明·富兰克林也来到杰斐逊身旁,帮助这个年轻的弗吉尼亚人修改草案。当时他年事已高,身体状况很糟糕。

1776 年 7 月 4 日星期四,有关《宣言》的讨论从早上一直持续到中午 11 点,辩论结束后才开始投票。12 个殖民地投票赞同,纽约投了弃权票。《宣言》获得了通过,尽管它经历了许多修改。杰斐逊经受住了考验,尽管这得益于其他人的贡献,正如杰斐逊承认的那样,也得益于富兰克林、亚当斯等人所做的润色,但当所有他们该说的说完、该做的做完之后,便都是杰斐逊的杰作了。

紧接着,大陆会议下令,这份文件具有法律效应。这样,《独立宣言》的完成,即预示着宣布放弃效忠国王、宣告一个新的美利坚合众国的诞生,大陆会议立即开始了其他工作。会议决定立刻投入印刷,让民众都尽早看到《独立宣言》。

JOHN ADAMS

第二天早上即 7 月 5 日，印刷商约翰·杜勒普推出了侧转排印的《独立宣言》，代表们纷纷忙着将其向朋友们寄出。7 月 6 日，《宾夕法尼亚晚邮报》头版刊登了《宣言》全文。在这个方案中，没人比约翰·亚当斯先生更值得拥有显著的地位。他是支持这个方案的人在大陆会议中的顶梁柱，是其遇到各式各样攻击时最能干的倡导者和辩护者。

庆祝

大陆会议的代表们通过了《独立宣言》，这个好消息像风一样传遍整个费城。看到《独立宣言》全文的人们更是激动万分，曾几何时，那个遥远的独立之梦今朝终于变为现实。

宣布独立后，立即对大陆会议、人民情绪和部队中的普通士兵产生了巨大影响，这是最鼓舞人心的结果。"《独立宣言》在美洲的这片土地上开创了一个新纪元，"本杰明·拉什写道，"宾夕法尼亚州的士兵好像被一种精神激励着，远远超过古罗马士兵。近 2000 名费城市民最近游行到纽约。"《独立宣言》的这种影响力在以前是不可想象的，远超出任何文件和协议。即使是那些曾经在大陆会议上强烈反对独立的人，现在也从言语或行动上投身于这"光荣的革命"。一直反对独立的约翰·迪金森还在生病，但他仍然参加了第一支前往保卫新泽西的部队，离开费城时就走在部队前头。这幅场景给许多人留下了深刻的印象，也包括约翰·亚当斯。他告诉阿比盖尔："迪金森先生的敏捷和热情，无疑已经成了他的性格，而且树立了良好的榜样。"

《独立宣言》的宣布由于同《圣经》上的传说联系在一起，成为一件激动人心的大事。人们都知道大陆会议在讨论宣言，但大陆会议是不让民众进去旁听的。群众都集结在一起，等待预定的信号。在省议会大厦的尖塔上挂着一座钟。这座钟是宾夕法尼亚省议会 23 年前从伦敦进口的。钟上铸着从《圣经》上摘录的预言性的铭文："在全国各地向所有的居民宣告自由。"这座钟发出了欢乐的响声，昭告《独立宣言》通过了。这是宣告英国统治告终的丧钟。

对于这件大事的重要性感受最深切的，莫过于约翰·亚当斯了，因为他比谁都更积极地参加了制订这项文件的工作。他只后悔没有更早一点发表《独立宣言》。他说："要是在七个月以前发表，我们本来可以控制魁北

JOHN ADAMS

第三章 独立

克，拥有加拿大，而且可以在此刻以前同外国结成联盟。英内阁封官许愿，许多身处高位、拥有巨大影响的先生们都受了欺骗，行动迟缓，软弱无力，没有能及早采取措施攻占那个省份。"

由于保密的原因，盛大的庆祝直到7月8日星期一才在全城开始。中午时分，在州政府的院子里，《宣言》被大声朗诵给兴高采烈的群众。在擂响的鼓声之中，300名士兵穿着整齐的戎装列队穿过城市。钟声全天敲响，直到夜里。人们在街角支起篝火，每间房屋都被蜡烛映亮。"美好的星光，愉快的夜晚，"亚当斯的朋友克里斯托弗·马歇尔记录道，"燃烧的篝火，敲响的钟声，以及其他盛大的表演流露出《宣言》一致通过给人们带来的喜悦。"在州政府高级法庭的大厅里，人们选出了荣誉费城市民，兴高采烈摘下了挂在墙上的国王的盾形纹章，把它扔到一堆大火中，纹章很快被火苗吞噬，火焰照亮了附近几个街区。

盛大的庆祝并不只限于费城。当送信人将消息传到费城以外时，到处都开始庆祝。

华盛顿对《独立宣言》的发表十分高兴。的确，它只是正式承认了早已存在的一种局面，但是妨碍美国采取军事行动的一切苟且偷安、实现和解的幻想却从此烟消云散。在纽约，华盛顿的部队被召集起来，根据他的命令，在下午6时向全军每一个旅宣读了《宣言》。他在命令中说："将军希望，这一重大事件能够更加激励每一个官兵忠诚英勇地战斗，因为他们知道，现在，祖国的和平与安全完全有赖于我们作战的胜利，而且他们为之效劳的国家现在完全有力量论功行赏，把最高的荣誉授予他们。《独立宣言》将进一步推动每一位军官和士兵以忠诚和勇敢来行动，领悟到现在在上帝的统辖下，国家的和平与安全将完全取决于你们手中武器的胜利。"晚上，在百老汇街角处，群情激奋的群众推倒了英王乔治三世的骑马塑像。那比真人还大的塑像被人们熔化成近2吨重的铅，全部做成了子弹，用这种激烈的方式把它还给了英国政府。而此时，在不足100公里外，大批英军正在陆续集结，不久达到3万人，准备大举进攻纽约。就像费城的情形一样，无论南方、北方，一座座城镇里响起鼓声、燃起篝火、诵读祈祷词、举杯祝酒。消息最后传到佐治亚的萨瓦纳时，《宣言》在各个不同的公共场所一共被诵读了4遍，该州有史以来最多的群众聚集在一起举行了模仿埋葬乔治三世的集会。

JOHN ADAMS

第三章 独立

8月2日星期五，大陆会议秘书副手提莫西·马特拉克以雅致的大体字将《宣言》整洁地抄写在一张大羊皮纸上之后，这份文件才被正式签署。没有举行任何仪式，代表们只是轮流走上前来签名。当然，还有几个大陆会议最重要的人物当时缺席：理查德·亨利·李、乔治·威思、奥利弗·沃尔科特和埃尔布里奇·格里，他们后来才签名。新罕布什尔州的新代表马修·桑顿11月份才签名，《宣言》通过时他还不是大陆会议代表。而特拉华州的托马斯·麦基恩直到1777年1月才签字，他因此成为《宣言》的最后一个签署者。同其他代表一样，亚当斯和杰斐逊分别同他们各自所在的代表团一起签字。亚当斯的签名清晰、坚毅，像极了他的性格，而杰斐逊的签名则字迹优雅华丽。

多年以后，杰斐逊在蒙蒂塞罗招待客人的时候描述说，代表很快地签完了名字，因为排队等待的时候蚊虫叮咬得很厉害。但杰斐逊当时对此没有任何记录，约翰·亚当斯也没有。老年时，这两人试图重新构建那个拥挤夏天的情形时，都固执己见地坚持说，签字仪式在7月4日举行。

事实是一个月后，全体代表们才签署了这份在历史上备受瞩目的文件。在当时，只有会议主席约翰·汉考克和大会秘书查尔斯·汤姆森在上面签上了他们的名字。实际上，在史料记录中，1776年7月4日那天，大陆会议什么都没有发生。

不言而喻的真理

《独立宣言》的签名人之一本杰明·拉什在老年时喜欢讲一则轶闻。

1776年7月4日，当时大陆会议已经修改完成《独立宣言》，刚刚送交印刷，拉什无意间听到了另外两位《独立宣言》签字人的对话，一位是来自弗吉尼亚州的哈里森，另一位是来自马萨诸塞州的格里。

哈里森对格里说："格里先生，如果我们为现在所从事的事业而被绞死的话，那时我的情况会比你有利得多。我身胖体重，在几分钟之内就会咽气，而你身躯轻盈，到时候可得在空中晃荡一两个钟头才会死去。"格里微笑了一下，但马上就恢复了修改《独立宣言》时那种庄严肃穆的神情。当时，如果美国独立运动失败，参与这场运动的重要分子是要被英国殖民统治者送上绞刑架的。只是这残酷的现实在这些追求自由的爱国者眼中只不过是云淡风清的玩笑。

JOHN ADAMS

这则轶闻表明,参加独立革命虽然有致命的风险,但这项事业还是让参与者具有一种庄严的使命感和义无反顾的勇气。这些人彼此保证:要把"我们的生命、我们的财产和我们的神圣荣誉"献给北美独立事业,贡献给伟大的理想——"平等"和"自由"。

《宣言》的原文,就是以下这些被引用过无数次的文字。

我们认为下面这些真理是不言而喻的:人人生而平等,造物者赋予他们若干不可剥夺的权利,其中包括生命权、自由权和追求幸福的权利。为了保障这些权利,人类才在他们之间建立政府,而政府之正当权力,是经被治理者的同意而产生的。当任何形式的政府对这些目标具破坏作用时,人民便有权利改变或废除它,以建立一个新的政府;其赖以奠基的原则,其组织权力的方式,务使人民认为唯有这样才最可能获得他们的安全和幸福。为了慎重起见,成立多年的政府,是不应当由于轻微和短暂的原因而予以变更的。过去的一切经验也都说明,任何苦难,只要是尚能忍受,人类都宁愿容忍,而无意为了本身的权益便废除他们久已习惯了的政府。但是,当追逐同一目标的一连串滥用职权和强取豪夺发生,证明政府企图把人民置于专制统治之下时,那么人民就有权利,也有义务推翻这个政府,并为他们未来的安全建立新的保障——这就是这些殖民地过去逆来顺受的情况,也是它们现在不得不改变以前政府制度的原因。当今大不列颠国王的历史,是接连不断的伤天害理和强取豪夺的历史,这些暴行的惟一目标,就是想在这些州建立专制的暴政。为了证明所言属实,现把下列事实向公正的世界宣布——他拒绝批准对公众利益最有益、最必要的法律。

他禁止他的总督们批准迫切而极为必要的法律,要不就把这些法律搁置起来暂不生效,等待他的同意;而一旦这些法律被搁置起来,他对它们就完全置之不理。

他拒绝批准便利广大地区人民的其他法律,除非那些人民情愿放弃自己在立法机关中的代表权;但这种权利对他们有无法估量的价值,而且只有暴君才畏惧这种权利。

他把各州立法团体召集到异乎寻常的、极为不便的、远离它们档案库的地方去开会,惟一的目的是使他们疲于奔命,不得不顺从他的意旨。

他一再解散各州的议会,因为它们以无畏的坚毅态度反对他侵犯人民的权利。

他在解散各州议会之后,又长期拒绝另选新议会;但立法权是无法取消的,因此这项权力仍由一般人民来行使。其实各州仍然处于危险的境地,既有外来侵略之患,又有发生内乱之忧。

他竭力抑制我们各州增加人口;为此目的,他阻挠外国人入籍法的通过,拒绝批准其他鼓励外国人移居各州的法律,并提高分配新土地的条件。

他拒绝批准建立司法权力的法律,藉以阻挠司法工作的推行。

他把法官的任期、薪金数额和支付,完全置于他个人意志的支配之下。

他建立新官署,派遣大批官员,骚扰我们人民,并耗尽人民必要的生活物质。

他在和平时期,未经我们的立法机关同意,就在我们中间维持常备军。

他力图使军队独立于民政之外,并凌驾于民政之上。

他同某些人勾结起来把我们置于一种不适合我们的体制且不为我们的法律所承认的管辖之下;他还批准那些人炮制的各种伪法案来达到以下目的:在我们中间驻扎大批武装部队;用假审讯来包庇他们,使他们杀害我们各州居民而仍然逍遥法外;切断我们同世界各地的贸易;未经我们同意便向我们强行征税;在许多案件中剥夺我们享有陪审制的权益;罗织罪名押送我们到海外去受审;在一个邻省废除英国的自由法制,在那里建立专制政府,并扩大该省的疆界,企图把该省变成既是一个样板又是一个得心应手的工具,以便进而向这里的各殖民地推行同样的极权统治;取消我们的宪章,废除我们最宝贵的法律,并且从根本上改变我们各州政府的形式;中止我们自己的立法机关行使权力,宣称他们自己有权就一切事宜为我们制定法律。

他宣布我们已不属他保护之列，并对我们作战，从而放弃了在这里的政务。他在我们的海域大肆掠夺，蹂躏我们沿海地区，焚烧我们的城镇，残害我们人民的生命。他此时正在运送大批外国雇佣兵来完成屠杀、破坏和肆虐的勾当，这种勾当早就开始，其残酷卑劣甚至在最野蛮的时代都难以找到先例。他完全不配作为一个文明国家的元首。

他在公海上俘房我们的同胞，强迫他们拿起武器来反对自己的国家，成为残杀自己亲人和朋友的刽子手，或是死于自己的亲人和朋友的手下。他在我们中间煽动内乱，并且竭力挑唆那些残酷无情、没有开化的印第安人来杀掠我们边疆的居民；而众所周知，印第安人的作战规律是不分男女老幼，一律格杀勿论的。在这些压迫的每一阶段中，我们都是用最谦卑的言辞请求改善；但屡次请求所得到的答复是屡次遭受损害。一个君主，当他的品格已打上了暴君行为的烙印时，是不配做自由人民的统治者的。

我们不是没有顾念我们英国的弟兄。我们时常提醒他们，他们的立法机关企图把无理的管辖权横加到我们的头上。我们也曾把我们移民来这里和在这里定居的情形告诉他们。我们曾经向他们天生的正义感和雅量呼吁，我们恳求他们念在同种同宗的份上，弃绝这些掠夺行为，以免影响彼此的关系和往来。但是他们对于这种正义和血缘的呼声，也同样充耳不闻。因此，我们实在不得不宣布和他们脱离，并且以对待世界上其他民族一样的态度对待他们：和我们作战，就是敌人；和我们和好，就是朋友。

因此，我们，在大陆会议下集会的美利坚合众国代表，以各殖民地善良人民的名义，并经他们授权，向全世界最崇高的正义呼吁，说明我们的严正意向，同时郑重宣布：这些联合一致的殖民地从此是自由和独立的国家，并且按其权利也必须是自由和独立的国家，它们取消一切对英国王室效忠的义务，它们和大不列颠国家之间的一切政治关系从此全部断绝，而且必须断绝；作为自由独立的国家，它们完全有权宣战、缔和、结盟、通商和采取独立国家有权采取的一切行动。

为了支持这篇宣言,我们坚决信赖上帝的庇佑,以我们的生命、我们的财产和我们神圣的名誉,彼此宣誓。"

在宣言中,杰斐逊肯定所有的人都享有天赋的权利,正是为了保障这些权利,人们才设立政府。人民的生命权、自由权和追求幸福的权利是神圣不可剥夺的,拥有这些权利的人是生而平等的。一个政府对这些权利具有破坏作用时,人民有权废除这一政府以建立新的国家。而英国殖民当局就是这种必须废除的政府。在杰斐逊的心目中,乔治三世就是"一个如此罪恶昭彰的君主,其一切的行为都可以确认为暴君,实不堪做一个自由民族的统治者"。正是由于乔治侵犯了这些天赋人权,才使各个殖民地力求成为"地球上的国家之一,自然法和上帝法认为它们该享受独立和平的国家"。

4 华盛顿的战争
JOHN ADAMS

忙于军务

早在大陆会议刚刚开始的时候,约翰·亚当斯就提出壮大武装的重要性和紧迫性。1775年3月14日,大陆会议表决同意解除所有亲英分子的武装。3月23日,代表们又通过了重大决议,同意劫掠船只、"武装船只"袭击"美洲殖民地的敌人"。亚当斯热烈拥护这一决议。在倡导加强海防方面,他也丝毫不亚于其他人。是他最早呼吁组建一支美洲舰队,代表们包括马里兰州的塞缪尔·蔡斯在内的人却认为这是"世界最疯狂的想法",觉得对抗世界上力量最强大的英国海军根本就是个梦想。亚当斯丝毫不予退让,大陆会议为此进行了论战。1775年10月13日,大陆会议批准投资建造两艘能快速航行的小船,成立海军。11月大陆会议又决定建造13艘三帆快速战舰,并成立海军陆战队。12月,在大陆海军阿尔弗雷德号舰艇上第一次升起一面用13条横道标志——13个殖民地联合的旗帜,这是美国国旗的雏形。不出意外的,亚当斯被任命为海军委员会的委员,上任伊始,他就为新海军起草了第一套规章制度,有生之年他一直以此为荣。

虽然对战舰和舰炮一无所知,亚当斯最终还是成了这方面的专家。他

JOHN ADAMS

称海军委员会的工作是自己经历中最令人高兴的一段时光,部分原因是因为他因此有机会接触罗得岛的斯蒂芬·霍普金斯。正是他建议亚当斯要帮助美洲建立自己的海军。他那年年龄已经和富兰克林一样年长,是大陆会议上的一个非凡人物。霍普金斯喜欢在房间里戴着他那顶宽檐的贵格教徒帽,一边喝着郎姆酒,一边和亚当斯谈论他喜欢的文章和书籍。霍普金斯是个活泼、博学的人,通晓海事,阅历丰富。正如亚当斯所写的那样,他为大陆会议议程所带来的经验和判断很有价值,而且他总在事后"让我们保持活力"。"他精通希腊、罗马和英国的历史,精通英国诗歌……在同他的融洽交谈中,我们了解了他阅读所获得的知识,而这种交谈也似乎使我们所有人想起了我们以前阅读过的书籍。"

《独立宣言》发表后,亚当斯继续忙于战争委员会的工作。身为大陆会议5人委员会的成员,亚当斯、哈里森、拉特利奇、谢尔曼和威尔森感到真正打响一场战争的重担。他们5位代表几乎成了整个费城最忙碌的人。委员会要负责军火提供和军事防御、选拔提升军官、征募新兵、组建步枪连、军饷、给养,以及解决对打火石、硝石和火药、马匹、马车、帐篷、鞋子、肥皂和毯子的持续需求。他们派出木匠前往需要地,任命牧师,还要面对日复一日、毫不停歇的斗嘴、嫉妒和腐败。这是艰辛又不讨好的工作。亚当斯在这些工作中学习"详细准确地熟知每个团的情况",霍雷肖·盖茨将军教训亚当斯说。因为所有的决定都必须经由大陆会议同意,这个委员会还必须为被投票的事务准备报告。这些报告无所不包,有时要决定5吨火药被如何运到威廉斯堡,或是把关押在新泽西的英军囚犯转移到宾夕法尼亚,有时又要任命新的军乐队指挥或者军服颜色等诸如此类的细碎问题。

除此之外,委员会还负责审计纽约军队的账目。他们要处理一直烦人的各殖民地不同价值货币换算的复杂问题,日益担心通货膨胀和新发行的大陆货币的命运,这种没有背面图案的纸币在费城印刷,数量稳步增长。由于财政吃紧,大陆会议发行了这种债券,用以支付前方军队庞大的开支。"如果这种(大陆货币的)信誉遭难,整个事业也会蒙难,"亚当斯警告说,"如果这失败了,这项事业也完了。"

亚当斯还和杰斐逊共同负责起草一套规定军队纪律规章制度的《战争法》。他建议直接借用英国的陆军法规,只需要稍微做一些调整。亚当斯后来写道:"那些日子里,只要是政治事务,杰斐逊总能与我达成共识,而且他对此也非常诚恳地表示赞同。"到盛夏的时候,《战争法》的事情被交由战争委员会讨论,而且还将交由大陆会议表决。

亚当斯强烈反对现行短期征兵的政策,声称自己强烈支持组建正规军。只是由各地民众组成的民兵队伍无法胜任同强大的英军对抗的任务,这也是亚当斯预见到初期大陆军军事受阻的主要依据。尽管战争委员会消耗了亚当斯大部分的时间和精力,但他仍然参加大陆会议面临的最紧迫议题的激烈讨论和辩论,即提议中的"永久联邦和13州邦联宪法"。宣布独立之后,13州邦联成立殖民地联盟成为代表们关注的新话题。联邦和独立一样至关重要,几乎所有代表都同意——事实上,许多人认为这更重要——而且等待被做出的决策是项异常艰巨的任务。

在亚当斯看来,联邦成立主要有两个特别棘手的问题:一、如果真的成立邦联,一个重要的问题是如何投票?是每个殖民地都算一票呢?还是每个殖民地按照其人口、或财富、或进出口量、或是所有综合比来享有权利?另外一个问题是,议会是否有权限制各殖民地的面积,防止他们通过发表宪章、公告或命令拥有到太平洋的土地,防止他们发展得过大、过强以至于威胁到其余的殖民地。

照当时的情况,根据提出方案的第17条款,每个殖民地,不论人口财富,在决定有关邦联的问题时都能各投一票。13个分离的州平等地共有13张票,这个想法遭到亚当斯的强烈反对。他提倡按各殖民地人口比例投票。考虑到他来自于马萨诸塞州,这想法并非惊人。马萨诸塞是人口最多、最富裕的殖民地之一。但亚当斯更多的是以美国人而非新英格兰人的身份发言的。在为那些小殖民地讲话时,罗得岛州的霍普金斯指出,如果按人口数量分派,4个最大的殖民地的人口是总人口的一半还多,这样就能随他们所愿统治其他州。但本杰明·拉什在其第一次大陆会议的发言中雄辩地指出:"一个人越致力于效忠美国,他就越致力于服务其所在殖民地。"拉什同富兰克林和威尔森一起提出动议,按照人口比例分配投票票数,同时坚持只有自由人才能被计数,而在诱使各州阻止奴隶制方面,这一动议"效果显著"。

在这个问题上,杰斐逊保持沉默。没人知道他不发言的真正原因,也许这只是他性格的一贯体现。这个问题在当时及以后的很长一段时间内都

JOHN ADAMS

没有解决。但 8 月 2 日，即签署《独立宣言》当天，在讨论第二个棘手问题的时候，即有关弗吉尼亚声称其边界直到"南洋"的问题时，杰斐逊确实站起来发言，反对由大陆会议来决定弗吉尼亚州的权力。

由于显而易见的原因，当时盛行严守秘密。随着美洲同英国的战争升级，亚当斯对此非常不满。他坚决主张，在马萨诸塞，就有列出专门席位让群众观看立法过程的传统。大陆会议在雄辩地宣扬理论的同时，应同样努力地付诸实践，他认为与此相关的想法没有什么值得遮掩的。宾夕法尼亚州的威尔森同意亚当斯的意见，提出动议：打开大门、修建观众席、将大陆会议的会址移到其他公众建筑中以容纳普通听众。但代表们对此很冷淡，动议没有效果。

病魔来袭

就在亚当斯为动议屡屡被拒绝感到愤懑时，费城开始遭受疾病的威胁，亚当斯本人也没有幸免。亚当斯在战争委员会的工作通常在早上 6 点开始，一直持续到晚上 9 点，有时甚至会通宵达旦地工作。其间，他在大陆会议参加《13 州联邦宪法》的激烈辩论，他知道这是最重要的工作，但过度疲劳已经开始对他的健康造成危害。他需要休息，而且第一次暗示阿比盖尔自己"休假"的可能性。亚当斯全神贯注于工作，"从来没有——在生命中，我从来没有突然如此关注自己的思想"，他写信告诉她。若是在其他任何情况下，他都会立即前往波士顿。但就是这样别无选择——他只能祈祷他们健康。"我不能离开这个地方，现在这样做会比任何时候都更严重地危害公众，因为我处于各种事务的中心，这不能因任何事情停止。"

亚当斯在 7 月 25 日写信给马萨诸塞州州议会告假，他也写信给时任议会议长的詹姆斯·沃伦，他可能有助于安排这次请假。亚当斯声称："我脸色苍白，眼睛红肿虚弱，神经紧张，意志薄弱。""白天发热、晚上出汗，"他确信这是即将崩溃的确信无疑的征兆。"我比任何人都清楚自己的体质能承受什么。"他告诉沃伦："请你尽管相信，我对此的冒险已经超过了谨慎和安全的程度。"

此时的费城又恢复了其常有的湿热和高温。在许多让他感到担心的事情中，最让亚当斯感到忧虑的还是疾病。他呼吁在部队中保持最高程度的清洁，以免疾病削弱军队本就不高的战斗力。最令他感到担忧的是天花。

天花是"恐怖之王",是比任何东西都让人害怕的敌人。"天花!天花!我们应该怎么对付它?"他在信中问阿比盖尔。在7月11日的一封急件中,华盛顿报告说,几名士兵已经被波士顿爆发的天花感染,现在正采取措施防止感染蔓延到纽约。

家里的情况也很糟糕,阿比盖尔写信说波士顿城内也面临天花的威胁。因为波士顿爆发天花,数千人从周围赶来接种疫苗。他们的孩子中有人得了病,并且十分危险。

"小家伙们病得利害,每天早上都呕吐,但过后他们就舒服了。"她继续写道。现在,他特别需要坚持给她写信。"每一个亲切的问候都是我心灵的甘露。虽然对世界上的其他人都不重要,但它们却是我的所有。"

虽然她已经足够健康,可以参加7月18日波士顿庆祝《独立宣言》的活动,可孩子们的磨难还在继续。"和全家人相比,娜比长满了天花。"阿比盖尔报告说。"她全身长满了疱,没有一处不疼痛,以至于走路、坐立、躺下的时候都很不舒服。"脓包有一粒大豌豆那么大。还有一次,她写信说,6岁的查尔斯烧得利害,持续48个小时神志不清。

就在危难之际,阿比盖尔的叔叔伊萨克·史密斯建议他们全家搬到波士顿进行治疗。史密斯让他们在隔离期间住在自己在法院街的大房子里。

"我们从布伦特里赶来一头牛,和必须放到马厩里的干草、木头等等,而且我们真的在这儿开始着手管家……我们小的那个(3岁的托马斯)勇敢地接受了手术……我多么希望你和我们在一起,但我理解并支持你的抉择。"从来没有见过"这种接种疫苗的风气",阿比盖尔告诉亚当斯,在叔叔家的逗留可能会持续两个月,"整个城市和城里的每座房子挤满了它们能容纳的所有人"。

正是在这儿,在波士顿,亚当斯的同族、他母亲的曾叔父扎布迪尔·博伊尔斯顿医生在半个多世纪前把接种天花疫苗传入美洲。这个主意来自科顿·马瑟的一个奴隶、一个叫做奥奈默斯的非洲人。他说非洲早就开始这么做,那些有胆量使用它的人因此免疫,他还露出了自己胳膊上因此留下的伤疤。这门技术同博伊尔斯顿医生的操作一样,是在接受疫苗者胳膊上划开一个小口,然后用羽毛管把天花病人身上"成熟脓包里的浓汁"铲到切口里。结果接种疫苗者会有轻微的天花症状,但致命的危险却非常低。

在给伊萨克·史密斯的一封信中,亚当斯感谢史密斯为他全家所做的一切，还说如果可能，自己会立即来波士顿，但他不能"因为荣誉和对公众的责任离开这个地方……我们担心每个小时纽约都可能发生重要事件"。

他们的生活就是这样难以两全其美，亚当斯时时刻刻想和阿比盖尔在一起，阿比盖尔也一样。但亚当斯肩负的重任却使他们不得不分开，他们永远也不会习惯彼此分离。"没有你我什么都做不了"，他以各种方式告诉她，一次又一次，都发自内心。

他敏锐地感觉到阿比盖尔的焦虑，考虑到她长期局限在波士顿，于是开始更频繁地给她写更长的信。他在信中充分表达自己对各种事情的看法，同时意识到这样混杂的内容通常显得很奇怪。她从这样的信中得到无尽的快乐。"有这么多事需要你关心，我不知道你怎么从中挤出时间。"她写道，"看到这个月收到的（信件）数目，我真的感到惊喜……我希望这是使你抛开忧虑的消遣放松方式。这是我的盛宴。"

在写到自己在史密斯房子里度过的时光时，阿比盖尔告诉他，她在她姨母的一个小房间里发现了乐趣，那里面有一张"漂亮的写字台"、书架和一扇俯瞰花园的窗户。她在那儿给他写信，她解释说，而且把他的来信收在那里，任何人"不能干扰"。她继续写道："我希望和平安宁。我全部的所求和抱负就是被我的伙伴尊重爱戴，同他一起教育培养我们的小家伙，在自家屋檐下和平、自由、安全地生活。"

亚当斯考虑到即使他的请假被批准，这也不会很快实现。既然如此，或许妻子来费城会更好些。如果她在他身旁，亚当斯写道，他能继续无限期地留下来，"像个新郎一样骄傲、快乐"。但对此进一步考虑之后，他决定让她叫匹马把自己接回家。"如果巴斯还在人世，而且愿意再同他的老朋友一起旅行，那就让他来吧。"

托马斯·杰斐逊也拼命想走。他非常担忧自己的妻子，而且像许多大陆会议代表一样，他认为战争会很短。第二天，他写信给亨利·李，要求他回来替换自己，李早在6月中旬就走了。

"看在上帝的份上，为了你的国家，也为了我，来吧！"他恳求道："从每次邮件收到的记录看来，杰斐逊太太的健康状况如此糟，以至于不能使她在承诺时间看到我的希望破灭。"杰斐逊最终在8月中旬回到家，但他妻子所患疾病的性质却从未得到解释。没人知道，在他给玛撒·杰斐逊或者她给他的私人信件中，究竟流露了怎样的担忧、爱意或失望之情，因为他有一天烧毁了他们的所有通信，他没有对此做出解释。他没有返回大陆会议，在家全力照顾自己的妻子。杰斐逊写信给自己的朋友约翰·佩奇说，此刻，他只是因为"巨大的悲痛"而留在了费城。

但不幸还是来临了，第二年春天，杰斐逊的母亲去世。这件事弄垮了杰斐逊的身体，痛苦的头疼使他连续几周卧床不起。很难衡量杰斐逊对其母亲的感情，人们从不知道他对母亲表达过自己的爱意，他只就她的去世写下一句话："我母亲在今天早上 8 点去世，享年 57 岁。"这就是他用来记录的所有字词。或许对母亲隐秘而深厚的爱恋和她去世的突然打击能够解释他身体的崩溃。这也可能是对妻子疾病的担忧和革命政治的压力所致。但毫无疑问，他饱受折磨。他因此推迟了近 6 个星期才返回大陆会议。

英军的进攻

当大陆会议做出独立的决议，《独立宣言》被广为发表之后，英国当局采取了更为严厉的手段对付殖民地军民。亚当斯在同疾病作斗争的同时，还要处理日益增大的英国军队带来的压力。1776年 6 月底，庞大的英军向美洲人民展示武力，许多飘扬着联合王国国旗的船只抵达纽约港外。这支舰队从哈利法克斯驶来，只

华盛顿在约克镇

JOHN ADAMS

等集结完毕就对纽约进攻。

7月2日,威廉·豪将军在斯塔腾岛上岸,他率领的9000名士兵第二天在斯塔腾岛也登陆完毕,上百名亲英分子在那儿欢迎他们。7月4日,斯塔腾岛和长岛之间的纽约湾海峡驶入了更多的英国船只,包括130艘军舰组成的舰队和来自英格兰的运输船。这些运输船由这位将军的哥哥理查德·豪海军上将指挥。到8月中旬,已经有32000名全副武装、训练良好、完全职业化的英国和德国(黑森州)士兵在斯塔腾岛登陆,其数目超过了费城的总人口,他们有10艘作战军舰和20艘三帆护卫舰,这在当时,是英国在海外数目最庞大、耗费最昂贵的军事部署。

敌人的威胁是如此真切和强大,美洲的部队与此形成强烈对比。华盛顿领导的保卫纽约的美国部队在曼哈顿和长岛掘壕固守,即使按最乐观的估计数量也只有2万人,而且几乎都是装备匮乏的非职业化战士。华盛顿的一个师长纳撒尼尔·格林从长岛写信告诉约翰·亚当斯,事实上美国部队可能只有9000人;而且正如亚当斯所知,他们没有海军支援,哪怕一艘军舰或运输船都没有。亚当斯阅读了不断抵达费城战争办公室的急件,他比大陆会议的任何人都更了解局势,一想到在纽约战败的后果,他就非常苦恼。他不愿承担战争委员会的首要职责,对处理问题的复杂性和决策上感到难以胜任。也许他那时和部队的统帅华盛顿先生一样,还是很缺乏实战经验的锤炼与磨砺。

7月12日,英军派出两艘军舰,在风向和潮汐有利的时候沿哈德逊河逆流而上,想显示他们的强大实力。整个过程英军没有受到任何阻拦。当这两艘巨型船驶入上游时,美国士兵只站在岸上呆呆地看着,华盛顿对此非常愤怒,发布了一道哨兵守则,称这并非"士兵的表现",只会让敌人小看美国军队。

1776年8月22日清晨,纽约天气特别晴朗。前一天夜里,一场猛烈的暴风雨使空气变得很清新。英军选择了这一天开始入侵长岛。一批接一批的小船打头阵,再后来乘着运输船,1500名英国、苏格兰和黑森士兵从斯塔腾岛渡过纽约湾海峡,没有遇到任何阻挠登上了格雷夫森德附近宽阔的海岸,距离驻扎在布鲁克林海茨的美军要塞只有8英里距离。

此时的华盛顿将兵力分散部署在曼哈顿和长岛。他估计第二支力量更强大的英军队伍会在曼哈顿登陆,华盛顿留在了那里,他的军队则在长岛鼓起勇气迎击英军进攻。好几天里，威廉·豪将军手下的英军指挥官没有派遣部队，直到8月27日一场激烈的战斗在布鲁克林海茨以外西北处打响。美国人内森·黑尔在这一天去侦察时被捕牺牲，在绞刑架下他说了那句著名的话："我惟一感到遗憾的是我只有一次生命可以献给我的祖国。"

华盛顿那时候同曼哈顿来的增援一起到了现场。他激励手下像士兵一样作战，告诉他们说，大家赖以生存的一切正处在危急关头。

但战场上局势的发展并不受美洲军队控制。没有经验的华盛顿士兵寡不敌众，被敌人从侧翼包抄，只在几个小时内就被英军击败。大部分人从没打过仗，当许多人英勇作战时，还有许多人从阵地上逃跑了。可以想象，装备精良、训练有素的英军从头至尾掌握了主动。正如亚当斯推测的那样，如果纳撒尼尔·格林将军还是指挥官之一，情况就会大不一样。因为发烧病重，格林的职位由约翰·沙利文将军代替，他以前是新罕布什尔州的大陆会议代表，但对地形一无所知，能力远不及格林。这场战斗中共有1000多名美国人被捕、受伤、死亡，战俘中还有许多将军，包括沙利文。英军只损伤了400多兵力。

英军部队随后打扫战场，他们把许多投降的美洲士兵处死。一个英国军官高兴地报告说："黑森士兵和我们勇敢的苏格兰高地人一刻也没耽误，看着他们降服叛民后以如此敏捷的程度用刺刀将其迅速处死真是幅好景象，这样他们来不及反抗……你知道，任何策略在战争时期都是合法的，特别是对那些反对他们国王和人民的卑鄙敌人。"

整个战斗过程都被华盛顿看在眼里。战斗打响之际，华盛顿在一座山上用望远镜观看。当看到战场上自己的士兵被强大的英军打回防线时，有人听到华盛顿喃喃自语说："上帝啊！我今天会失去多少勇敢的小伙子们！"

残留的美军力量退回布鲁克林海茨防御工事，凭借着地利抵御英军。英国人想起攻击班克山的惨痛代价，没有在当时和第二天继续进攻。老天也似乎在帮助华盛顿，风不停地从北方吹来，阻止了英军军舰在东河上游采取任何切断美军退路的行动。8月29日，一场暴风雨袭来。从早到晚，冰冷的滂沱大雨不断，英军停止了一切行动。到了清晨，降下了一场"特别幸运的"大雾。从当天晚上开始，在黑夜、暴雨和大雾的掩护下，华盛顿的部队乘船渡过了1英里宽的东河。伴随着强有力的波涛，他们乘坐所有能找到的小船渡河，大部分船上配备的都是马萨诸塞的渔夫。大约9000

JOHN ADAMS

到 1 万的士兵就这样带着行李和装备悄无声息地撤离了。

"我们的情况非常危险,"一个没有透露姓名的军官后来在《宾夕法尼亚晚邮报》上写道,"撤退在极度保密下进行,到早上 6 点时,所有人都上了船。"但英雄是华盛顿。"没人比华盛顿将军能更好地应对当时的情况,他一直站在渡口的浮动平台上,直到看见他的所有部队都上了船。"

整个撤退冒着极大风险,英军随时会发觉美军的行动。任务能否成功很大程度取决于留在后面的部队,他们要一直保持防线直到最后可能的时机到来。这项任务由两个宾夕法尼亚团承担,在托马斯·米夫林指挥之下,他们出色地完成了任务。

而英军对此一无所知,他们还以为自己的对手已经成为囊中之物了。当 8 月 30 日的阳光终于驱散大雾时,英军发现华盛顿的部队早已消失得无影无踪。

围攻约克郡

消息几天后才传到费城。只是在 8 月 27 日长岛战役打响的那天,大陆会议才知道英军已经在格雷夫森德登陆。等待更多消息好像变得遥遥无期,而且是这样"奇怪的不确定",约翰·亚当斯感觉到了灾难。"派出大部队前往长岛时,那儿没有部队撤退,我们没有让太多的部队陷入险境吧?" 8 月 31 日,大陆会议得知这场战役和华盛顿组织的撤退。虽然这次撤退组织成功,华盛顿也因为拯救他的部队受到了表扬,但战场上的失败确实惨重,对于大陆会议和得到消息的人民产生了破坏性的影响。"总的说来,我们的将军在领导才能方面略逊一筹。"亚当斯总结说。

报上都是目击者们对战斗灾难和失败的描述。接着,被英军俘虏的沙利文将军又出现在费城,使城里本已不确定的气氛变得更加复杂。他被英军放回来传递口信,告诉大陆会议,豪勋爵希望私下商谈和解之事。亚当斯被激怒了。亚当斯也做出了决定,正如他在 9 月 4 日的信中向阿比盖尔解释的那样。长岛的局势转折如此之大,他应该留在费城。第二天,即使巴斯牵着接他回去的马匹到达时,也没有动摇他的决心。"恐慌可能会支配任何人,"他写道,"它不会袭中我。"

接下来大陆会议决定接受英军的谈判,亚当斯仍然对此坚决反对,深信豪将军在进行一场"阴谋"。但当大陆会议一致选举他为前往会谈的三个代表之一时,他同意了。对于同敌人和谈而可能带来的危险,亚当斯根本就置之度外。

9 月 9 日早上,大陆会议的谈判代表出发了。富兰克林和拉特利奇各自坐在一辆高高的两轮轻便马车里,各带一名仆人。亚当斯骑马而行,巴斯跟在身后。一路上由于道路拥挤,他们行走缓慢。到达新不伦瑞克时,旅店客满,亚当斯和富兰克林不得不住在一间只有一扇小窗户的房间里,共用一张床。

接下来发生的事情简单又迅速。亚当斯和富兰克林与拉特利奇会见了豪将军,双方一上来就摊牌。在亚当斯得知豪将军只愿意"赦免"叛乱者,除此之外不会做任何让步之后,他坚定地表达了大陆会议抗争到底的信念。另外两名会议的代表也完全同意他的意见。谈判就这样迅速结束。

在大陆会议派出的代表刚刚离开之后,英军立刻采取了行动。9 月 15 日星期天早上,伴随着有利的风向和潮水,5 艘英国军舰驶进东河,开始雷鸣般的近距离炮轰美军在曼哈顿的海岸防线。英军的进攻如此猛烈,士兵纷纷放弃战壕逃跑,有些士兵甚至一枪不发就往后跑。整个部队很快陷

JOHN ADAMS

入混乱。华盛顿骑着马疾驰到现场，反复劝导逃跑的士兵，企图重整士气，让他们留下打仗。可是人心惶惶，大家四处逃散，在盛怒之下，华盛顿失去了他一向著名的自制力，开始诅咒、用短马鞭鞭打军官们。

在混乱仓促的撤退中，步枪、背包、四轮车和大炮都被丢在身后。华盛顿只能和部队一起移动，快速向北撤退到曼哈顿岛北部的多岩石的防御工事所在地哈莱姆高地。他的军队崩溃了，华盛顿在9月25日从哈莱姆高地写的绝望的信中告诉约翰·汉考克。当时，英军又再次停止了行动，但是除非大陆会议采取"一些迅速、有效的办法"，否则"我们的事业就完了"。他最后又提出建立正规军的必要性，毫无疑问，这场战争不是"一天的事"。短期征兵不再适应需要。必须有在"永久基础"上建成的部队——一支常备军队。

撤退十分仓皇，加上效忠派的袭击，当华盛顿于1776年12月8日渡过特拉华河向西撤退时，身边的部队只剩下5000人了。

华盛顿的建议

纽约战场上的失利，对华盛顿和美国军队来说，是灾难性的耻辱的一天。当消息传到费城时，对大陆会议的影响显而易见。正如塞缪尔·蔡斯所写的那样："我们的事业在这儿有着非常不利的前景。"

其实，在早些时候给大陆会议的信中，华盛顿曾解释了他打算放弃纽约的计划，还有他得出的更进一步的结论，即他和他的军队必须避免同如此纪律严明而且数量庞大的敌人进行阵地战，而应该打防御仗。华盛顿的判断基于他对两方阵营的观察：美洲的部队缺乏训练和实战的磨练，而对方却是世界上战斗力最强的军队。

来自13个殖民地的士兵无疑是缺乏训练的。他们昨天还是温柔的家庭生活中平常的百姓，完全不知道什么军事技巧。当抵抗接受过常规训练、纪律严明、知识和装备都比他们好的特定部队时，他们因此胆怯，甚至看见自己的影子都想逃跑。

华盛顿在信中继续说，他认为必须付给军官们优厚的报酬。对于他们，最好的报酬就是奖金和免费土地。部队的偷窃行为异常猖獗。如果真的要肃清纪律、抑制这种"抢劫欲望"并停止大规模的开小差和普遍酗酒，必须依赖新的规章制度授权更严厉的惩罚。

JOHN ADAMS

第三章 独立

亚当斯带头在大陆会议响应华盛顿的建议。无论是作为"战争委员会"的主席，还是在议会辩论中，他总是带头提出动议响应华盛顿呼吁的变革。而且他从来都认为这会是一场长期、艰苦的战争。9月16日，大陆会议通过了"战争委员会"的一项新计划。依据该计划，签约直到战争结束的士兵，每人可以得到20美元和100英亩土地。9月20日，一套亚当斯从英国陆海军诉讼、惩罚法演绎过来的军队诉讼、惩罚法被通过。正如华盛顿期望的那样，惩罚的严厉程度增加了。华盛顿认为，此前规定的最多鞭打数几乎不够。对于醉酒或站岗时睡觉之类罪行的惩罚，大陆会议把原来的鞭打一下上升到100下。10月1日，亚当斯建议成立一所军事学校。虽然战争结束前这项动议没有任何成果，但这是第一个类似的建议。

有一天，他与本杰明·拉什在大陆会议上坐在一起，拉什低声问亚当斯，他是否认为美国在这场斗争中会胜利。"是的，"亚当斯回答道，"如果我们敬畏上帝，忏悔我们的罪。"

但华盛顿及其部队所处危险境地引起的最直接明显的反应是大陆会议转而关心从外面寻求支援。许多人可能会为此感到遗憾，但当时大陆会议的大部分人认为，没有一支人民的军队，或是没有外部的帮助，不可能实现独立。那时，最有可能的援助只能来自于法国。"我们只期盼上天和法国提供援助。"拉什写道。在"城市旅馆"和"伦敦咖啡屋"，当时人们普遍为"最仁慈的陛下"、年轻的路易十六国王祝酒，为法国和美利坚合众国之间的"迅速联盟"举杯。

亚当斯在此之前早就考虑过这个问题，在当年的2月份他就提出与法国接触。在所有可能的目标中，他把与法国的联盟列在首位。但在3月初的笔记中，当赛拉斯·迪恩被任命为前往法国的秘使时，亚当斯又强调说，与法国不能有政治、军事关系，只能有商业往来。后来，在7月份，作为"条约委员会"的主席，他在提出的《条约计划》中写下条款，以非常生硬、毫不委婉的语言表达了他对法国强烈的不信任。这项条款声称，为了保护新成立的美利坚合众国的领土完整，为避免任何战争爆发在"最仁慈的国王和大不列颠国王之间，最仁慈的国王永远不会侵入，也不会以任何借口企图占有"加拿大、佛罗里达，或者北美大陆上的任何城镇，或者是任何"距离上述大陆很近的"岛屿。

到了9月，考虑到战争的现实情况，亚当斯放弃了他早先有关同法国有军事往来的疑虑。在严峻的形势面前，亚当斯不得不顺从大陆会议的考虑，开始从海外寻求能真正帮助美洲人民独立的重要力量。

5 凶险的海上旅程
JOHN ADAMS

军事失利的后果

近两个月的战争结束后，大陆会议的代表们对美洲面临的困境感到深深的忧虑。与英国和谈已是不可能的事情，独立是不可更改的决定。但战争却是需要实力做保证，美洲不可能在短时间迅速弥合双方的差距。经过仔细考虑，9月26日，大陆会议任命本杰明·富兰克林和托马斯·杰斐逊为前往法国宫廷的专员，赛拉斯·迪恩则作为第三人选同往。

杰斐逊接到任命后，从弗吉尼亚写信说，几天的思考后，他说自己不能接受这项任命，因为"我家里的情况非常危急"。人们不知道杰斐逊为何不去海外，只好将这理解为他妻子的健康问题。大陆会议因此任命阿瑟·李（理查德·亨利·李的兄弟）接替杰斐逊。

此时，大陆会议几个最坚定的代表已经启程回家，他们太需要休息。塞缪尔·蔡斯、斯蒂芬·霍普金斯和约瑟夫·休伊斯像托马斯·杰斐逊一样在9月离开了费城。10月初，西泽尔·罗德尼和罗杰·谢尔曼也走了。富兰克林也开始收拾行李，他将在10月26日启程前往法国。

阿比盖尔来信说，在波士顿接种疫苗之后，她和孩子们回到了布伦特里家中，继续以前的生活。孩子们的情况越来越好，小查尔斯还很虚弱，但正在恢复中。小约翰尼长大了许多，已成了她的邮差，带着家信往返波士顿。

收到来信后，亚当斯在10月7日给妻子的回信中说："我在这儿待得都麻木了。我想过去的一段时间里，夫人您一定很担心，由于工作繁忙，您没有像往常那样每班邮差到来时都收到一封信。"接着，他兴高采烈地写道，"但我准备回家时，亲自向您道歉。"

10月13日，星期天，亚当斯和巴斯备好马鞍，启程返回布伦特里与妻儿团聚。

自从他 2 月抵达费城以来，时间已经过去了 8 个多月。除了会见豪勋爵所用的那几天以外，亚当斯 8 个月里从没有离开过费城。作为他一贯的作风，他毫不迟疑地把自己奉献给祖国的事业。在整个过程中，他从未抽身离开过自己的工作岗位。他从来没有在必要时掩饰自己的思想，总是立场鲜明、为自己的信念而奋斗。更加让人敬佩的是，他从来没有因此发脾气，对别人进行人身攻击，无论他在私人书信中流露出多少辛酸和内心的怒火。在如此艰难的环境下，亚当斯顶着最大压力，在各种各样的困扰下持续工作了 8 个月，他一直保持着镇定，朝着实现独立这个崇高的目标努力。

《独立宣言》发表的时机与措辞和精神、结成联盟的计划、达成条约的方法还有战争的胜利，所有这一切都与亚当斯的努力分不开。对实现"独立美国"这个伟大的、高于一切的目标亚当斯从未放弃过。正如他反复强调的，除了独立，最重要的是建立一个监察、平衡基础上的共和制政府。大陆会议的代表们对亚当斯的工作给予了极高的评价。本杰明·拉什在给一个朋友的信中曾经提道："在整个美洲大陆上，没有人能够超过这个杰出的爱国者，甚至很少有人有他那样的能力和美德。"后来谈到亚当斯时，拉什又说："1776 年大陆会议的每个代表都承认他是议会的第一人。"杰斐逊对亚当斯的评价则是"我们议会的巨人"。

毫不夸张地说，几乎没有美国人在这么短的时间内为他们的祖国贡献了这么多的美德和工作。更重要的是，因为他的紧迫感和毫不松懈的努力，亚当斯使《独立宣言》得以及时发表。如果再晚些发表，整个事情的进程会大不一样。这应该算是亚当斯在整个独立事业中做的最具有决定性、最重要的贡献。

在离开费城准备回家之前，亚当斯被埃尔布里奇·格里告知，自己会被指派为前往法国的特使，接替赛拉斯·迪恩，而被怀疑行为不端的迪恩则被召回，对其被指控的可疑行为做出答复。大陆会议相信，在为美国军队购买军需的时候，迪恩中饱私囊。李将军在给自己在大陆会议的兄弟的信件中，指责迪恩有腐败罪行，这封信在大陆会议召回迪恩的决定中发挥了作用。

亚当斯当时没有马上决定是否接受这项任命，他什么也没有对格里

JOHN ADAMS

说，只称自己不够资格。11月27日，大陆会议任命亚当斯为特使，与富兰克林和阿瑟·李一起启程前往法国与对方谈判，商讨结成联盟事宜。

在1777年11月的最后一天，亚当斯骑马回家。回到马萨诸塞后，连续两周他几乎什么也没做，只是享受家庭生活的天伦之乐。他在自己的日记中抱怨说："我本意不想参加下届选举，而是返回我的律师行业。我已经在大陆会议待了4年，这使我的账面情况非常糟糕。我的债务人变少了，纸币贬值了。我17年辛勤工作的成果每天都在流失。我的家庭以我过去不多的所得为生……我的孩子正在成长，却缺乏我对他们教育的关心，我在大陆会议工作4年所得的薪水还不够雇佣农场上的一个帮工。"

已经在家中的亚当斯，收到了大陆会议的一包信和派他前往法国宫廷的官方委任状。包裹中有大陆会议新任主席、南卡罗莱纳州的亨利·劳伦斯的来信，还有代表外交委员会的詹姆斯·洛弗尔的来信。洛弗尔用他一贯过于热情的语气说道："我们决不愿抱有这样的想法，即你会拒绝如此重要的工作。大陆会议了解同法国谈判重要性的所有代表都指望你接受这项任命。"

洛弗尔是外交委员会最活跃的成员、一个热诚的爱国者。他是个精明、勤奋、喜欢做点小动作的人，是大陆会议的密码术专家。他和亚当斯相识已经好几年，他声称对亚当斯和阿比盖尔只有最热烈的尊敬。但洛弗尔也是个老练的奉承者，有时候甚至到了不适当的程度。如此赞扬亚当斯，甚至到了暗示富兰克林和阿瑟·李全无这种品质的地步，企图以此引起亚当斯对自己关注，这正是洛弗尔的风格。

当这些官方包裹到达布伦特里时，亚当斯正在新罕布什尔的朴次茅斯以私人律师的身份代表委托人出庭。看到这个包裹涉及到紧急事务，阿比盖尔打开包裹，发现了其中的内容。当她看到自己的丈夫有可能出使海外，离开自己的时候，愤怒之中，她直接写信给洛弗尔，要求知道他怎么能够"图谋夺去我的所有快乐"。

约翰·亚当斯收到消息后，义不容辞地决定接下这项光荣而严峻的任务。他和阿比盖尔都知道，此时他们正处在生活的转折点上。他们谁也没抱怨过什么。但尽管做出决定如此之难，亚当斯还是立即打定了主意。没有丝毫犹豫不决，除了坚决果断之外，再无其他选择——他们俩都是这样。他在24小时内提笔写信给亨利·劳伦斯表示接受任命。他给詹姆斯·

洛弗尔写道："要是我能确信公众会从中受益，无需任何动机或说服引诱就能使我接受这项委托。"

很快，他们开始讨论阿比盖尔是否陪同前往的问题，最终的结果是他独自前往法国，在巴黎生活的开支很大，已超出他们的承受能力。而家中没有她，显然一切都举步维艰。

行程的具体日期迟迟没有确定，这是因为整个事情都处在高度保密中。波士顿及其附近有大量英国间谍出入，加上停泊在新英格兰水域的英军巡洋舰，这次航行要保证绝对隐秘。他们将乘一艘名叫"波士顿"号的崭新的装有24门大炮的三帆快速战舰出行，船由来自马布尔黑德的塞缪尔·图克船长指挥。连续几周，他们一直忙碌着为航行做准备，忙着打点行李和计算要送多少食物和给养上船。乘客中包括亚当斯、他的长子约翰·昆西和一个叫约瑟夫·斯蒂芬的布伦特里人，他是亚当斯的仆人。亚当斯所需的必备品五花八门：墨水、信纸、账簿、两打鹅毛笔、一打陶土制的烟斗、烟草、一把可放在衣袋中的手枪；此外，他们还带上了一些食品，包括两头肥猪、两只肥羊、6打鸡、5蒲式耳玉米、14打鸡蛋；在底舱还有1小桶朗姆酒、1桶马德拉烈性酒、4打瓶装波尔图葡萄酒、茶叶、巧克力、红糖、芥末、胡椒、威化饼干等副食品。

1778年2月，一个狂风大作的清晨，暴风雪带来了7到10级的大风。亚当斯没有在波士顿上船。夜幕降临时，他在布伦特里海岸一个叫霍夫斯耐克的指定集合地搭上船。"波士顿"号放下一艘小艇，亚当斯带着儿子秘密登上舰船。阿比盖尔没有到海滩给丈夫和儿子送行。他们在家里已经说过再见了。亚当斯没有通知任何人，他丢下积压的法律事务，也没有向他的委托人解释。直到他已经走了，许多朋友、甚至是家里人才知道他已前往法国。

3000英里危险的航行

现在，他在北大西洋天气最恶劣的时候开始了一段长达3000多英里的航行，面临的危险远远超出他的想象。就这样悄无声息的，亚当斯离开了他的妻子、孩子、朋友、家庭、生计，离开了他爱着的祖国。

他对可能遇到的危险的认识不同于船长想到的危险，他们之间的不同几乎不亚于他与自己小儿子理解力之间的区别。图克船长这样坚毅的海员

JOHN ADAMS

知道，2月份的大西洋会发生什么：可能被猛烈的东北风袭击；海上冬天发生风暴十分恐怖，那高高扑起的浪花冻成坚冰，能使船只覆没。航海从来不是件简单的事，现在变得更加困难，甲板剧烈地上下颠簸、地平线似乎被汹涌的浪涛扭曲，太阳和星星也难以看清，航海变得几乎没有可能。亚当斯也明白这趟旅行的危险性，某种程度上讲他是在拿自己和小儿子的生命冒险。另外，他认为自己很不称职、对欧洲政治和外交一无所知、不会讲法语、不知道高尚的社交礼仪。他有生以来从未见过任何一个皇帝或皇后，或者是一个掌握大权的外交大臣，他也从未踏进过一个人口超过3万的城市。他已经42岁，是4个孩子的父亲。但此刻他正驶往一个遥远得无法想象的世界，不知道等待自己的是什么，一切都令人担忧。

但这一切都不是问题，在一个愿意为自己的祖国奉献一切的人面前，这些困难只是一点阻挡而已。因为他具有高于一切的责任感，他一心想为国尽力，他的抱负，再加上他是个坚定投身独立斗争的爱国者，他别无选择。他从未对自己此行有过一点怀疑。如果说他没有接受过外交方面的训练、欠缺经验，其实每个美国人都是这样的。如果不会说法语，那他可以在航行的过程中现学。冬天的海洋确实可怕，但他从来都不缺乏勇气，他经历过许多比海浪更加可怕的东西。而且，对于热心于美洲海军建设的亚当斯来讲，这次航行还能直接考验大陆海军的素质，他认为这个问题非常重要。

这一天是1778年2月17日，亚当斯绝没有想到，这竟标志着一次非凡的长途流浪的开始，期间他比所有美国事业领导人的旅行路程都多——包括海路和陆路的行程。持续的大风和险峻的海面迫使船只在港外锚地又停泊了36个小时。他们在一个气温只有14华氏度的早晨启航时，刚航行到马布尔黑德就遇到了突袭的暴风雪，能见度很低，启程不久，亚当斯就记下了他的这次远程之旅的感受："今天早上拔起了最后一个锚，在早饭前就已经启航，不错的风力和令人愉快的太阳，但是空气刺骨寒冷。就这样我告别了祖国的海岸。"他在日记中写道："风力很大，海面汹涌，但船底放有干净的干草，我们穿着航海外套，身上还算暖和干燥。"

承载着亚当斯法国之行的舰船名叫"波士顿"号，是一艘漂亮的战船，是大陆会议现役的13艘三帆快速战舰中较小的一艘，1776年在纽伯里波特建成下水。"波士顿"号的甲板有114英尺长，514吨排水量，能容纳 200 人左右。亚当斯的这次旅行,"波士顿"号算上船上官员、船员和 36 个乘客,共有 172 人,其中大部分都是在大陆军服役之后返回的法国军人。在这些法国人中,有一个叫尼古拉斯·诺埃尔的军医很喜欢约翰·昆西,开始教他学法语。

这艘舰船的指挥官图克船长,能干而且待人周到。才 30 岁的他是马布尔黑德一个船长的儿子,他身材魁梧,结实有力,声音低沉,他从 11 岁就开始出海。但这一次,"波士顿"号载有新船员,在执行新命令,图克以前的经历中从未接到过这样重要的乘客。他不但肩负责任、确保此人平安到达法国,还要在所有重要决定上征询约翰·亚当斯阁下的意见。他接到的命令清晰简洁:"你要尽你所能在他的航程中安排他的所有膳宿问题,你要在所有情况下咨询他的意见,包括航程、总的指导、你要驶入的港口,还有任何有关他安全和平安到达的所有问题。"

亚当斯立刻对和这艘船有关的所有事情产生了兴趣,包括它怎么航行。除了他和约翰尼合住的那间舒适的房间以外,船上几乎没什么东西能得到他的认可。而且,他不加掩饰地让图克知道自己对此的看法。

恼人的是船员对卫生状况漠不关心,亚当斯从拉什大夫那儿知道,这才是大陆军的灾难所在。去年 4 月穿过费城的义冢时,已经有 2000 多美国士兵被埋葬在此的事实深深地震撼了亚当斯,他们几乎全都死于天花和军营病。"纪律,纪律是最需要的。"他这样告诉阿比盖尔,没有纪律就没有清洁。而且他知道,水手们因为疾病死亡的比率极高。"波士顿"号的饭菜劣质而且卫生不好,船上烧煤释放出的蒸汽和船舱里停滞的存水发出了恶臭,加重了船上每个人的痛苦。在海上"翻滚"一整天后,亚当斯和儿子都严重晕船了。

海上航行的第二天,风力和天气都不错。在清晨的第一缕阳光中,桅杆顶上就传来喊声,称朝北的地平线上有 3 艘船向东行驶。一个小时后,3 艘英国三帆快速战舰很快就开始追赶"波士顿"号。和亚当斯商量之后,图克船长决定躲开它们。他们终于摆脱了其中两艘船,但还有一艘速度最快的仍穷追不舍。"有时候我们航行得比它快,有时候它又追了上来。"亚当斯写道。整整一天和接下来的两天都在追赶,他们在那时候航入了墨西哥湾流。夜幕降临时,风停了,"波士顿"号上的士兵支起枪,拉起所有的大横帆,全方位准备战斗;军官和士兵们精神振奋,图克船长认为只要有可能,自己的职责是避免战斗,特别是避免同一支力量悬殊的队伍战斗。但如果他不能避免交火,那他会让他们记住他的。

就在这时,海面上突然袭来一阵暴风雨,夹杂着令人目眩的电闪雷鸣。船身颤抖着在海面上被巨浪抛来抛去,海水不断涌进船舱。所有人从一侧急速移动到另一侧,船上没有能站稳脚跟的地方。当一道闪电击中主桅杆时,传来令人惊恐的爆裂声。闪电击中之处接近火药房,20多个水手受伤了。有个人的头上烧穿了一个大洞,后来在"胡言乱语"中死去。接下来,暴风雨来势更猛。"海面怒潮高涨,迫使我顺风在前桅帆的推动下飞速前冲,"图克船长记录道。"强风和危险的海潮翻滚,"他在第二天写道:"一件又一件东西从船上消失了……祈祷上帝保佑我们。"

亚当斯也想把所发生的一切全都记下来,却发现这是不可能的。他的舱室湿透了,所有东西都湿漉漉的,纸和笔根本没法使用。在后来的日记中,亚当斯承认有时候非常后悔带了儿子,但他也说,自己为这个男孩感到极其自豪:"他的行为给我带来难以表达的欣慰。他完全意识到我们的危险,一直以男人的勇气和耐心尽量保持精神振作,他非常关心我,而且他的思想也总是带着一种非常严肃的气质。在这一点上他不是独一无二的……我相信,在这艘船上,没人会完全不顾及上帝。"评价自己的表现时,亚当斯不仅觉得高兴,甚至是惊讶,看来他保持了"完全镇定"。暴风雨使船比原来航线偏离了好几百英里。但是接下来的航行很顺利,在水手们忙着修修补补时,亚当斯又继续劝导船长,要他保持秩序、做出改善。

令亚当斯满意的是,图克采纳了这个坚持不懈、从未出过海的人在心境极佳时提的意见,而且尽量遵照执行。"我一直在有关秩序、经济和规章方面给船长提建议。"他写道,"而他似乎意识到了它们的必要性,尽力采用它们。"亚当斯可能因此成为一个讨厌鬼,但他达到了目的。船上焕然一新。

好天气一天接着一天。船上生活逐渐步入正轨。在船长的帮助下,约翰·昆西开始学习如何成为一个水手。很快他就学会了叫出海面帆的名字和使用水手的罗盘。父子俩都在学习法语。闲暇之时,亚当斯就阅读一本法英双语的莫里哀剧作集,这是他从家里带来的几本书之一。他和他喜欢的会英语的法国军医诺埃尔医生讨论医学问题,并经常用刚刚学会的一点儿法语和他交谈。鼓励这艘船的舰务官威廉·巴伦谈谈他的经历和他所见的世面。巴伦是弗吉尼亚人，他给亚当斯的印象正是"我们初建的海军很需要"的那种军官。

接下来的航行都很平静，直到有一天出现了特别的情况。"我们发现了一艘船，并开始追踪。"亚当斯兴奋地记录道。一艘全副武装、挂着英国国旗的商船刚刚从东北地平线露出桅杆，就被亚当斯他们发现。起初船员以为是英国的一艘巡洋舰，图克船长命令"波士顿"号上所有人员做好战斗准备。他去后甲板找到亚当斯，解释清楚局势，建议亚当斯撤到甲板下面，因为接着会有"激烈的战斗"。

过了差不多一个小时，它们一前一后紧跟彼此。此时"波士顿"号发现对手是一艘商船，这更增加了大家战斗的信心。"波士顿"号掉转船头，大炮发出1发炮弹击向英国船，那艘商船也随后发射了3发炮弹，其中有一发劈开了"波士顿"号的后桅横桁，直接落在亚当斯的上方。在战斗的间隙，图克船长看到亚当斯手持步枪参加了这次战斗。当"波士顿"号掉转侧舷，第一次显出令人可畏的炮列时，这艘英国船马上停止了无畏的抵抗。就这样，一场不大的战斗过后，英国商船决定投降。对"波士顿"号来讲，这是不错的战利品。这艘载有7万多磅货物的商船名叫"玛撒"号，从伦敦驶出，将驶往英军占领的纽约。这些英军船长和水手现在成了俘虏，被押到"波士顿"号上。图克指定了一些水手将战利品押送到波士顿，下令鸣7响礼炮致敬，同时按原航线前进。对于图克，这是个特别甜蜜的胜利时刻。虽然后来这艘被俘获的英国"玛撒"号又重新落入英军手中，并被送到哈利法克斯。

亚当斯在整个行动表现得非常勇敢。对于他发挥的作用，图克热情地说："在冲突高潮时，他发现亚当斯'装备成我的水手之一，一起防卫'。我走到他那儿说：'我亲爱的先生，您怎么在这儿？'他微笑着回答道：'我应该承担自己在战斗中的那一份责任。'这已经足够让我判断出令人尊敬的、爱国的亚当斯的勇气了。"

抵达法国

1778年3月24日，"波士顿"号到达比斯开湾的时候，亚当斯用望远镜看到了西班牙白雪覆盖的山顶。到了周末，当"波士顿"号终于驶入繁忙的通途波尔多港时，一个"玛撒"号上来的爱尔兰乘客突然拉起小提琴，整个下午都在演奏，水手们随之起舞。

3月30日星期一，一个法国领航员上了船，"波士顿"号驶入纪龙德河，优美非凡的风景给亚当斯留下了深刻的印象。"欧洲，你这艺术、科学、商业和战争的舞台，我终于被允许拜访你的领土。"他那天夜里在日记中写道，法国的景象给他留下一抹"愉快的忧伤"。

按照理想状况下，这艘船大约3个星期就能到达法国。而事实上，这次航行一共用了6个星期零4天。这已经很不错了，考虑到冬天的航程通常都是8到10个星期，再加上所发生的一切，这就更了不起了。

当"波士顿"号在波尔多落锚时，他和诺埃尔医生被邀请到停泊在附近的一艘法国军舰上共进晚餐。这是亚当斯第一次见识法国式的热情，实际上是他第一次到法国。再没有什么比这些主人的亲切更让亚当斯高兴和感动的了，安排吃饭的雅致的房间、白色石制碟子、餐巾，每件东西都"像在任何绅士家一样清洁"，而且在吃过"波士顿"号那糟糕无比的饭菜后，这些食物和葡萄酒就像天赐的一样。

主人们不讲英语，但有医生在旁边当翻译，亚当斯惊讶地知道，因为华盛顿将军在萨拉托加取得的胜利，法国和美国已经同意结成联盟。这样，早在他踏上法国领土之前，他发现，他此行的目的——协助达成这样的联盟——已经实现了。这是历史上最重大的协议之一，在1778年2月6日亚当斯还没离开家之前就已经签署。

第二天早上，即4月1日愚人节，天亮后不久，亚当斯、他的儿子和仆人离开了图克船长，乘小船驶向岸边。人们可以想象图克体会到的轻松感，他的使命完成了。亚当斯后来还横越了三次大西洋，而约翰·昆西在以后的日子里也多次在欧洲和美国之间往返。但没有一次能与这次海洋航行相提并论，这是他们的第一次。他们俩都经常提到这次航行，提到新奇感和历险、那狂野的风暴、海上的激战、神秘和恐怖，还有它的种种令人愉快之处。

从法国写给他"尊敬的妈妈"的第一封信中，约翰·昆西的笔迹上下起伏，好像人还在船上一样。他在信中表达了父子俩的深切感想："我希望永远不忘上帝将我们从所有这些危险中保存下来的善行。"

几年后，在给托马斯·杰斐逊的一封信中，亚当斯把搭乘"波士顿"

号的航行形容成他一生的象征。他说，他们驶过的狂怒海洋，就像他们生活的时代，他所受的时代的摆布丝毫都不亚于在海上的经历。他或许知道，有约翰·昆西在身边，他一定要驶过海面的决心深深地影响了自己的家人，而决心献身美国的事业，他又是如何将生死置之度外。此外，他或许也明白，这次航行显示，对他来说，行动胜于无所事事、一帆风顺。

4月8日晚上，亚当斯在波尔多短暂逗留之后到达巴黎。他渡过塞纳河，经过卢浮宫，向着自己下榻的饭店进发。一路上，亚当斯被巴黎的繁华夜景所震惊。街上众多的人群和马车，还有他在书里读到的巴黎的"闪耀的嘈杂声"让他兴趣盎然。当晚，他入住黎塞留大街的宾馆。疲惫的他很快入睡。第二天，清晨的第一缕阳光照进来后，他才听见以前从未听到过的钟声、街上的喧哗和镶有钢边的马车轮子压过鹅卵石的声音。

这时，亚当斯才告诉自己，毫无疑问，他已经来到了巴黎。

6 在巴黎
JOHN ADAMS

会见法国国王

到了法国的亚当斯，几乎是马上就爱上了这个国家。从他登岸以后，除了乞丐，亚当斯眼里的法国几乎全是美的，他喜欢这里的一切。这种情感更多的是因为法国人对待他祖国的态度。

在波尔多，代表美洲来访的他被当作英雄来欢迎，街上的人群冲他欢呼、拥抱他。"上帝保佑大陆会议、自由和亚当斯"，一处被照明的题字写道。许多人护送亚当斯参观这座城市，还带他去看了有生以来第一场歌剧，他对此非常欣喜。随着法国和美国的结盟，他不再是一个友国而是盟国派来的特使。"这里各个阶层的人普遍认为，法国和美国之间的友谊符合两国的利益，最近的联盟是非常愉快地达成的，受到普遍的欢迎；民众如此欢迎联盟，一个有着良好判断力的人告诉我，以至于这儿的政府不得不对此表示同意，即使他们本无意对此表示赞同。"亚当斯写信告诉他的妻子，"法国带来的喜悦无与伦比。非常的礼貌、优雅、温柔、体贴。简而言之，身为严厉挑剔的共和党人，我却禁不住爱上这些人，因为他们渴望并一丝不苟地企图使人愉快……这富裕、这壮丽、这辉煌完全无法形容。"

事实上，最有趣的是，正如他在日记中和私人信件里反复流露的那样，还有让他感到最意外的是，他是多么热爱与法国有关的一切，是多么真诚地热爱法国人和他们的生活方式。"如果人类会因为能够愉悦他们眼睛、耳朵、味觉和任何感官、任何激情和任何幻想的任何东西感到快乐的话，这个国家就是快乐之域。"他写道。

紧接着，晚会一场接一场的来临。抵达巴黎的亚当斯第一天就去拜访本杰明·富兰克林，这位年老的长者已经提前在这里展开了与法国的结盟。富兰克林热情接待了亚当斯，坚持让他搬到原来赛拉斯·迪恩的住所。与父亲同来的约翰·昆西被安排到附近的一个寄宿学校读书。

富兰克林精心为新来的亚当斯安排了一连串的社交活动。从那里开始，亚当斯就一直在奔波，观光、社交约会、晚餐、茶会和剧院。这儿有他必须会见的重要人物，需要记住的新名字、新面孔——没完没了、各式各样的法国名。他特别享受与时尚妇女为伴，她们的生动观点与男人们的观点一样是每个社交活动的一部分。在这种聚会，人们无法容忍任何绅士垄断整个谈话。亚当斯认为女人大体上优于男人，正如阿比盖尔所知的那样，而且他确信，她希望知道他对法国受过教育的妇女的看法。

"说真的，我仰慕这儿的女士。请你不要嫉妒。她们端庄健美，受过良好教育。她们的成就非常令人羡慕。她们有关措辞和艺术的知识胜过英国女士，我相信。"

在此之前，亚当斯从来没有见过如此富裕的社会：精致的服装、陈列的钻石、妇女们涂抹的闪亮的胭脂，还有倾注在男女发型上的时间、金钱等等。他也从没遇到过如此细腻的礼节。每个人对每个人都极其礼貌，特别是对外国人。"我在这个王国遇到的接待都很友善，我也尽可能的友好、尊重。"亚当斯在阿比盖尔收到的第一封信中保证道。

但在后来几年里，亚当斯更多地写下和说出了他对法国的不喜欢，他是清教徒的后代，并不赞成法国人和他们的生活方式。但可以肯定的是，他在许多方面都不欣赏甚至是不喜欢法国。和许多当时的美国人一样，他在许多方面感到震惊，比如法国妇女的放肆。

JOHN ADAMS

第三章 独立

在一次为他举办的晚餐上,一个漂亮的女郎坐在亚当斯旁边,她以一个令亚当斯震惊的问题开始了谈话。但他很快恢复了镇定,而且他认为表现得相当好。可以说,这个问题加深了亚当斯对法国人的那种神秘和不可思议的感觉。

"亚当斯先生,"漂亮女郎说,"从您的名字看来,我认为您是亚当和夏娃的后代,或许您家里仍保留着这种传统,能解决我一直以来无法解释的一个难题。我一直不明白,这世界上第一对夫妻是怎么发现一起睡觉的技能的?"

亚当斯在一个翻译的帮助下回答说,他的家庭与世界上第一对夫妻在名字和薄弱意志方面都很相似,而且"本能"无疑是她问题的答案。"我们身体中有像电力或磁力一样的身体特质,因此当一对夫妇接近撞击距离时,他们拥到一起……就像电力试验中的两个物体。"

"很好,"她说道,"我不知道这是怎么回事,但我知道这是非常快乐的撞击。"

还有一天晚上,亚当斯到杜伊勒利宫的皇家花园参加音乐会。在这个欢快的音乐会上,亚当斯高兴地发现男女歌唱演员都上台表演,而且花园里到处都是"走动的两性伴侣",他后来在日记中写道。但是,他没有记录下当时准时出现在花园里的妓女的数量。她们有的站在椅子上吸引人们的注意,甚至在举止高雅的家庭聚会面前也这样做。

充斥着这样奇怪话题的晚会并不是法国人的错,但亚当斯的反感不只因为他的清教徒背景——就像人们经常提到的那样——而源于他有关共和政体美德的理想、经典的罗马恬淡寡欲者对简单生活的强调、坚信奢华导致堕落,还有充斥着他喜爱的罗马著作的古老信念。就像当时和后来他的许多同胞一样,亚当斯既热爱又不赞赏法国,而这很大程度上取决于当时的环境和他的情绪。

在受到法国国王的接见后,亚当斯的巴黎生活算是进入了一个新的阶段。来到法国3个月后,他和阿瑟·李作为美国特使在国王奢华、镀金的寝室中被接待。当时年轻的路易十六正进行其精致的早间仪式,由礼仪官员为其换装。和国王简短、不重要的交谈中,外交大臣维尔热纳伯爵解释说,这个美国的新特使不会讲法语。对此,这位年轻的国王回答说:"一个字儿也不会吗?"然后就到另一个房间去了。

JOHN ADAMS

会面就在这样的场景下迅速结束了。虽然只是短短一面，亚当斯还是在国王的脸上看到了"善良和单纯"。"他看起来体质强壮"，亚当斯后来这样描写24岁的路易十六，他确实心地善良、身体强健，只是近视得厉害，举止笨拙，但他掌握着决定美国命运的大权。在7月份举行的皇家晚餐会上，亚当斯又一次见到了法王和王后。他身着盛装出现，参加了这次规格很高的皇家聚会。

整个晚会给亚当斯留下了深刻印象。但在亚当斯多年后的描述中，给他留下最生动印象的还是法国王后玛丽·安托瓦内特。"在钻石和精美服饰装扮下光彩耀人，优雅的她如此美妙绝伦，我沉闷的笔触难以形容……她的衣着是艺术和财富的象征，一个体面的女仆告诉我，她身上佩戴的钻石价值总计有1800万里弗尔，我一直以为，陛下她很是得益于她的服饰……她容光焕发的脸色显示出她的良好健康状况，从容貌和体态看来是个端庄健美的妇女……王后盛了一勺汤，展示她姣好的身段和优雅的礼仪，她环视大厅各处的人们，下令把许多调料端到她面前，然后开始按照自己的口味调配晚餐。之后，陛下向仰慕她的观众展示了盛大场面，演示她如何用一把勺子完成皇家晚餐，一次吃光整整一勺食物。所有一切都像一座精确的时钟有条不紊地在运行，她脸上的任何部位和身体的任何部分，特别是手和胳膊的动作无懈可击，没有任何不妥当。"

很快，亚当斯开始厌倦奢华的盛情款待。这种每天参加豪华晚宴的生活并非他到法国担负的使命。"我的同胞在美国饱受煎熬，他们的事务在欧洲却陷入极大的混乱之中。"祖国的音信也一直收不到，直到6月16日，阿比盖尔的第一封信才到达。他立刻给她回信。但直到仲夏时节，他才再次收到她的信，而他在其间写的许多信要么被偷了，要么在海上被劫了。就像他曾经在费城给阿比盖尔寄过别针那样，现在他又在她的要求下随船捎回了许多欧洲货：手帕、丝带、成卷的白棉布。这些货物在家里能"卖个好价钱"，也意味着她的经济状况会有所好转。但是，正如所有的通信一样，他要在几个月后才能知道她是否收到了这些货物。

因为得到费城的答复得等6个月，大多数情况下亚当斯和富兰克林不得不自己做主。随之而来的问题就是使团内部的协调。富兰克林与李的关系一直不好，亚当斯往往要扮演调和的角色。这令人感到沮丧，以至于他觉得自己必须向塞缪尔·亚当斯倾诉，主要是向他提供完全公平的评价：

"在你我之间,我有一项艰巨的任务。我处于两个脾气截然相反的绅士之间。一个在有些场合太随和、好脾气,另一个在有些场合太固执、太苛刻。一个可能宽容一时的欺诈行为,因为他的漫不经心及非常自信。另一个或许把某件诚实的事情误认为是不诚实的……但我相信,两人都是诚实的人,而且是他们祖国忠诚的朋友。但对我来说形势非常严峻,我不够冷静,不能也不会改变观点以取悦对方。结果很可能是我根本得不到两人的信任。但我仍然与他们友好相处。"

富兰克林难以在早上开始工作。就像他写的《穷理查的历书》的穷理查一样,他极力鼓吹"早起早睡",却很少在早上 10 点之前起床。亚当斯发现,从富兰克林结束早餐之后到他起身前去用中餐之间,他只能接见为数不多的几个访客。吃完中饭,富兰克林通常又要睡一会儿。另一位使节阿瑟·李则根本不可能在早上 11 点之前赶来,即使他的下榻地离办公的地方只有几百米之遥。亚当斯则每天在清晨 5 点钟起床,已经伏案工作了几个小时之后才会见到另外两人。由于没有什么外交性质的工作可做,亚当斯只好负责一些行政性的职责,努力弄清账目、快速答复信件。

虽然工作没有什么意义,但亚当斯的热情丝毫不减。他起草给大陆会议的报告,给大陆会议驻在法国境内的代表发出信件,指令他们定期提交开支账目,提醒他们可能会积债过多、超过可用资金。这些代表动用了大量特使团的经费。他着手处理美国武装民船在海上截获的战利品,而且尽可能地关心如何处置被英军关押的美国俘虏和在公海上被抓、关押在法国的英国俘虏的恼人问题。"我发现,使团的事情永远不会被处理,除非我去做。"亚当斯写道,"我的两个同事在所有事情上都难以达成一致……情况经常是这样的,我起草好文件,公公正正誊写后以备签名,李先生和我都在上面签了名,而我常常还要等好几天,才能获得富兰克林博士对该文件的签名。"

当独自一人时,亚当斯不免心烦意乱、孤单得要命。他离开家已经 3 个多月了,还是没有收到阿比盖尔的信。他为她担忧,渴望见到她。在巴黎的无效又无聊的生活更加加深了他对妻子和祖国的思念。

富兰克林的名望

亚当斯的第一次法国之行,完全可以用新鲜而又无聊来形容。比他先

JOHN ADAMS

到的富兰克林，完全承担了同法国谈判的任务。由于显而易见的原因，知名度极高的富兰克林比任何美洲人都具备同法国讨价还价的资本，这其中自然包括约翰·亚当斯。

在法国，富兰克林永远有着令人嫉妒的特权。那时候，富兰克林所到之处都非常受欢迎，正如亚当斯后来写的那样：他的名字为政府和人民所熟知，为国王、朝臣、贵族、牧师和哲学家所知，为平民百姓所知，到了这样程度，以至于几乎没有任何一个农民或市民、贴身男仆、马车夫或脚夫、夫人的贴身女仆或厨房佣人不熟悉他，不把他看作人类的朋友。当讲到他的时候，他们好像以为他会恢复黄金时代。

在巴黎，街上的人群欢呼他为"好博士"。时髦的妇女们开始穿戴他经常戴着的熊皮帽的各种仿制品。富兰克林的肖像出现在每个地方：印刷品里、奖章上，还有鼻烟盒盖上，使得他的脸，就像富兰克林自己说的那样，好像民间传说和童话里的人物的面孔一样出名。或许，从没有任何一个活人的肖像被如此广泛地以如此多的形式复制过。据说，在一次少见的幽默中，国王自己安排把富兰克林的画像手绘在赛夫勒高级瓷便壶上，以此作为新年惊喜送给宫廷中喜欢富兰克林的一位女士。

这一切得益于他的双重身份。一方面，他是美洲殖民地人民的半官方代理人即具有外交人员的身份。他被视作美国人的代表，宾夕法尼亚荒野来的乡村贤人，从这种身份出发，他致力于弥合英国政府和他自己人民的裂痕，认为联合有助于双方的强大；另一方面，他又是一位哲学家、思想家，因而他习惯于探索并坚持真理。他认为英、美之间应是平等的关系，即均为英王的臣民，绝不应出现一方政府高踞于另一方政府的现象，英国国会无权向殖民地征税。这样，使得英国政府认为他亲美；美洲殖民地认为他太温和，有亲英之嫌。但在法国人的心目中，富兰克林是一个科学家。是他进行电力试验和他所有新奇发明的声誉使他成为那个时代的榜样之一。除了年长的伏尔泰之外，法国人眼里再没有更伟大的人物了。那时候，伏尔泰刚刚结束长年的流亡生活回到巴黎，而且几个月后就去世了。事实是，1778 年最为轰动法国的事件之一就是两人的那次著名的见面。据说，所有亲眼见过那次伟大会晤的人都流下了激动的热泪。

对于富兰克林，到法国的时候，亚当斯对他几乎没有任何怀疑和猜忌，完全相信自己和富兰克林可以像在费城那样合作愉快。毫无疑问，他非常尊敬富兰克林。当富兰克林 1776 年履行其艰难的蒙特利尔远征任务时，亚当斯在私人信件中对詹姆斯·沃伦写道：你知道富兰克林的性格。他精通法语，用法语写了大量信件，他伟大的生活经验、他的智慧、他的谨慎小心、他动人的演讲，加上他对当前美国政治体制和战争毫不动摇的坚定决心，表明他是最适合这项重大任务的人选。

还在哈佛读书、当约翰·温斯罗普的学生时，亚当斯就对身为科学家的富兰克林充满崇敬。即使富兰克林除了发明避雷针外别无所成，亚当斯总喜欢这样说，世界也有足够的理由记住他的名字。在给妻子的信中，亚当斯也认为富兰克林是个"伟大的好人"。即使在后来几年中，当他对富兰克林的看法发生了根本转变，亚当斯仍然对他的天才和才干深表赞赏：他头脑灵活，有幽默感，只要高兴，他脾气和善、为人体贴、令人愉快。他话语中略带讽刺，和蔼而刻薄。他有讽刺、比喻、寓言的才华，他能以娴熟的技巧适应道德和政治的现实的发展。

但时光流逝，几个星期后在帕西，亚当斯与富兰克林相邻而居。亚当斯有机会陪伴富兰克林参加他的社交活动、观察他的日常生活和处世方法后，他却看到了另外一个人。他发现，富兰克林虽然彬彬有礼却为人冷漠，他自由散漫到懒惰的程度，对小事和金钱尤其漫不经心，让人苦恼。年龄显然对此有所影响，他肥胖，腰有些弯，腰腹也变得越发大腹便便。他深受痛风和疖子的折磨，行动缓慢困难，经常觉得疼痛。一连几天，他几乎哪儿也不去。此外，法语有了很大进步的亚当斯进一步认识到，富兰克林法语其实讲得很差，他还假装懂得很多法语，其实不然。"这个好博士"从不在社交聚会上"啰嗦"，哪怕是用母语，坐在巴黎的沙龙里，只是慈祥地旁观，手里拿着一杯香槟，很少说话。当他确实说法语的时候，一个法国官员告诉亚当斯，自己根本听不懂他在说什么。富兰克林毫不为法语语法操心，对于那些崇拜他的法国人来说，他奇怪的发音只不过是使他产生魅力的另一个原因。亚当斯却觉得这很是可恶。虽然亚当斯竭尽全力，但从未在法国社会中觉得挥洒自如。总是感到挥洒自如的富兰克林却从未为此付出过明显的努力。

与这些形成对比的还有他们的经济状况。由于巴黎那令人不可接受的"奢华与靡费"，亚当斯的钱花得很快。他不得不暂时向使团提前支取钱财。而从来就没有为金钱发过愁的富兰克林则生活得像个真正的贵族。在

JOHN ADAMS

巴黎，富兰克林一直住在一个豪华的花园凉亭中，那儿是富丽堂皇的瓦伦蒂诺瓦庄园的一部分。那是一幢有柱子的别墅，耸立在帕西村的高地上，俯瞰着塞纳河，从城里到凡尔赛仅半个小时的路程。这是属于雅克·多纳蒂安·勒雷的物业，他是一个政府承包商，称号肖蒙伯爵。他以前是个贩卖奴隶的商人，似乎对富兰克林无限崇敬。作为肖蒙的客人，富兰克林有9个穿制服的仆人照顾，他还有一个储有1000多瓶葡萄酒的酒窖。

惟一令亚当斯感到欣慰的是，他自己此刻住在文化和艺术的中心。一到巴黎之后，富兰克林就建议亚当斯抽出一些时间游览一下这座城市。住在巴黎市中心，亚当斯比以前更方便地观察这个城市。繁忙的黎塞留大街是城里最时髦的街道之一，而位于黎塞留大街的德瓦卢瓦寓所也是主要住宅楼。德瓦卢瓦寓所附近是皇家花园和杜伊勒利宫，亚当斯经常在花园中散步，有时他也带孩子们到左岸的书店去，欣赏那些大部头的著作。亚当斯曾经还到国王花园一带参观那里著名的博物馆。参观完毕后，亚当斯不禁被博物馆丰富的藏品震惊。他怀疑多长时间美国也不可能有这样规模的藏品。

"这儿的每件东西都能增进理解力、提高品位，事实上，有人认为还能净化心灵。"他这样向阿比盖尔描述巴黎。但这儿也有诱惑。"但请记住，这儿什么都有，会诱惑、背叛、欺骗人们，使人腐化堕落。"关于美国人在欧洲的举止如何，亚当斯也认为是个非常重要的问题。他在观察住在法国的美洲人之后对此解释：一位绅士应该培养自己国家的礼仪而不是欧洲的礼仪。在着装、修饰方面越是果断地遵从男人应有的朴素，在自己的生意和学习上投入得越多、浪费和享受得越少，您就越有可能使自己受到这个国家男女的欢迎。有一种无须夸耀和铺张的礼貌，它在任何地方、任何时候都长盛不衰。有些年轻绅士到欧洲的时候并不这么想，结果却损害了他们祖国的形象，也损害了他们在这儿的形象。

艺术吸引着他，但他意识到这是一个热爱奢华的外国社会的产物，这两者之间的矛盾在他脑中沉重地盘旋着。漫步在巴黎的花园中确实令人喜悦，科学艺术确实迷人，但他还有工作要做，不能辜负公众的热切期望。懂得科学地管理政府是他的职责，掌握谈判的技巧是他必须首先考虑的事。于是，在一段被亚当斯家族广泛引用的预言性文章里，他写道："我必须学习政治和战争，这样我的孩子们才有学习数学和哲学的自由。我的孩子们必须学习数学、哲学、地理、博物学、造船学、航海、商业和农业,这样才能使他们的孩子有权学习绘画、诗歌、音乐、建筑、雕塑、织锦和瓷器等等。"

1778年的夏天,大不列颠在海上袭击了法国船只。美国独立战争引发了欧洲的权力之争,英国和法国再一次争执。糟糕的海洋运输使得亚当斯收不到大陆会议的消息,这和其他问题一样棘手。在理想的航行条件下,即使能逃过海上劫掠,费城来的急件也要6个星期才能抵达巴黎。美国与欧洲之间的遥远距离成为亚当斯开展工作的阻隔,更糟的是一连几个月完全没有任何联络,这使富兰克林和亚当斯在欧洲的所有时间都深受困扰,而且使他们在与欧洲大臣打交道时陷于不利的地步。这些欧洲大臣之间的联系更为密切有效,本来会在一两周内启航前往美国的载有信件的船只经常在港口里停泊几个月。与此形成强烈反差的是,没有任何发往欧洲各宫廷的急件不在10到15天内从巴黎发出,而且最多在同样的时间内就可以收到答复。

7 不公正的待遇
JOHN ADAMS

分歧

就在亚当斯在法国巴黎为美法联盟的建立刻苦工作的时候,华盛顿将军率领着他越来越英勇的部队开始在战场上取得主动。在美洲大陆军的游击战战略之下,英军渐渐陷入了战争的泥沼。1777年12月,萨拉托加大捷的消息传到巴黎,美洲三人使团不仅开始吸引了路易十六的注意力,也吸引了英国方面的注意。已经有人开始对这个与英国对抗的新国度表示敬佩,法国方面也更加开始改善与其之间的关系。这其中,富兰克林受到了最大程度的关注,这得益于他的威望,也部分是因为他的助手——爱德华·班克罗夫特。

富兰克林身边和他最亲近、最值得信任的美国人是爱德华·班克罗夫特医生。他是一个30多岁的新英格兰医生,也是富兰克林在伦敦时交下的几个好友之一。班克罗夫特被使团聘为秘书。他是一个和蔼可亲、多才多艺的人。他爱好广泛，光他自己承认的头衔就有医生、作家、发明家、皇家协会成员等等。他讲得一口流利的法语，是富兰克林身边不可或缺的人。但富兰克林和亚当斯都不知道的是，班克罗夫特也是一个英国间谍。他每年从国王那儿领取的"报酬"总计有500镑。发生在美国使团内或富兰克林和法国外交大臣之间任何重要事情、大陆会议传来的任何重要指示都在几天内为英国内阁所知。班克罗夫特用隐形墨水写就情报，装在瓶子里。一到星期二晚上，他会定期把瓶子放在杜伊勒利花园南面露台上一棵树的树洞里，然后由专门的英国情报员取走。他就这样工作了好几年，其间一直没被发现。

亚当斯凭直觉不喜欢班克罗夫特，认为他爱议论别人长短，而且为人不诚实，有时还利用自己所掌握的内部信息在伦敦股市牟利。亚当斯担心的是，因为懒惰，富兰克林让肖蒙或班克罗夫特做了许多决定。如果说亚当斯对自己在帕西了解的富兰克林逐渐感到失望的话，他也意识到，富兰克林深得法国宫廷的信任，其他美国人根本做不到这一点，因此，所有人都有义务尊重他。无论富兰克林有怎样的缺点、不足，亚当斯从来没有轻视他的声望和威信的价值。亚当斯知道，法国人对这个"好博士"的敬重对美国的事业非常重要。阿瑟·李则与此相反，简直一无是处，只是个累赘。他对法国的厌恶显而易见。"他的长相令人厌恶。"亚当斯后来写道，"他的神态不讨人喜欢……他脾气暴躁乖戾，他对人和事物的判断往往是错误的。"在到法国头9个月里写下的所有信件中，亚当斯从来没有指责过富兰克林；即使有时候他也倾向于支持阿瑟·李，但他总是坚定地拒绝这么做。

当李和富兰克林的矛盾变得不可调和之后，使团内的斗争更恶劣了。"这几个人之间的不坦诚、成见和愤怒让我厌恶得要死。"亚当斯在日记中写道。他仍然相信，他的两个同胞是有荣誉感而且正直的人，但一个变得越来越狡猾、放荡，而另一个脾气乖戾、遮遮掩掩、虚伪狡诈。"美德并不总是使人愉快。"亚当斯总结道。

但在有些方面，李对富兰克林的愤怒之情是有道理的，亚当斯认为，只是他扮演了一个非常糟糕的角色，让富兰克林和法国人对他极其讨厌，法国人不仅不喜欢他，也不信任他，而这甚至更糟糕。

亚当斯感觉自己的角色不比一个小职员好多少，他讨厌为富兰克林做副手。感觉自己已被大陆会议遗忘，他继续繁重的工作：写信、做账、努力通过伦敦的报纸和杂志了解事态进展。敌人的报纸倒是坦率得很，他在其中看到自己被嘲笑成一个可怜的、不合时宜的人。"英国人在数落我，"他向阿比盖尔汇报，"他们用我做文章：狂热盲从者、固执己见者、完美的无足轻重的小人物、不值一提、笨拙的体型、粗俗的着装、不懂谈吐、没有骨气、狡猾固执的律师。其中最大的错误是说我厌恶巴黎人。"

从一封亚当斯写给詹姆斯·沃伦的信看来，亚当斯已经十分看不惯富兰克林放纵、自私的生活方式，这几乎已经超出了他能够忍耐的程度。信中虽然没有提及姓名，但很明显他指的是谁。在这封充满悒郁和讥讽的信中，亚当斯气愤而又诙谐地说道：

"我住的时间越长，见过的知名人士越多，我越渴望做一个普通人。谦虚是永远不能在公众场合存活的美德。谦虚的美德！公众生活中有这样的东西吗？现在这成为某个人的座右铭，他甚至是美德之人，世界按照一个人对自己的敬重程度尊重他……我对如此大胆的话感到惊讶，有些人却因此自命不凡。人必须自我吹嘘——他必须自己写或口述登在报上赞扬自己的文章；他必须盛装打扮、有随行人员和马车侍从；他必须向世界卖弄署有自己名字的作品……他必须被画成肖像、雕成塑像，而且必须雇用所有的艺术家着手创作为他扬名的作品，使乌合之众目瞪口呆，使自己名传千古。"

亚当斯还表达了因为富兰克林而使他和法国政府总是不能和谐共处的无奈：

"不管我怎么不积极地扮演我的角色，不管我犯了什么错误，我所处的愤怒的民族与更激烈的党派之间的局面，是发生在一个人身上的最为奇特与有趣的事情了。对手的愤怒与自然的狂暴，盟国之间的微妙关系与傲慢自大，比这更坏的妒忌与羡慕，朋友与合作者之间的戏谑，将是一个人在品行修养与政治活动中能学到的最有教育意义的课程，这一点早已被报刊所承认了。"

但是，亚当斯笔端倾泻的情绪与他日常工作的精神状态决不能相提并

JOHN ADAMS

论；他在一封信中流露出尖刻、阴郁之情时，同一时期、甚至是同一天里写下的其他信件中却没有任何这样的痕迹。例如，他很少或者说没有写过他和富兰克林怎样一起工作，但他们确实连续几个月密切地一起工作生活，而且做成了许多事。亚当斯和富兰克林一样，认为必须"以绝对的忠诚和谨慎培育"同法国的联盟。但他为太缺乏自信而担忧。

1777年初夏时节，一支法国海军远征队联合美国陆上力量攻击在新港和罗得岛的英军，最终由于舰只数量不够而失败了。当年底消息才传到巴黎。这样一来，亚当斯非常清楚目前的处境，他们需要更多的法国舰只，绝不能再浪费任何时间了。富兰克林对此表示同意，但建议要克制。12月，亚当斯起草了一封给法国外交大臣维尔热纳的信函，语气被富兰克林修改，缓和了许多。这是他们一起完成的最重要的工作。3个代表签名之后，这封信在1779年1月的第一个星期递出。他们在信中称，没有什么比向美国海域"派出一支足够确保海军优势的强大舰队"能更有效地使战争"迅速结束"的了。"这样的海军力量和美国军队一致行动，完全可能攫取并捣毁英国在世界的霸权。"维尔热纳却选择了冷处理。当时，或许那些美国使节并不知道，他正全身心考虑法国入侵英格兰的可能性。

随着时间流逝，亚当斯越来越赞赏这样的观点，即法国对美国的未来至关重要。"在欧洲生活的时间越长，我对我们的事情考虑得越多，"他写道，"在我看来，我们和法国的联盟也变得越来越重要。"但他觉得自己在扮演一个毫无希望的角色。他认为派出3名特使毫无用处。在巴黎待了6个星期后，那时还早在5月21日，他就写信告诉塞缪尔·亚当斯，派一名特使即富兰克林，已经足够了。

就好像是在回应他的想法一样，1778年9月14日，费城大陆会议任命本杰明·富兰克林为出使法王路易十六宫廷的全权公使。3人美国使团因此解散。然而，直到仲冬时候，消息才传到巴黎，而官方急件直到1779年2月12日才到达。这项新安排正如亚当斯建议的那样，而这消息使他感到比任何时候都更不舒服。自从到法国以来，他第一次生病了，患上了重感冒。虽然他已经明确建议，富兰克林是应该被选中的那个，但大陆会议一直有可能会选中自己。阿瑟·李被派往马德里。但大陆会议却忽略了他亚当斯，对他没做任何指示。

这令人不解，谁也不知道具体原因。会议既没有召回他，也没有任命

JOHN ADAMS

他前往新岗位。公报中甚至根本没有提及亚当斯,好像他根本就没去法国。面对如此尴尬的情况,亚当斯自己做出了决定。他写信通知法国方面的维尔热纳说,既然他已经"被恢复了平民身份",他将离开。他递交申请,要求乘下一艘驶往美国的船离开法国。他收到的回复是一封来自凡尔赛的信,一封亚当斯珍惜的信。维尔热纳代表国王,表扬了"您担任使节期间一直坚持的明智举止",还有"您的热情,您一直凭借它推动贵国的事业,加强它和陛下的联盟"。他还给大陆会议写了一封长信,说既然丝毫没有注意到他,他只能告诉大陆会议"我在海洋这边没有更多可做的,我所有的职责都在那一边"。

事实上,他被伤害了而且很愤怒,这也是有理由的。大陆会议对待他实在很不公平,什么也没告诉他,也没有对他的贡献表示感谢。亚当斯觉得自己奇怪地随波逐流,有生以来从没有这样不清楚什么在等待自己。在给詹姆斯·沃伦的信中,他发誓,再也不受智者或傻子摆布了。

1779年,约翰·亚当斯检阅美国军队,当时,法国与英国的战争已经使得美国不可能再采取中立态度了。

JOHN ADAMS

回国

他的情绪陡然跌落。当阿比盖尔写来的一包信件到来时，他的情绪更加低落了，她在信中倾诉自己可怜的孤独，指责他忽视自己。"我周围的所有事情看起来忧郁悲伤，"她写道，"你在航海途中所受之苦比不上完全和你断绝联系后我的痛苦。"亚当斯说，从4月到9月，他给她写了大约50封信。这当然有些夸张，但不管他说有多少，她只收到了两封。"我请求你一次给我多写几封信，你肯定不缺题材。"她说，他的信总是很短，冷冰冰的，非常冷淡。"我，你的好男人，因此将很快出现在你的面前。高兴——我确实高兴——我应该高兴。"他对阿比盖尔宣称，努力往好的方面想。对理查德·亨利·李，他称自己作为平民的新地位"最适合我，而且最令我愉快"。

亚当斯得到了约翰·昆西的支持。他告诉母亲："爸爸很少有时间写信，因为他有那么多其他的事情要考虑，但他从不放过任何一个能够写几行信的机会，你收到它们时却抱怨说，这和他根本不写信一样糟、甚至更糟，收到这样的信真的很伤他的心。"

随着启程日子的临近，他更觉得悲伤。他在凡尔赛宫告别时发现，自己的法语提高很快以至于他能够进行广泛的交流，而且自己想讲多快就有多快。与他渴望回家的愿望一样强烈，他痛恨离开巴黎、痛恨离开法国，以为自己再也不会回来了。"这儿的气候比我们那里的气候更有利于我的身体。"他向阿比盖尔承认。他喜欢这儿的食物和日常礼仪。"这儿有高雅的戏剧、美好的伴侣、经典的书籍，除了家庭和祖国的和平，我别无所求，这使我成了一个最幸福的人。"

1779年3月8日，亚当斯父子在帕西向本杰明·富兰克林和其他人告别，带着仆人斯蒂芬乘坐驿站马车离开，前往布列塔尼港。在位于卢瓦尔河下游的熙熙攘攘的南特港，他们住进旅馆，等待通行证以登上美国三帆快速战舰"联盟"号。时间一天天流逝，一晃一个月过去了，他们仍然没有等到通行证。为了消磨时光，他们经常在城里和河边散步。午后，亚当斯帮儿子翻译西塞罗的作品。

到了8月底，他们上了"联盟"号，却在后来从富兰克林的一封信中得知，命令有变化，这艘船根本就不驶往美国。但是，一艘法国三帆快速战舰"感性"号将前来接他们，船上有法国前往美国的新使节舍瓦利耶·阿内—赛萨尔·吕泽尔恩。富兰克林指示"联盟"号送亚当斯到洛里昂，但到达后，亚当斯发现吕泽尔恩大使被延误了。于是父子俩待在"联盟"号上继续等待下去。

后来的几天里，亚当斯花了相当多的时间和年轻勇敢的苏格兰籍美国海军军官约翰·保罗·琼斯待在一起。他们以前在帕西见过，就海军事务通过信。自从与琼斯待在一起，亚当斯就一直认为，他是美国海军里最有抱负、最引人瞩目的军官。他身上总有些古怪、不合常规之处。这在他的性格之中、从他的眼神流露出来。他声音温柔细小；他的眼光敏锐、野性且柔和。琼斯在历史上最著名的事迹还是那场海战。当时，他在自己的船受伤下沉时，指挥自己的船员爬到对方的船上，并在一场激烈的战斗后彻底占领了对方的船。

此时的亚当斯没有职务、没有工作，家里的来信也迟迟不来，除了等待之外别无选择，这几乎超出了亚当斯的忍耐力。他开始闷闷不乐，认为自己绝不仅仅是凑巧成了牺牲品，琼斯和"那个老巫师"富兰克林是给他带来麻烦的真正原因。他被勒令等待，遭到故意的羞辱。"我的猜测或许是错误的，这或许是对琼和富的中伤，所以我不能谈起这些猜测，但我决心写下我的想法，看看结果究竟如何。"亚当斯在日记中写道。

大部分日子都很愉快地度过了。他经常选择和琼斯一起吃饭，和琼斯及其军官花上几个小时聊天，而且和平常一样，亚当斯因为交谈而感到愉快。直到6月，法国大使吕泽尔恩才到达洛里昂。6月17日，亚当斯和约翰·昆西登上了"感性号"，而且在那天下午他们终于启程离开了法国，当时亚当斯并不知道他有多快才能返回。

在大洋的这边，没有"感性号"抵达的消息。阿比盖尔收到的最近消息是在6月底的时候，那封信是在4月的第一个星期写成的，当时亚当斯正等着乘坐"联盟"号航行。但到了7月中旬，梅西·沃伦传来从詹姆斯·洛弗尔那儿得来的消息，大意是说，大陆会议正在考虑一项给亚当斯的新任命，"似乎没人料到他在回来"。

但一切都还算顺利，1779年8月2日，亚当斯带着儿子回到了家乡。这是一个明媚的夏日，波士顿湾蓝蓝的海水在阳光下闪烁。一切都和去年离开时没什么两样，只是旅人那归家的期盼越来越强烈。亚当斯父子同他们的仆人从"感性"号下来，划着小艇，驶向波士顿海岸的指定地点，那里离他们开始历险的地方并不远，但现在却完全不同。没有人想到他们回来了，海岸空旷无人。他们到家完全出人意料。

正如他一生都在尝试的那样，约翰·亚当斯永远都不能充分地表达他对家庭的眷恋、对妻儿的爱恋。自从战争爆发就远离家门使他的这种感情更为强烈。"我难以表达我的热情，我是你的。"他在一封给阿比盖尔的信的最后这样写道。终于，这两个人不用再给彼此写信了。他们又在一起了，而他们的家庭再没有比现在更快乐的了。

短暂的相聚

亚当斯难以形容回到家乡时的心情，他太渴望回到这片土地上了。亚当斯表示，自己喜欢彭斯山附近的家居生活，胜过任何自己所知的其他事情，他说，这儿，只有这儿有他想要的一切。虽然与英国的战争使每个人心情沉重。物资匮乏、货币"惊人的贬值"、奸商，还有对战争不断的担忧和仇视，所有这些都无处不在。但是与妻子儿女在一起，亚当斯感觉自己活得"从没有如此快乐"。3个和他们母亲住在一起的孩子全都长大了。他们全都有话要告诉他，围着他要他讲自己的旅行、他所看到的景象。他们没日没夜地聊着，而且约翰·亚当斯驾驭法语的娴熟无疑令所有人吃惊。

夏季农场正处于农忙高峰时期，约翰和阿比盖尔一起走在他们的田间，他因为脚下又踩着家里的土地而高兴，高兴地看见她管理下的所有事情。坚强的阿比盖尔把家里打理得井井有条，她甚至把亚当斯从法国捎回来的那些商品卖了个好价钱。新的生活开始了，亚当斯又过起了每天有高度苹果酒，还有从菜园里摘来的新鲜蔬菜的生活。一切既熟悉而又令人激动。自从为大陆会议服务以来，亚当斯有好几年没好好在家住过了。他有太多亲戚和老朋友要见。邻居们也热烈欢迎他的归来，他们都以能和这样一位为美洲做出巨大贡献的人为邻感到骄傲。亚当斯闲暇下来，就和阿比盖尔一起翻越彭斯山，探望她居住在韦茅斯牧师公馆的父亲。

战场上传来的消息并不鼓舞人心。1778年春天，华盛顿的军队在过去的冬天里经受住了英军挑战，向人们展示了更强大、更有纪律的部队形象。1778年6月，华盛顿在新泽西的蒙茅斯对撤出费城的英军发起袭击。这一场战役过后，原来最悲观的人也认为之前所谓的"乌合之众"被证明

JOHN ADAMS

第三章 独立

有能力击败自我吹嘘的英军。那之后,双方又都回到了他们先前驻扎的地方:英军占领着纽约,美军在城外坚守。法国和美国那个夏天在新港军事行动失败后,战事好像陷入了僵局。重心转移到法国和英国在西印度群岛海面上的海军冲突和英国对南方的袭击。没人知道,也没有任何迹象能预言这场斗争的结局。

8月的最后一个星期,亚当斯到哈佛出席了为法国大使吕泽尔恩爵士举办的晚宴。晚宴的地点是哈佛礼堂的哲学厅,这儿是亚当斯最敬爱的教授温斯罗普以前的阅览室。亚当斯告诉他的晚宴朋友,自己梦想在波士顿建立一个"艺术科学会",与费城的"美国哲学会"相对应。这个想法被热情地采纳了。不到一年,"美国艺术科学学会"就成立了。这次晚宴和谈话也启发他写下了有关教育的那段话,特别是他把博物学包括了进去。

亚当斯回家还不到一星期,布伦特里又选他为镇上派往州制宪会议的代表,并且负责州新宪法的制定工作。那时候还没有全国性的宪法,每个州选择什么形式的政府是件非常重要的事。

这是熟悉又光荣的任务,亚当斯愉快地接受了这个职位,立即开始做准备。9月1日,亚当斯动身前往坎布里奇,到达位于哈佛的第一教堂,那里聚集了250多名代表。几天后,他被选作起草委员会的成员之一。9月13日,在波士顿又选出了一个只有3名成员的小组委员会。这3名成员毫无意外地由约翰·亚当斯、塞缪尔·亚当斯和制宪会议主席詹姆斯·鲍登当选,其中,亚当斯成为起草州宪法的人。这是他一个人的工作,如果他曾经有机会担任一个他完全胜任的职务,那就是这项工作。在这项工作中,他集中展现了他的许多突出能力:灵敏的法律头脑、超强的语言文字能力、他对政府的广博知识、他的广泛阅读和大量写作,现在都能用来完成这项崇高的使命。

这段时间他感觉好极了。他回到了思念已久的家,恢复了精力,家里、镇上其他人和其他代表给予他的荣誉鼓舞着他。他能够在家里熟悉的环境中工作,他的书籍和文件就在旁边,而且有阿比盖尔一直在身边,这对他是最重要的。他能为马萨诸塞人努力工作非常重要。

从9月初开始,一直到1779年10月30日——他44岁生日时,为制宪会议印制的副本才完全准备好。其间,亚当斯经常黑白颠倒地工作,熬夜成了家常便饭。草案最终被命名为《马萨诸塞联邦宪法暨政府形式》。

JOHN ADAMS

亚当斯选择了"联邦"这个词，而不是弗吉尼亚所用的"州"，这是他自己做出的决定，没人对此表示质疑，文章开篇就奠定贯穿了全文的绝对清晰语调和高尚思想，在《前言》也是宪法新有的特征中，肯定了他以前的理想，即全体幸福基于社会契约之上：

> "政府的建立、维持和管理是为了保证国家的存在，保证国家的安全，以及给予其国民享受的权利、安全宁静的权利、他们天生的权利和幸福的生活。不论何时，只要这些目标没有实现，人民就有权重组政府，为他们的安全、幸福和繁荣采取必要的措施。国家由自愿的个人结合而成。这是一个社会契约，凭借这个契约，全体人民与每个公民立约，每个公民与全体人民立约，约定为了全体的幸福，所有人都受一定法律的约束。"

在一条旨在防止形成世袭君主制的条款中，亚当斯对弗吉尼亚宪法中的相关条款做了扩充，他写道：

> "除了为公众服务之外，没有人、没有社团组织有权获得便利或者是有别于社会大众的特别的、独有的特权……认为有人生来是地方长官、法律制定者或者是法官的想法荒谬而有悖自然的。立法、行政和司法权必须交由独立的部门，以达到这是个法治而非人治的政府的目标。"

另外，在这本《马萨诸塞联邦宪法》中，有一段的标题是"鼓励文学创作，等等"，在此之前或之后写下的任何宪法中都没有这样的话。虽然以前的宪法从未提过，但亚当斯宣称，政府不仅有"义务"提供教育，还要"珍惜"文学和科学的影响——事实上，包括艺术、商业、贸易、制造业和博物学在内的所有学科。这完全是亚当斯自己的创造，是对马萨诸塞州宪法富有创意的贡献，是独具新意的天才构想。这也宣告了他对教育是良性社会基础的信念，这也是他的清教徒祖先永恒的信念。人民的权力和自由的生存依靠智慧、知识和美德在所有人之间的传播。

> "要保障人民的权利和自由，必须使他们具有智慧、知识和美德，而这依赖于在全国各地和各阶层之间受教育机会的广泛性，在国家今后一段时期，这将是立法者和管理者的职责，他们

必须重视文学和科学及其发源地,特别应重视坎布里奇的大学、公共学校及城镇上的语法学校;鼓励创办私人社团和出版机构,为促进农业、艺术、科学、商业、贸易、制造业和这个国家的博物学提供奖励、免除负担;在他们的日常事务中支持灌输仁慈博爱、公共和私人慈善事业、勤俭节约和诚实守时的观念,向人民灌输真诚、好脾气和所有热爱社会和慷慨的感情。"

最后,制宪会议几乎完全通过了他拟定的草案,只有一两处明显的修改。实践证明,他撰写了美国革命中最伟大、不朽的文件之一。到今天,《马萨诸塞联邦宪法》仍然是世界上还在使用的最古老的成文宪法。

在法国经历了沮丧和失望之后,这样让他能够重新散发光彩的机会简直是天赐良机。或许,如果在法国没有那些艰难时光、没有失败感,他现在就不会表现得这么好。无论如何,这次努力的结果是亚当斯一生中最令人羡慕、最经得起考验的成就。

8 荷兰人的贷款
JOHN ADAMS

再赴法兰西

到了10月,刚刚从失望和紧张中恢复过来的亚当斯接到了大陆会议的来信:几乎是毫无征兆的,亚当斯将作为全权大使重返法国,和英国商谈和平、商业条约。这是一个他没料到的职位。这个决定事实上是一致通过的。"总而言之,我相信,大陆会议对你的人格的尊敬是美国绅士中最高的。"埃尔布里奇·格里写道,再没什么比这更能令亚当斯高兴的了。事实也确实如此,亚当斯接到任命后,在第一时间就把自己在法国受到的不公正待遇忘得干干净净。他太渴望为国家工作了,特别是在法国为国家服务。

在一封贺信中,亨利·劳伦斯极力为亚当斯曾遭到的大陆会议的不公平待遇道歉,正如劳伦斯所说的"被无褒无贬地解职了",但劳伦斯恳请他为了国家接受这项任命。吕泽尔也主动表示,返航的"感性"号可以捎

JOHN ADAMS

第三章 独立

约翰·亚当斯全身像

他一程。在波士顿港整修之后，"感性"号很快就要启航。亚当斯马上做出决定，他要再度踏上旅程。

与上次的原因一样，阿比盖尔还是得留下来。但这一次，9岁的查尔斯要和父亲一起走，还有约翰·昆西。约翰·昆西一开始表示反对，说他更愿留在家中，准备考他父亲曾经上过的哈佛。但母亲却不认为这是适合的时机，她建议儿子应该继续出去游历。在一封衷心祝福的道别信中，她以这种经历里蕴藏的巨大机遇说服了他，她把明智的旅行者比作一条河流，水量越大，离开源头越远。"我的儿子，由于在父母慈祥的看护下，你养尊处优，但你应该显出和优势相匹敌的提高和进步。"

除了自己的家人之外，弗朗西斯·达纳也一起同行，亚当斯的私人秘书约翰·撒克斯特同时兼任孩子们的老师。此外还有两个仆人，这样，他们一行共7人。再没有什么职位比和谈使者更让亚当斯想出任的了，亚当斯写信告诉吕泽尔恩，但是还有一丝谨慎："哎呀！想到这份差事的重要性、微妙性、复杂性和危险性，我就觉得自己很不称职。"

亚当斯没有幻想过和平近在咫尺或者是自己有捷径可走。如他在信中坦白告诉大陆会议新主席塞缪尔·亨廷顿的那样，因为这么多事都与此相关，他现在甚至比第一次去法国时感觉更痛苦。这样，回家3个多月后，亚当斯又在横渡大西洋的路上了。风向很好，他11月15日在"感性"号的甲板上写道。孩子们在这儿表现得很好，他宽慰他们的母亲说，她的"面目清秀的"查尔斯"像石英一样坚强"，"能像小说主人公一样讲法语"，"他是个令人高兴的小伙子，我非常爱他"。

就像上一次赴法的旅程一样，亚当斯一行仍然遭遇了太多想不到的磨难，甚至比1778年的那次更加好事多磨。他们离开波士顿才两天，"感性"号就遇上了猛烈的东北风，船出现了一条裂缝。在修补无济于事的情况下，船员们只好用抽水机昼夜不停地抽水，但漏水的情况却一天比一天恶化。

好在洋面上一直没看见英军巡洋舰的踪影，对亚当斯来说，那是比暴风雨可怕百倍的最坏的恶魔。第二个星期，"感性"号又遭遇强风暴，海面澎湃起伏，西北风一直吹个不停。在狂风呼啸中，"感性"号只能挂着前桅帆艰难地前进。"一阵非常猛烈的大风"，亚当斯写道，为了做记录，他不得不手脚并用趴在舱房的地板上。

风暴过去后，船体的泄漏情况再次加重，必须用两台抽水机日夜不停地工作。所有人都参加了这项持续不断的工作，其中也有乘客，包括约翰·昆西。情况令人担忧。如果遇到另一场风暴或遇到敌人，船长解释说，他们根本没机会脱身。惟一的办法是在最近的港口停靠，向西班牙前进，"谨慎地张开这艘船能够承受的所有的帆"。

1779年12月8日清晨，实在无法坚持的"感性"号抵达了位于西班牙西北角的埃尔费罗尔。这是比任何人们想象得到的港口都要近的停靠点。在埃尔费罗尔下锚后半小时，抽水机一停下来，船舱里的积水就让人瞠目结舌。"我们又一次死里逃生"，亚当斯在海岸上这样开始一封给阿比盖尔的信。"再来一次风暴就很可能让我们葬身海底"，约翰·昆西告诉母亲时补充说。

考虑到船舶修理需要连续几星期，亚当斯要求开始办理陆路通过手续。他不愿意就这样被动等待。周围有人劝他正视糟糕的天气和崎岖的陆路，但他不能容忍像以前在法国那样静静等候，听任环境和被别人的安排所控制。他决意要走，有关困难的话对他几乎没有作用。事实上，对于亚当斯这种性格的人，这样的话只会促成他做出决定。

从他们登陆的地方到巴黎，足足有 1000 英里远。他们要穿过西班牙东部、翻越比利牛斯山脉到达法国边境。这几乎是最难走的路途之一，亚当斯被警告说，在冬天尤其如此。但"天气、道路和住宿条件如此不利，人们认为我不可能在 30 天内到达巴黎"，他写信向大陆会议主席塞缪尔·亨廷顿解释，"但如果等这艘三帆快速战舰修好，那可能要更长的时间。所以，我决心充分利用陆路"。

12 月 15 日天一亮，亚当斯、他的儿子、弗朗西斯·达纳、约翰·撒克斯特、仆人、西班牙向导，还有两个"感性"号上的美国人一起出发了。他们骑在骨瘦如柴的骡子上，约翰·撒克斯特指出，这看上去就像《堂吉诃德》中的场景，而后来证明，这次旅行确实是堂吉诃德式的。也许有人会注意到，历史上没有几个人能愿意在冬天翻越比利牛斯山，并且这个人还是地位很高的人。

旅途开始之前，亚当斯就已经精疲力竭。从登陆以来的那个星期开始，他几乎没有一夜睡着过，跳蚤和臭虫的骚扰如此厉害，他称它们是西班牙的"休息的敌人"。他们在拉科鲁尼亚购买给养。三辆古老的大篷车——笨重、颜色鲜亮的两轮马车——也加入了他们的车队。它们的皮椅撕裂了，破损的马具用绳子和麻线连起来，这些马车由脖上挂着叮当作响的铃铛的骡子拉着，更显得不同寻常。从拉科鲁尼亚开始，他们沿途经过曾经是加利西亚王国都城的贝坦索斯、卢戈、阿斯托加、布尔戈和比尔巴鄂。"这儿有我所见过的最多的狂野、不规则的山脉。"亚当斯写道。但道路比他想象的还要糟，布满石头、险象环生，因此他们在旅行途中大部分时候都必须步行。

"今天没什么值得写的，除了一直爬山。"约翰·昆西在 12 月 31 日写道。还有一天，他们走的路"几乎是垂直的"。在父亲的鼓励下，这个男孩开始记日记，这成了一项他终身坚持、持续 68 年的习惯。

虽然路途艰辛，但更加令亚当斯感到难过的还是他的沿途所见。西班牙人的悲惨处境令他感到非常震惊。"路边客栈肮脏不洁，厨房和马厩的每个地方都弥漫着烟雾，房间里也烟雾缭绕……让人难以看清楚东西，呼吸困难，"亚当斯在一家客栈写道，"骡子、猪、家禽和人住在一起。"亚当斯这样描述那一晚的住所。所到之处，他都会看见贫穷和悲惨，人们衣衫褴褛。"除了教堂没什么能看得上眼的建筑,除了教士就没有胖人了。"他难过地写道。

有些天下雨、起雾,有时还下雪,山势无止境地增高,山峦就像"起伏的海面"。孩子们因为着凉而生病。弗朗西斯·达纳病得如此厉害,以至于人们怀疑他是否还能继续旅行。"我们一边走一边喘,打着喷嚏,咳嗽,好像更应该上医院而不是住路边客栈。"亚当斯写道,他自己也变得筋疲力尽。这是他经历过的最糟的情况,他在日记中愤怒地写道。在一封从毕尔巴鄂寄给阿比盖尔的信中他承认,选择陆路是自己犯下的大错。

尽管当时西班牙宫廷根本没兴趣承认美利坚合众国的独立,但他们沿途还是受到了热烈欢迎。作为法国的同盟军,西班牙已经参加了对英国的战争,因此,在经过一座座城镇时,亚当斯及其同伴遇到的殷勤接待和友好欢迎仍是其他政府代表未曾有过的,他本人骄傲地描述了这些场景。

在一个月之后,亚当斯一行终于在1780年1月的第二个星期跨过了位于圣强德卢兹的边界,在天黑前到达了巴约纳。离开了西班牙,他们信心大增,继续乘着驿马车前进,几天后就到了波尔多。他们不顾大雾和结冰路面的阻挠,在2月9日抵达了巴黎。虽然旅途使所有人都很疲劳,但大家还处于"尚好的"健康状况。当时离他们从埃尔费罗尔出发已经过去了近两个月,3个月前他们启航离开了波士顿。一封充满担忧的阿比盖尔的来信已经在黎塞留大街的德瓦卢瓦寓所等着他,亚当斯打算这次住在这里。

到达巴黎之后,亚当斯一点时间都没耽误,第二天一早就给孩子们在位于帕西的住宿学校报了名,接着去拜访富兰克林。紧接着,在富兰克林和弗朗西斯·达纳的陪伴下,亚当斯在凡尔赛宫"有幸谒见"年长的法国首相让—弗雷德里克·费利波·德莫勒帕。亚当斯还要会见法国海军大臣加布里埃尔·萨尔迪纳,以及非常重要的外交大臣维尔热纳伯爵。

根据富兰克林的估计,法国宫廷对美国事业的"倾向"再有利不过了。第一次讨论结束后,亚当斯对此的看法甚至更为乐观。在一封给大陆会议的信中,他重点指出,自己从来没有听过这位法国外交大臣表态"如此坦率、明白、坚决"。最令人鼓舞的是,他们谈到了法国的海军支持,就自己听到的所有内容而言,他变得更加乐观了。法国最大的舰队还在准备航行。罗尚博将军指挥的4000多名士兵很快也要出发。

JOHN ADAMS

"现在看来，法国宫廷每天都越来越相信这项好决策，而事实这正是精力充沛地投入美国战争所需要的。"亚当斯告诉詹姆斯·沃伦，"他们因此做了大量准备，决心在战争中保持明显优势。"

令人恼火的是，维尔热纳对亚当斯的使命表现出明显的不悦。亚当斯主动写了一封信解释，说自己被大陆会议选为全权公使，负责与大不列颠协商和平协议和商业条约。大陆会议希望，为了节约时间，必须有一位得到授权的美国特使待在欧洲，以便有可能实现和平的时候能与其他强国的大臣们谈判。更重要的是，大陆会议和他都希望，没咨询过路易十六陛下的大臣们的意见之前，不采取任何行动。

在2月15日的回信中，维尔热纳坚持说，由吕泽尔恩接任的法国驻美大使康拉德·杰勒德回到巴黎、解释清楚大陆会议给亚当斯的指示之前，他对此无话可说。与此同时，亚当斯被告知："为了谨慎起见，你应该隐瞒自己的最终身份，而且最重要的是，有必要保持警惕，保证你的使命不为英国宫廷所知。"

亚当斯非常惊讶，觉得自己被深深地侮辱了。他解释说，自己所受指示与杰勒德无关。令人难以想象的是，英国还不知道他此行的真正目的。伦敦的报纸已经报道了他到欧洲的消息，还报道说，他来"听取并接受任何"来自英国的"和平建议"。"维尔热纳伯爵在（向英国）传达我的权力时表现出的微妙方式和我的思维方式不太协调。"亚当斯写信告诉大陆会议，如果能够自由地根据自己的判断行事，他会采取"更为大胆的计划"。但在这个法国外交大臣的指示面前，他几乎没能做什么。对此，富兰克林没有表示要提供帮助，亚当斯也没有提出过要求。就像3人使团的时光重现一样，亚当斯满怀希望地来临，却又一次在欧洲闲着无事可做。虽然没有大陆会议的消息，亚当斯仍然决心使自己有所作为。如果没有别的事可做的话，他还能写作——亚当斯总是在写作。别的人或许会放松一下、等待良机，正如别的人会在埃尔费罗尔等待修理船只，而不是奋力走向西班牙的山脉。

以笔为枪

在弗朗西斯·达纳和约翰·撒克斯特的帮助下，亚当斯抛开受冷落的现实，决心增加欧洲人对美国事业的了解。他写了大量信件、报告和供报纸刊用的文章。在维尔热纳的准许下，亚当斯成立了自己的信息及宣传办公室。他开始给一家名叫《法兰西水星》的周刊提供匿名稿件，另外，亚当斯还专门为英国新闻界写文章，交由一个在伦敦的叫埃德蒙·詹宁斯的人投稿。

在做这些的同时，亚当斯又开始持续不断地给大陆会议写信，即使寄出 46 封信后还没有收到回音，他仍然一直写信。"我到巴黎以来给大陆会议写的信比革命（开始）以来他们从欧洲收到的所有信件还要多。"他毫不夸张地告诉埃尔布里奇·格里。形成鲜明对比的是，富兰克林几乎没给大陆会议写过一个字。在他同大陆会议成员的大量通信及他个人的作品中，亚当斯对富兰克林没说过一句抱怨或不尊重的话，也绝没有一年前他所表现过的蔑视。到 7 月底，亚当斯已经写了不下 59 封信。他认为，这比大陆会议想要的还多，但他不知道，大陆会议是否确实收到了这些信。"我如此专心于写信给费城，以至于没能像我希望的那样给你写信。"他告诉阿比盖尔，他已经给她写了 20 多封信。然而，像以前一样，亚当斯不愿对她表白自己的爱意，虽然他发自内心地写道："愿上天保佑，你我晚年能够享受安宁，不再为有关战争和政治的担心所烦扰——而且特别要分享最甜蜜的回忆，即在整个伟大和恐怖事情发生的过程中，我们没有因为野心、虚荣，或者是卑鄙的动机和肮脏的热情而远离了我们的责任和良心。让我们有足够的抱负保持我们的朴素、勤俭和正直，把这些美德作为最有价值的财产传给我们的孩子。"

在妻子的提醒下，他尽可能多地去学校看望自己的孩子们，而且尽量关注他们在学校中的进展。当他看到约翰·昆西潦草书写的一份所修课程单时，他劝告约翰·昆西说，"你的手能更稳一些吗？"亚当斯教导说，学会好好写字非常重要。约翰·昆西来第二封信时，他认真地在铅笔划线的纸上写字，亚当斯立即回信加以表扬，说自己对此非常高兴。但在信件的最后，他忍不住又给了更多的建议，他告诉约翰·昆西，不要浪费时间学写手写花体字："如果没有极熟练的技巧，这种装饰还不如没有。"亚当斯用朴素的字体写道。

财政问题

尽管亚当斯只是在做如此无关紧要的工作，但接下来发生的一系列事

JOHN ADAMS

情还是使他与维尔热纳、富兰克林之间的矛盾达到了顶点。维尔热纳一直不希望亚当斯留在法国，他虽然没有办法控制亚当斯，但他一直希望挤走亚当斯。1780年3月18日，为了竭力阻止猖獗的通货膨胀，大陆会议通过决议，同意美元贬值。6月16日，就像例行公事一样，亚当斯给维尔热纳寄去了来自美国的最新消息，这次是有关美国货币的消息。在6月21日的一封官方信件中，维尔热纳告诉亚当斯，除非给予法国商人特殊待遇，否则法国反对对美元重新估价。他称这项措施是因为美国方面没有信誉，这将会对联盟造成严重后果。他还呼吁亚当斯要求大陆会议"收回它的决定，公平对待国王的臣民"。

也在这时，富兰克林和亚当斯之间发生了误会，事情是由亚当斯引起的。1779年，亚当斯返回美国后，弗尔仁尼通过杰拉尔德建议大陆会议派一个和平使团到法国来，并且特别指名希望派亚当斯担当此任。然而，亚当斯次年2月赴法任职时，弗尔仁尼又被他的行事方式和态度所激怒，不愿意再和他打交道。对此，亚当斯却归罪于富兰克林，并且更加相信法国有其自私的目的，想要延长战争以从中获利，而不考虑美国的利益。亚当斯认为富兰克林对法国是卑躬屈膝。

实际上，富兰克林一向主张在外交上应自主自立，不依赖于其他国家。但对于给予美国巨大帮助的法国，他始终是尊敬和怀有感情的。事实上，数以百万法郎的巨额贷款能以强硬的态度取得，是不可想象的。至于法国的私利，富兰克林清楚地知道法国有它自己的利益需要考虑，但只要这些利益在总体上和美国一致，那就没有理由不和它以良好的关系来处理外交事务。

没有维尔热纳和富兰克林的支持或体谅，亚当斯在巴黎开始站不住脚。他渴望事情出现变化，最关键的是，他渴望有所成就，并很快动身前往阿姆斯特丹。这次冒险旅行完全是他自己造成的。他只作为一名平民前往荷兰，没有职权。亚当斯告诉富兰克林，自己要去荷兰看看"有什么可做，使我们不那么依赖法国"。这不是他自己的主意，也没有同美国人的意图相抵触。一直以来，大陆会议和巴黎就在探讨向荷兰共和国寻求财政帮助的前景。

法国卷入美国战争之前，荷兰就已经大规模地偷偷向美国运输武器。在这项贸易中，荷兰商人比他们的法国同行赢利更多。因此，人们有理由相信这样的前景，即能从荷兰那儿弄到钱。甚至早在亚当斯第一次出使法国之前，大陆会议就在考虑派一个使节前往荷兰。荷兰，它通常被人们用来代表"尼德兰七省"（荷兰是其中最富裕、人口最多的一个省）的名字。这个袖珍的、坚强不屈的共和国 1648 年正式从西班牙的统治下赢得了独立，这对美国人特别有吸引力。与合众国一样，荷兰共和国在战争中诞生，而且一个多世纪来，一直在欧洲两个长期敌对的强国——法国和英国之间生存和繁荣。亚当斯把它比喻成一只青蛙，在两头打斗的公牛腿下蹦来蹦去。持续了 80 多年的战争和停战之后，荷兰得到了巨大的发展。在到达巴黎的头几个月里，亚当斯就报告说，荷兰对美国的友谊比人们普遍想象的要多。在他以和谈使者身份第二次出使欧洲前，大陆会议似乎又讨论要委派给他向法国寻求贷款的额外任务。但大陆会议得出结论，认为一项"清楚的任命"更有意义，因此任命大陆会议前任主席、南卡罗莱纳州的亨利·劳伦斯前往荷兰，寻求一笔 1000 万美元的贷款。但在后来的几个月里，劳伦斯一直不能出发，直到 1780 年夏天才动身。

亚当斯一直对荷兰很感兴趣，他推测，现在向荷兰寻求财政援助的时机再好不过了。他试图说服富兰克林和维尔热纳，有必要对荷兰进行调查，但没有成功。直到与亚当斯的紧张关系达到即将破裂的关头时，维尔热纳才勉强同意业当斯的计划，给他办理了必要的护照，为摆脱他松了一口气。碰巧的是，他根本没有意识到，大陆会议在 7 月份决定，亨利·劳伦斯到达之前，他应该进行这样的调查。其后发展的事情验证了会议的先见之明，亚当斯在第二年接任了驻荷兰的全权大使一职。

亚当斯决定马上动身，他让孩子们离开了帕西的学校，1780 年 7 月 27 日，在仆人斯蒂芬斯的陪同下，他们上路了，乘坐着马车向北而行。他们在通往孔皮埃涅和瓦朗西安的宽敞道路上快速前进，沿途经过亚当斯生平见过的最肥沃的农场，当时正值法国盛夏农作物的生长旺季。这个布伦特里来的农场主高兴地东张西望。

孩子们也是兴高采烈的，太长时间没与敬爱的父亲在一起，如今离开学校又重新和父亲一起游历，他们的情绪与父亲一样高涨。"我们经过了蒙斯，这是个城市，是个很漂亮的城市，"13 岁的约翰·昆西写道，"我有生以来没有见过比这更美的城市。"他们经过了布鲁塞尔和安特卫普。从鹿特丹出发，他们乘坐由马匹拉纤的船只，沿着运河到了代尔夫特，然后是荷兰政府所在地海牙。在他们去阿姆斯特丹的那天晚上，两边河岸上的大风车磨坊的巨大帆布帆转个不停，这是他们从未见过的奇观。

真正到了荷兰，亚当斯发现这是他见过的与法国最不一样的国家。在这里，有着太多与欧洲内陆国家不同的地方。

9 不辱使命
JOHN ADAMS

风车国度

如果追溯历史，荷兰应该在约翰·亚当斯的心中有一些亲切感。荷兰的居民主要是新教徒，它以其宽容著称，因为当地给予上千名欧洲犹太人、法国胡格诺派教徒和其他基督教教派成员宗教自由的权利。英国分离主义者17世纪时也在此避难，启程前往马萨诸塞之前，他们在莱顿居住了12年。亚当斯的祖先在来到美洲大陆之前，也毫不例外地在这儿暂居过。

17世纪是荷兰人的黄金时代。在历史上最惊人的商业蓬勃发展高潮时期之一，他们成为世界上最伟大的贸易之国，荷兰人是世界一流的造船专家和地图绘制者。阿姆斯特丹是欧洲最繁忙的港口，是世界上最富裕的城市。因为他们拥有大笔的财富，荷兰人成了欧洲的债权人。

在艺术和文学方面，荷兰也是名人辈出，被欧洲的文化艺术界所倾慕。伦勃朗、弗美尔、约斯特·范德冯德尔、斯宾诺莎都是一代大师。在17世纪的荷兰自由气氛下，法国哲学家莱思·笛卡尔在这里政治避难，自由发表著作。约翰·洛克在阿姆斯特丹避难的时候也发表了他的一些早期作品。亚当斯、杰斐逊和其他美国爱国者从他那儿深受启发。亚当斯到达阿姆斯特丹时，荷兰的黄金时代早就过去了。人们公认荷兰的海上霸权和威望已经在"衰退"，但荷兰的商业兴隆，到访的人们都惊叹于荷兰的全面繁荣，巨大的港口聚集着大量船只，阿姆斯特丹仍然是欧洲的商业中心。

"一眼望去都是桅杆和风帆，"一个英国游客写道，"钟声敲响，每个小时都有船只离港。"亚当斯发现这个城市非常拥挤，在这儿还能见到许多外国人：法国人、英国人、美国人，还有商业代理、船长、记者、游客和间谍。在烟雾缭绕的咖啡屋里，荷兰商人和银行家们喝着咖啡、抽着陶制烟斗，一聊就是好几个小时。谈话开放热烈，在这种气氛之下，亚当斯自然会坐下。

阿姆斯特丹城有着宽阔的运河，运河两边种有树木。两岸一排排雅致的砖砌运河屋更能显示当地居民的富裕。这些建筑物有四五层高，都是荷兰风格，都有梯形或钟型的山墙，还有用荷兰平板玻璃制成的高大、闪闪发光的窗户，非常独特。数百栋有钱人的豪宅排列在绅士运河和皇帝运河岸边，与欧洲任何大城市的豪宅不相上下。除了优雅的外观，房子里的室内装饰和家具也令人大开眼界，大理石地板、陶瓷器、皮革做封面的书籍、地图，还有这些商人自己和他们黄金时代的祖先们镶在黑檀木框中的巨幅肖像，显示出其主人世代积累的财富和至高无上的地位。

所有这一切，都是荷兰人在和大海反复搏斗后才取得的。荷兰一直面临着北海的威胁，由于地处低地，荷兰人不得不向大海索要土地。为对付水患、排干土地、拦住大海，荷兰人设计、建造了真正的奇观，表现出了非凡才智。单是阿姆斯特丹就有500多座桥梁横跨在它的运河网上。城市里数不清的运河、桥梁、水坝、堤防、水闸和风车，一切都是为了防止水患。这一切使所有第一次到访者肃然起敬。这个城市的市政厅，一幢由石料建成的巨型建筑，耸立在13659根木桩上。虽然凌空而建，却显得无比稳健和安全。

阿姆斯特丹通常被人们形容为"北部威尼斯"，但它没有威尼斯的宏伟建筑，还不得不屈从于北海地区阴冷的冬天。在夏末的时候，即亚当斯抵达的时候，大部分运河都散发出腐臭的味道。事实上，人们一致认为，荷兰的气候对健康非常不利。"阿姆斯特丹热"是众所周知的致命疾病。据说，外地人在这儿待的时间一长就会染上这种疾病。由于城里有很多英国人，亚当斯因此担心可能有许多英国间谍。法国发生的间谍事件让他心有余悸，所以为自己和孩子们寻找住处时，亚当斯选中了一个老年寡妇开办的简陋寓所。为了了解自己所处地方的情况，他出去四处走走，在运河边散步，研究建筑物，绕着整个城市步行，和人们相遇，很高兴自己又开始做有价值的工作。在亚当斯的一生中，有明确目标的日子总是亚当斯最高兴的时候。

"爸爸出去了"，"爸爸出去吃饭了"，"爸爸出去散步了"，约翰·昆西

JOHN ADAMS

记录道。亚当斯谁都不认识，但在他和几个主要银行家——亨里克·霍夫特和扬·德纽夫维尔父子、雅各布·范斯塔普霍斯特以及尼古拉斯·范斯塔普霍斯特见面之后，谈及自己的所见所闻，他变得非常乐观。得到"相当可观的"贷款完全可能，他把这消息告诉了大陆会议。更重要的是，谈及搜集和传播消息，欧洲再没有比这儿更好的地方了。

在给阿比盖尔的一封兴高采烈的信中，他称荷兰为"世界上最大的珍品"。他怀疑，是否有任何欧洲国家"比荷兰更值得尊重，就比例而言"。他们的勤俭节约应该成为全世界学习的典范。他们没有邻国那么野心勃勃，他指的是在征服欲和军事扩张方面。他也不觉得他们非常贪财。而且他认为，他们将知识和艺术发展到如此伟大的地步，他惟一忧虑是这儿的空气"不是那么有利健康"，和法国有所不同。

9月16日，弗朗西斯·达纳从巴黎赶来。他带来消息说，大陆会议颁布命令，亨利·劳伦斯赴任之前，由亚当斯向荷兰寻求贷款。亚当斯因此通知约翰·撒克斯特，收拾在巴黎旅馆的所有行李，立即赶来协助他工作。约翰·昆西和约翰·查尔斯在阿姆斯特丹著名的拉丁文法学校注册，亚当斯开始了工作。几乎没用多少时间，他就在新闻界、知识分子圈和金融圈里结交了大量的朋友。亚当斯说，其中很多是犹太人，他们是所有人中最开放、最宽容的。

说服

从1781年2月到3月，亚当斯不顾恶劣气候积极活动。他有和凡尔赛宫格格不入的精力、热情、顽强决心，还有他的理想主义和品质现在都能得以应用。他在阿姆斯特丹、莱顿和海牙之间来回旅行，尽可能多地同他的荷兰朋友联系、协商。问题又一次出现了，就像在巴黎一样，何时是宣布他的新职务的最佳时机。

有人建议说，就他的新职位而言，他在阿姆斯特丹的住宅太"简陋"，这样的议论会影响他的工作效力。亚当斯因此安排一家在阿姆斯特丹的美国公司为自己"租"一套相称的房子——"以尽可能低的价钱租一套最好的房子"，他这样写道——再将其装修得"足够体面，使任何欧洲人物能在此与共和国公民共餐"。就此事的冗长通信中，他强调这座房子必须"大、宽敞、美观，适合当美国大使馆"。他需要两名男仆和一个厨子。一辆"时髦的马车"也是必需的，还要一个车夫。而且亚当斯特别要求，侍从的着装要巴黎式的：深蓝色的外套和裤子，红色的帽子和马甲。这对他是件"新工作"，他补充说，自己以前从来没有主持过家务。

与此同时，维尔热纳在凡尔赛写信给在费城的大使，说在荷兰担任新职位的亚当斯使人为难，他指望吕泽尔恩把这个意见传达给他在大陆会议的许多朋友。一想到亚当斯对和平谈判会有发言权，维尔热纳就感到特别沮丧。"他的刻板、自大和固执会给他带来上千次的不幸……"根据外交惯例，只有在被派往国的政府愿意接受时，被派使节才能宣布自己的使命，即其"公职"。在春天到来之前，亚当斯决定了不顾外交细节自己必须做的事情。"美国……在欧洲保持沉默的时间太长了，"他写信告诉弗朗西斯·达纳，"他的事业也是所有国家和所有人的，除了解释清楚以得到支持外，什么都不需要。"

亚当斯接着到了莱顿，暂时同儿子们、约翰·撒克斯特和本杰明·沃特豪斯（那个学医的学生）在那里住了下来。他们住在皮埃尔教堂后面窄街上的一所房子里。皮埃尔教堂是这个城市著名的大教堂，坐落在拉彭堡运河岸边，对岸就是莱顿大学。他们住的房子是朝圣者们在莱顿的时候住过的老寓所，亚当斯对这种关联感触很深。教堂的一个执事后来叙述说："凝视这座伟大建筑，亚当斯先生难以抑制住眼泪。"

他认真研究了荷兰人的风俗和性情，深入阅读了荷兰历史，在阿姆斯特丹许多藏书丰富的书店里找寻更多的书籍。他努力学习当地语言，还完成了一项同样令人畏惧的任务：弄明白荷兰的政府体系。

亚当斯逐渐了解到，在海牙，支持美国事业的人很少，有可能采取决定性措施的希望很渺茫。对于不熟悉情况的外人，这个国家的政府机构复杂得令人发狂，这是一个共和国，却没有真正的行政长官，只有一个象征性的国家元首，即世袭总督——威廉五世奥兰治亲王。他和英国王室有亲属关系，而且安于现状。正如亚当斯告诉大陆会议的那样，这个国家的统治权真正掌握在国民大会荷兰议会手中。但即使议会成员也不过是各个城市"摄政者"的代表，这些"摄政者"是各地影响力极大的精选人员。因此，正如亚当斯所写的，真正的权力掌握在各个城市，特别是阿姆斯特丹手中。"阿姆斯特丹的市长们……被人们称为摄政者，他们是这7个联合省主权的分支之一，而且是最重要的一支，因为在整个共和国，阿姆斯特丹这个城市所缴税款是整个共和国的 1/4。"

亚当斯以他非凡的工作能力写出各种材料，竭尽全力让他们"明白真相"。同时，他还向大陆会议提供了自己在外交生涯中写下的最敏锐的政治报告。他新结交的许多荷兰朋友提供了帮助。这些是"有着一流品质的人"，亚当斯这样描述他们。他们在美国争取独立的斗争中看到了全人类的希望，正如亚当斯一直争取的那样，他们没有得到应有的承认。

他也偶尔写信给大陆会议，要求加强海军力量。最近意识到海上商业对荷兰的所有意义之后，他对此的立场更坚决。"按照我的愿望，一点儿都不要阻碍海军、商业的发展和私掠巡航，"亚当斯写信告诉本杰明·拉什，"因为我坚信，一个水手绝对比两个士兵对我们更有利。"他对大陆会议强调指出："海军才是我们天然的、惟一的防御。"

到了 10 月份，事情发生了出人意料的转变。有消息传来，亨利·劳伦斯在来阿姆斯特丹的路上被英国军舰截获。被指控有叛国罪的劳伦斯被囚禁在伦敦塔里，而且有"指令说，无论什么人都不能跟他讲话"，亚当斯在伦敦的联系人托马斯·迪格斯报告说。装有劳伦斯秘密文件的大麻袋被从他的船上扔进海里，但为时已晚，英国人又把它从海里捞了出来。文件中有一份拟议的美国和荷兰的秘密条约。这份文件没有什么实际意义，但英国却很乐于有这样一份文件，因为他们能以此为借口，表现得义愤填膺，威胁要把战争进行下去，虽然这对其他国家没有什么用，却可能让荷兰深为担忧。

现在，寻求贷款确凿无疑成了他的责任，和平像以前一样遥不可及，亚当斯在阿姆斯特丹安顿下来，从长计议。他写信告诉大陆会议，他的主要任务是说服荷兰，除了完全、彻底的独立外，美国不会接受其他任何结果。不对此做出保证，就得不到任何荷兰贷款。亚当斯现在对这一点看得非常明确。"另外，荷兰人对美国知之甚少，这一点让我感到非常惊讶。荷兰被严重地蒙蔽了。它对美国的入门、财富和资源知之甚少，更不相信美国最终会支持独立，这一点只能取决于信誉。他们对英国实力的看法也远远高于现实情况。必须采取谨慎、微妙的措施使他们明白真相。"应该说，亚当斯那敏锐的预判能力又一次发挥了作用。

海牙政府大胆承认合众国之前，政府里的任何人都不会被允许正式接待亚当斯。事实上，几乎所有人都在回避他。情况就是这样，看起来惟一理智的办法就是集中努力对付阿姆斯特丹，因为无论真正的钱财还是政治巨头都在这里。

但亚当斯发现，荷兰人所谓的财政支持和真正的荷兰贷款是截然不同的两码事。"至今为止，没有一家我认为谨慎的银行胆敢承担这项任务"，他写信告诉大陆会议。原因还是由于对美国的不信任，战争之前，为了商业利益，荷兰一直与英国为盟。整个18世纪荷兰的繁荣，很大程度上取决于英国在公海上对荷兰商贸的支持。更重要的是，荷兰向英国提供了大笔贷款。因此，他们极不愿意采取任何措施，做出任何轻率举动，惟恐英国不安，影响他们的贷款。

思念

从第一次到达欧洲大陆算起，亚当斯在法国和荷兰的遭遇简直可以用"糟糕透顶"来形容。他一直在压抑的心境下工作，总是被忽视，总是被遗忘，总是被摆在明显对他不公的位置上。如果除掉一个爱国者对祖国的热爱之外，很难想象一个人可以如此为国家服务。荷兰的冬天来了之后，亚当斯此时的心情与这冬日的气候一般阴凉。白天潮湿阴冷，夜色在下午4点就已经降临，阿姆斯特丹的空气因为烟囱排出的烟尘而混浊不堪。城里的运河结冰后，数千名滑冰者出现在冰面上，这幅奇妙的景象为亚当斯的生活增添了少许的乐趣。

他的健康状况变得不好，孩子们也让他感到操心。在拉丁文法学校，因为不会讲荷兰语，约翰·昆西被安排和小学生一起上课。这个孩子变得焦躁不安，垂头丧气。学校校长告诉亚当斯，他认为约翰·昆西鲁莽无礼，罚他受鞭笞。亚当斯对此的反应和他自己的父亲一样。"今晚把孩子交给我"，他回答说。他不愿看到自己的孩子屈服于这样"狭窄的心胸"，他写信告诉阿比盖尔。在信中，他向阿比盖尔倾诉了自己对校长的愤怒，表达了自己所见的荷兰人性格中极令人讨厌的一面，他希望自己的孩子决不沾染上这一点。"教师们都是气量狭小、卑鄙的人，他们总是对孩子们又踢又打，还扇他们耳光。"他写道。

现在，他离开家已经一年多了。阿比盖尔没有他的陪伴独自度过了两个冬天，从一个季节到另一个季节，她从没有停止过写信，尽管这些信件很少能到达目的地，而且大都会迟到五、六个月。她写信告诉他战争的情况和恶劣的天气。在信中,她悲伤地讲述他的弟媳玛丽和他的继父约翰·霍尔去世的消息。关于他的母亲,她写道,"想告诉你她对你最深切的关心,尽管她担心自己不能活着看见你回来。"

其他的来信则全是生意上的要求,要他购买一些货物,定期给她发送包裹。阿比盖尔打理着农场的一切,同时力所能及地做一些小小的贸易。她向丈夫要欧洲的丝绸手套、丝带、线、扇子、普通印花棉布和手帕。其中,手帕是最受欢迎的品种,她每次都是几十打地订购,"手帕可以兑成值钱的硬通货……"她提醒他。只有一次她为自己要了一样东西,一把巴黎买的绿伞。她在信中承认,她发现没法写短信,给约翰·昆西和查尔斯的信长达数页,充满强烈的母亲式的教导。努力做到优秀,啰嗦的母亲鼓励查尔斯。她对孩子们的思念难以用语言表达,得知他们搬到荷兰之后,她不止一次地感到担忧。尽管自己很孤独,但她向亚当斯保证努力保持心理平衡,她告诉约翰:"我不会突然很喜悦或非常沮丧。自从你离开后,我从没有意识到这样会给你带来痛苦。"她在第二个冬天来临时写道:"如果我以前抱怨过的话,那是因为我炽热的爱意,不能容忍哪怕一丁点儿被忽略的忧虑……自从你离开我之后,我确实没有让任何抱怨之词玷污我给你写的任何信件。"

没人知道,亚当斯写的信究竟有多少葬身汪洋大海。但因为一些未知的原因,或许即使他也不明白的原因,亚当斯似乎几乎没有给她写过信。在这些很少的通信中,他也很少告诉她自己的工作和孩子们的情况。顽强的斗争占有了他所有的注意力和精力,他像以前那样全神贯注,时间证明,在这样的思想状态下,他常常不愿给她写信。他放弃记日记却总是提醒约翰·昆西坚持记录日记。由于学校总是对孩子没有足够的耐心,加之明显低估了昆西的学习能力,亚当斯开始为两个孩子安排更好的学习环境。通过一个在莱顿大学学医、名叫本杰明·沃特豪斯的年轻美国人的帮助,亚当斯为两个孩子安排了导师,使他们有机会在这所大学听课。

到了12月,骄傲的英国驻荷兰大使约瑟夫·约克开始公开威胁荷兰,这几乎引起恐慌。"对于荷兰人来说,战争是最可怕的恶魔,"亚当斯写道,"约克充分意识到这一点,因此他一直让人们对此保持担忧。"到了年底,约克突然不辞而别,离开了荷兰,英国对荷兰船只不宣而战。当战争不可避免后,亚当斯相信此时是赢取荷兰对美国独立认同的好时机。荷兰

JOHN ADAMS

第三章 独立

和美国的联盟近在眼前,他认为只有结盟才能得到贷款。亚当斯催促大陆会议授予自己更大的权力。随着严冬临近,对他的新任命也已到达。大陆会议任命他为驻荷兰共和国的全权大使,这给予了他所希望的权力。

早在亚当斯离开法国之前,本杰明·富兰克林就写了一封描述维尔热纳对亚当斯不满的信,到达费城之后,在大陆会议上引发了激烈的辩论。辩论的一方是塞缪尔·亚当斯和詹姆斯·洛弗尔等人,他们坚决支持亚当斯的独立思想,不愿看到美国总对法国的愿望屈服。另一方是约翰·威瑟斯庞和弗吉尼亚州的詹姆斯·麦迪逊等人,他们信任法国,相信法国的友谊和支持如此重要,不允许任何事情威胁到与法国的联盟。最后,赞许亚当斯独立的阵营占了上风,对他的正式任命其实成为这次辩论的直接后果。

JOHN ADAMS

JOHN ADAMS
第四章
家庭

"在这里生活需要很多钱,我们晚上不出门,不到外面吃饭……避免任何并非不可缺少的开支。惊人的是,奢侈程度被当作衡量一个人重要性的尺度。是否胜任其职位,并不是看他能力如何,而是他有多少佣人和马匹。告诉你,英国大使有 50 个仆人,西班牙大使有 75 个。"

JOHN ADAMS

1 在荷兰的胜利
JOHN ADAMS

几乎致命的疾病

时光来到1781年初夏，亚当斯的亲密朋友弗朗西斯·达纳要离开他去往俄罗斯。大陆会议通知达纳，让他前往圣彼得堡寻求叶卡捷琳娜女皇政府对美国的认可。任命一到，达纳只能立即动身。由于他只能讲一点点法语而且很需要一个秘书，他询问亚当斯，能否让约翰·昆西与自己同行。达纳真心喜欢昆西，这个孩子的法语又很好，可以帮上他。亚当斯同意了，他认为艰苦的锤炼对昆西的未来非常有用。虽然这次远征旅程近1200英里，很少有美国人见过他们将抵达的地方。

1781年6月15日，在富兰克林的大力鼓吹下，大陆会议同意接受法国宫廷的独裁统治。约翰·亚当斯作为惟一同英国谈判的和谈使者的权力被取消。维尔热纳和吕泽尔恩在其中起了主要作用，他们成功地使大陆会议削弱了亚当斯的权力。亚当斯成为5名使节之一，他们将分别代表这个国家的几个主要部分——亚当斯代表新英格兰，富兰克林代表宾夕法尼亚，约翰·杰伊代表纽约，杰斐逊代表弗吉尼亚，还有亨利·劳伦斯代表南方腹地。但这些人中，杰伊待在西班牙，亨利·劳伦斯被关押在伦敦塔内，杰斐逊不太可能离开弗吉尼亚，而亚当斯又被在荷兰的任务绊住了，只有富兰克林在巴黎充当美国的谈判者，这正如维尔热纳所愿。

更恶劣的是，大陆会议的一次秘密会议决定，没有他们的"慷慨的同盟法兰西国王"的部长们的"认可和在场"，这些使节在和平谈判中什么都不能做。这样，所有决定都屈从于法国外交部长维尔热纳。在同英国谈判的时候，法国掌握有最后的决定权，又一次遂了维尔热纳的心意。

大陆会议代表托马斯·罗德尼反对这个决定，他在当天晚上写信给自己的哥哥西泽。"我认为这甚至让法国宫廷也相信，我们被削弱成一个微弱、可怜的国家，我们失去了所有曾经在大陆会议的行动中表现出的勇气和尊严。"几个星期后，又在一次秘密会议中，根据詹姆斯·麦迪逊提出的一项动议，亚当斯的第二项使命，即同英国缔结通商条约的权力也被取消了。

与此同时，年幼的查尔斯的健康状况一直不稳定，他非常想念自己的母亲。富兰克林因此决定，让本杰明·沃特豪斯把他带回母亲身边，沃特豪斯正准备回波士顿。"我同意了（两个男孩的离开）……这样我被剥夺了自己生活中的最大快乐"，亚当斯后来写道。约翰·昆西走了，"和达纳先生开始了漫长的旅行——担当翻译"，亚当斯在巴黎给妻子写信，日期是7月11日，正好是约翰·昆西14岁的生日。8月中旬，查尔斯乘坐"南卡罗莱纳"号也走了。亚当斯告诉妻子查尔斯回家了，但他没提到他什么时候和怎么走的。"查尔斯是个令人愉快的孩子，但对欧洲的感觉太细腻了，他自己被比以前更多的担心搞得心烦意乱，"他写道，"不过我长胖了。我想，焦虑好像对我的健康有益。"

就在孩子们离开不久，亚当斯遭遇了几乎使他丧命的危险疾病。

他的病势一开始并不严重，后来逐渐恶化到几乎垂危的地步，他独自躺在运河边的屋子里。好几位有名的医生都来看过他。有几天，他失去了知觉。在后来他写给妻子的信中，他印象深刻地描述了自己患病的过程："我刚从巴黎回来后不久，突然开始发烧。因为那几天天气都很暖和，我对此没有太注意。但症状持续出现并逐渐加重，后来我被诊断患上了一种危险的神经性热病，有可能恶化成斑疹伤寒。它侵袭我的脑袋，使我在五六天内既听不见也看不见，对大夫和外科医生的治疗毫无知觉，根本记不住他们。朋友们非常好，给我派来了一位优秀的医生，他熟练可靠的技术和上帝的保佑，救了我的命……我仍然很虚弱，我不知道，在这些腐臭河水的致命的水蒸气中，我能否恢复健康。"

一个星期后，亚当斯写信给大陆会议的新主席托马斯·麦基恩，他补充说，医生们使用了万能的金鸡纳树皮——奎宁，把他从"一种恶性的神经性热病"那里救了过来。给荷兰同事查尔斯·杜马的信中，他写道，"就像夜间行走在山上一样，我的脚就要被绊倒了"，而正是因为金鸡纳树皮"奇妙的功效"，他才得以康复。

在那时候，"神经性热病"或者是"慢性神经发烧"被定义为一种险恶危险的疾病。刚患病时，病人丧失听觉，然后就感觉寒冷、一阵阵发热，"而且感觉全身疲乏，与过度劳累后的感觉一样。这种疾病的易感人群被认为是那些"神经脆弱"，或者是"长期情绪低落"的人，还有"长时间生活在潮湿、恶臭空气"中的人。

用现在的医学知识解释，亚当斯无疑患上了严重的疟疾。在炎热的夏天，这种疾病在当时的欧洲各个港口城市尤其猖獗。他后来告诉阿比盖尔，这次发烧"烧尽"了他一半的记忆和一半的精力。除了头疼、虚弱、发寒和偶尔发热以外，并发的沮丧或"精神忧郁症"也是这种疾病的特征之一。那时候的人们认为，腐臭的河水或污浊的空气，即"毒气"散布了这种疾病。而事实上，人们在一个世纪后发现，这种疾病是由蚊子传播的。

还有一种可能，他患上的"神经性热病"也可能是斑疹伤寒症。这种疾病的特征是高烧和说胡话，由虱子传播。

不管是疟疾还是伤寒，他患病的主要原因还是所居住的环境造成的。当时，亚当斯正在营造他位于阿姆斯特丹国王运河上宽敞的新住宅。虽然没有邻近市中心的运河——绅士运河沿岸的房屋那么富丽堂皇，这所房子也完全如他要求的那样"适合做美国大使馆"。这是一座建造精良、红砖砌成的运河房屋，共有 5 层楼，顺着很短的几级石阶上去就是一个华丽的前厅。房子后面有一个很深的花园。虽然房子宽敞而又舒适，但靠近运河还是让他难逃传染病的侵袭。除了他之外，这幢房子里的其他人，包括撒克斯特、斯蒂芬斯和另外几个佣人同样全都被疾病击倒。

这次染病，亚当斯用了近一年的时间才渐渐康复。就在病魔还折磨他身体的时候，亚当斯写下了寄给大陆会议的信中最意志消沉的一封邮件。他宣称他筹集资金的努力"毫无价值"，他的健康恶化，他在欧洲的生活"如此阴郁悲伤"，而且对公众没有什么价值，"以至于除了希望适应大陆会议的观点被召回以外，我别无所求"。毫无疑问，他知道，大陆会议会完全忽视他的这一要求。

亚当斯又一次陷入了无事可做的境地，他几乎已经开始动摇。幸好到了 11 月底的时候，美洲终于传来令人鼓舞的好消息。1781 年 10 月 19 日，英国康华里将军率领部队在弗吉尼亚切萨皮克湾畔的约克镇，向华盛顿和罗尚博领导的法美联合部队投降。对英军而言，这和萨拉托加战役一样是决定性的失败。与此同时，格拉斯海军准将及其率领的 28 艘军舰组成的法国西印度群岛战斗编队准时到达预定位置时，毫不知情的英军陷入圈套中。7000 多名英军士兵放下了武器，甚至比萨拉托加战役的缴械人数还多。这就像战争早先的时候，如果英军舰队能够封锁东河，华盛顿就会困在长岛上。

对于大西洋两岸的许多人来说，这预示着战争就要结束了。在美国，兴奋的人们称呼华盛顿为这个国家的"解放者"，这名来自弗吉尼亚的将军声望大增。

10月23日夜里，亚当斯在阿姆斯特丹收到这条"光荣的消息"。他非常高兴，知道法国海军到底还是起了决定性作用，他有说不出的满意。已经过去3年了，3年前他第一次告诉维尔热纳，没什么比美国海面上出现强大的法国舰队更能保证战争的"迅速结束"，而现在事情的进展正如他所言。

查尔斯的回家之旅不是很顺利。在一段困难重重的航行之后，查尔斯乘坐的船停靠在西班牙的拉科鲁尼亚，他最后在那里换乘另一艘叫做"西塞罗"号的美国武装民船。经历更多的延误和磨难之后，查尔斯终于在1782年1月底到了家，那时候他们离开阿姆斯特丹已经5个多月了。

第一个美国大使馆

华盛顿将军的胜利不仅鼓舞了美洲人民，也在欧洲大陆掀起了认知美洲的热潮。"有的人会认为你丈夫是个谈判者，但不是这样的，是华盛顿将军在约克镇做了实质性工作，我所做的只是些面上的工作。"亚当斯告诉阿比盖尔。

1782年新年之后，荷兰最有实权的议会组织给了亚当斯一个"明确的答复"。担任主席的巴托洛梅乌斯·范·桑托瓦代表荷兰议会向亚当斯阐述，说在这个国家正掀起关于美国独立和荷美关系问题的政治辩论。

与此同时，荷兰国内反对英国的情绪迅速高涨。亚当斯受到了鼓励，他趁热打铁，呼吁荷兰政府承认合众国。他自己还亲自前往荷兰省18个城市代表在海牙的寓所。他们中的每一个，正如他向大陆会议解释的那样，都可以被认为代表一个独立的共和国。每个代表对他的接待都一样：赞同、倾向、尊重合众国。这场运动，增加了荷兰人对美国的了解，这些努力并非徒劳无功。1782年2月26日，北方的弗里斯兰省投票指示其议会代表，正式提出动议，接受约翰·亚当斯担任美国使节。

确信所有荷兰人的认可后，亚当斯和查尔斯·杜马买下了一处地产，这所房子后来成为美国的海牙大使馆。这座"宽敞、优雅"的房子位于天鹅绒制造商大街，在这座城里最美的一条运河边。

JOHN ADAMS

3月28日，是很有意义的一天，荷兰省当天承认美国独立。其他省也迅速相继对此提出响应。

4月19日，星期五，亚当斯提交备忘录整一年后，荷兰议会决定："亚当斯先生被获准、承认为合众国派向荷兰议会的大使身份。"第二天，亚当斯到议会递交国书，这是他得到肯定的最甜蜜的时刻。经过太多的忍耐和无奈后，亚当斯终于获得了应有的肯定和重视。

4月22日，星期一，在海牙的毫斯登堡宫，亚当斯得到尊贵的奥兰治亲王殿下威廉五世和他的妻子威廉敏娜公主以正式的认可仪式接见。在仪式上，亚当斯高兴得说不出话来。他听见西班牙大使表扬他的决心和精神，说他"给了美国事业最重要的一个推动，而且是最具决定性的推动。是你使这个国家满怀热情。是你改变了他们的思想"。这是亚当斯反复在信中引用的赞词，考虑到那时他的狂喜和情绪，这也是可以理解的。荷兰人为这个美国使节祝酒。人们写下诗歌庆祝美国的独立，印发美国英雄华盛顿和亚当斯的刻版肖像。

5月初，亚当斯搬进新居，在他称作"合众国之屋"的房子前升起国旗，这是世界上的第一个美国大使馆。

身份得到确认，他努力争取荷兰财政援助的工作也取得了很大的进展。1782年6月11日，亚当斯在同3家阿姆斯特丹银行组成的财团谈判后，一笔利息为5％的500万荷兰盾即200万美元的贷款得以确认。虽然大陆会议本来指望亨利·劳伦斯能争取到1000万美元的贷款，但这个开头非常重要。这是美国急需的一笔钱，是美国在欧洲贷款的基础。

9月，荷兰共和国承认合众国的消息传到费城，是一艘叫做"亚当斯先生"的荷兰船带来的。仅仅是船的名字就可以想见亚当斯在荷兰取得的新成功。"如果这是我一生惟一的行动，那也做得很好"，亚当斯写信告诉阿比盖尔，希望她能"原谅这虚荣心"，"我在这儿为我的祖国做了一件最重要、最关键的事，我真的相信这是世界上其他人所不能的，"他写道，"这么说，并不意味着我在这里施展了很多才华、采取了行动，也不意味着这很不一般，但我相信，世界上其他人不会这么耐心，坚定不移地做应该做的事，承受必要的磨难"。

正如他在信中吐露的那样，他的快乐是真切的。他没有接受过外交方面的训练，他的性格也不适合这份工作，但他确实大获全胜。所有这一切都是在付出艰苦努力和重重忍耐后获得的，这一点已经得到历史的见证。他做到了别人期望他做到的，他也认为外交工作不是他的生活。尽管荷兰共和国只是欧洲"较小的舞台"之一，在其他事务中发挥决定性作用会让他的声望更高些，但再没有什么比为祖国服务更让他心满意足的了。这是他自己选择的道路——孤单地走在自己的路上。他曾经被人忽视，遭到嘲笑，在这个过程中他险些死去，但他坚持下来了，胜利了。在其他名声比他更显赫的人还一事无成的时候，他却在孤立无援下率先赢得了胜利。

1782年10月8日，在海牙的国会大厦，亚当斯与荷兰政府签署了同荷兰共和国的商业协议。荷兰省和泽兰省的代表站在楼梯上等他，陪同他进入镀金的停战厅。他充满骄傲地签署条约、盖章，最后完成了这份协议。在此之前9月底的时候，约翰·杰伊从巴黎给约翰·亚当斯发来急件。他报告说，英国特使里查德·奥斯瓦德接受了就和平问题同美国谈判的正式使命。杰伊敦促亚当斯尽快回巴黎来，而且提醒他："看见我之前什么都不要说。"

10月底，进入深秋后，巴黎成天被灰暗的天空、凄冷的雨雾包裹着，这严酷的天气一直持续下去，让人难以打起精神。亚当斯动身前往巴黎，当天晚上他住进了德瓦卢瓦寓所。连续好几天，亚当斯都推迟接触富兰克林。自从富兰克林在1780年8月9日给大陆会议写了诋毁亚当斯的信以来，两人一直没有见面。没人清楚亚当斯到底什么时候发现这封信，知道了它的内容的。但亚当斯对此事确实耿耿于怀，他在给埃德蒙·詹宁斯的信件中释放了自己压抑已久的怒火。富兰克林这种行为的根源，亚当斯相信，是"卑鄙的嫉妒心"。但他似乎没有想到，他自己对富兰克林的态度可能也是由同样原因引起的。"他对我卑鄙的嫉妒心，嫉妒我和大不列颠签署商贸条约的卑鄙情绪激起他试图在费城诋毁我的人格。世界对此毫不知晓，时机到来之前这也不能为人知晓，只有大量的档案向公众公开时，人们才能知晓。那将是我们都去世以后。"

平静之中，亚当斯在返回巴黎之后第一次拜访了凡尔赛宫。他被告知，维尔热纳"很在意"亚当斯没有去看他。对于维尔热纳在大陆会议诋毁自己名誉所做的一切，亚当斯非常敏感，包括其争取富兰克林一起反对自己。因此，亚当斯丝毫不想见维尔热纳，就像他不想见富兰克林一样。

但考虑到手头的工作，亚当斯决定不让个人恩怨妨碍自己完成任务。

JOHN ADAMS

"我承认,自己对富兰克林绝无友谊可言。我承认,我不能和任何一个有着他那种道德情操的人谈友谊。只要命运让我和他为了公众事务坐在一起,我就会体面地、相当公正地对待他。"

无论对富兰克林有着多么根深蒂固的怨恨,亚当斯确实体面地对待他,而且努力和富兰克林一起有效地工作,正如他过去一直做的那样。第二天,亚当斯、富兰克林和杰伊在巴黎共进晚餐,而且在后来的几个星期里多次共餐。很快就出现了转折点。在与英国正式开始谈判前的一次会议上,深知团结阵线重要性的富兰克林告诉杰伊和亚当斯:"我和你们的观点一样,而且在这个问题上会与这些绅士保持一致,不再询问(法国)宫廷。"这是个果敢的决定。直接抵触大陆会议给他们的指示,而且冒着疏远法国人的风险,他们决定忽略维尔热纳。在日记中,亚当斯描述富兰克林"完全和谐地和我们在一起"。随着时间的流逝,亚当斯发现自己几乎开始崇拜富兰克林的外交能力,他真诚地称呼他为"老魔术师"。

2 与英国的正式谈判
JOHN ADAMS

1782 年 10 月 30 日,正是亚当斯的 47 岁生日。就在这一天,美洲与英国的正式谈判开始进行。昔日在英国人眼中不值一提的"叛徒们"今天就坐在他们的对面,与他们讨论殖民地应该以何种方式获得最终最彻底的独立。

会议每天上午 11 点在杰伊的住所开始,他住在左岸的奥尔良旅馆;要么在亚当斯住的国王旅馆或者是在帕西的瓦伦蒂诺瓦庄园召开,免得富兰克林在这样的天气还要赶到巴黎城区;或者是在理查德·奥斯瓦德在米斯科维特大饭店的住所。谈判持续到 11 月的最后一个星期,那时候城里一天接一天地下雪,出太阳的时候才融化。

为交换康华里将军,亨利·劳伦斯被从伦敦塔里放了出来。由于被长期拘禁,他的健康状况非常糟糕,直到谈判接近尾声时才露面。至于美国使团的秘书人选,富兰克林决定推荐他的孙子威廉·坦普尔·富兰克林。这名年轻人只有 22 岁,是富兰克林的私生子威廉之子,这让亚当斯很不高兴,他认为约翰·撒克斯特更能胜任这个职务。

JOHN ADAMS

第四章 家庭

里查德·奥斯瓦德继续担任英国的首席谈判官。奥斯瓦德是个苏格兰人，是个通过政府和约和奴隶贸易致富的商人。已经年迈的他瞎一只眼睛，很倾向于美国的观点，也同意一些与政治考虑不相符的观点。但亨利·斯特雷奇现在加入和他一起谈判，舍尔本勋爵专门派其来强化奥斯瓦德的决心。亚当斯和富兰克林以前曾见过一次斯特雷奇，那是1776年在斯塔腾岛，在他们会见海军上将豪勋爵的时候，斯特雷奇那时候是豪的秘书，负责做记录。亚当斯把他形容成一个狡猾、谄媚的人，"坚持、推行每个观点"。而英国另一个年轻的职业外交官阿莱恩·菲茨赫伯特则让亚当斯耳目一新，认为他毫不装腔作势。菲茨赫伯特在谈判中当助手。

约翰·亚当斯版画画像。他是美国杰出的政治哲学家，革命外交家。

JOHN ADAMS

事实上,英国使节给人留下的印象并不深刻。在能力、经验和决心方面,他们都难以与亚当斯、富兰克林和杰伊匹敌。亚当斯等人虽然是碰巧当上外交官的,但他们在欧洲取得了巨大成就。抛开谈判技巧不谈,双方谈判的资本也不在同一条起跑线上,此时的美洲已经取得了一场接一场战役的胜利,独立已经不可阻挡,英国需要讨论的基本问题包括:合众国的边界、在密西西比河航行的权利与债务、美国亲英派或保皇党的利益、美国在纽芬兰外大浅滩上捕鱼的权利,这一点对亚当斯非常重要。美国坚持,英国放弃东面阿巴拉契亚和西面密西西比河之间的所有领土。英国对此表示同意,这个新成立国家的面积因此一下翻了两番。最重要的密西西比河航运权的问题也得到了解决。

至于战争之前美国人欠英国商人的私人债务,富兰克林和杰伊认为,这可以用被英国军队掠夺、毁坏的财产抵销。但亚当斯对此坚决反对。凭良心签订的债务应该被偿清,他坚持,因此条约中包括了这样的条款,但最后却证明完全无效。

英国希望对保皇党做出补偿。亨利·斯特雷奇认为,包括这一条款非常重要,因为这能向始终对英国政府保持忠诚的难民证明,英国政府没有忘记他们。这是一个让美国人难以接受的观点,他们明确表示,对这样的人毫不同情。

斯特雷奇前往伦敦,带着建议的条款等待批准。11月25日,亨利·斯特雷奇从伦敦回来,谈判继续在奥斯瓦德位于米斯科维特大饭店的住所举行。谈判关注的问题只有两个没得到最终解决,一是对美洲的保皇党如何补偿,二是在纽芬兰以外大浅滩的打鱼权究竟归属哪一方。亚当斯倾向于根本不谈保皇党问题。富兰克林强烈坚持,这些人不能接受特殊照顾。最后,在"大量谈话"之后,美国对保皇党没有做出任何承诺。而有关捕鱼权的争吵却几乎使谈判瘫痪。亚当斯又一次表现得"坚定不移"。他拒绝接受任何可能伤害宝贵的鳕鱼的妥协,这会对新英格兰的一贯利益造成严重损害。有一次,亚当斯在马萨诸塞法庭和大陆会议辩论时表现出同样的活力,他维护渔民们的权利,引用以前条约的条款,详细地解释了鳕鱼的迁徙方式,更别提那些从事捕鱼业的新英格兰人的脾气。"我们怎么拦得住我们的渔民、世上最大胆的人不到违禁区捕鱼?"他问道。

然后,就在可能达成条约的时候,亨利·斯特雷奇建议补充些条款,确定美国人捕鱼的"权利"为捕鱼的"特权",年轻的菲茨赫伯特对此声称,"权利"这个词是"令人讨厌的表达方式"。

这简直就是为亚当斯设置的时刻。他从椅子里站起来,义愤填膺,对英国人说道:先生们,还能有比这更清楚不过的权利吗?根据以前的条约,即乌得勒支条约和巴黎条约,法国和英国宣称了这项权利,也用了这个词。既然全能的上帝在离美国人民 300 里格和距离英法 600 里格之处创造了纽芬兰大浅滩,他就不会只给前者而不给后者得到食物的权利。如果上帝创造万物时创造了权利,那至少我们的和你们的一样多。如果有权占领、利用和占据,我们也和你们一样明确地拥有这种权利。如果战争、鲜血和财富能赋予人权利,那我们的和你们的一样好。我们一直在加拿大、布雷顿角和新斯科舍为捍卫打鱼权而战斗,而且按比例超过你们。如果这样的权利不能被否认,那为什么这不能被认可?这是毋庸置疑的。

问题解决。在这样坚强的战士面前,英国人无话可说。

第二天,1782 年 11 月 30 日,星期六,谈判各方从巴黎冒着潮湿的雪再次来到奥斯瓦德在米斯科维特大饭店的寓所,签署初步协议。奥斯瓦德第一个写上了自己的名字,然后美国四个代表按名字音序签名。

实际上,美国单独同英国签订了和平协议。他们的行为直接抵触了法美联盟和大陆会议给他们的指示,即遵从法国外交大臣的意见。在亚当斯看来,他们所做的一切和这并不矛盾。违反大陆会议指令的决定、违背对法国的忠诚是清晰而惟一可敬的过程。大陆会议让他们别无选择。大陆会议通过把主权交给法国而"出卖节操"换来自己的荣誉。"违背这种声名狼藉的指令很光荣,"亚当斯在日记里写道,"我称这为声名狼藉,所有子孙都会这样说。"

直到第二年夏天要结束时,才签订了最终的、决定性的《巴黎和平条约》,亚当斯又一次情绪低落,他又一次有理由相信大陆会议忘记了自己。对于自己所做的事情,他没有收到任何感激和赞扬的表示,也没有任何迹象表明,大陆会议对今后的打算。他告诉阿比盖尔:"尖刻、暴躁的脾气在我的颈后和全身各个部位爆发,加上对今后自己命运的不确定使我饱受折磨。"

就是在那个夏天,在 1783 年 7 月 22 日,富兰克林在给利文斯顿的一封信中说,亚当斯永远不会被忘记:"他对他的国家非常有意义,一直是个诚实的人,经常是个明智的人,但有时候在某些事情上,完全失去了他的理智。"

JOHN ADAMS

9月的第一个星期,和谈者们聚集在一起签署最终协议。亨利·劳伦斯当时不在场。因此在雅各布路的约克饭店里举行的仪式上,亚当斯、富兰克林和杰伊代表美国出席,在条约上签上了他们的名字,和他们一起的还有英王乔治三世的新代表戴维·哈特利。

条约中最重要的第一款宣布:"大不列颠陛下承认所说的合众国……是自由、有主权和独立的国家。"

在文件的最后一行写道:"在巴黎完成。"下面就是日期:"9月3日,我们上帝的第1783年。"

亚当斯后来对托马斯·杰斐逊写道:"我的朋友,你我生活在严峻的时代。"在多事的18世纪的所有大事中,没有什么比得上新独立的美利坚合众国登上世界舞台这件事。亚当斯在荷兰和巴黎发挥了非常重要的作用。时间证明,他、富兰克林和杰伊签订了有史以来最利于他们祖国的条约。可以说,他们赢得了美国外交史的最大胜利。

伟大的革命结束了。新的国家诞生了。亚当斯作为推动者和亲历者,对此有着自己难以形容的感受。从一名稚气未脱的见习律师,到两鬓微白的全权大使,亚当斯为美洲做出了别人无法替代的贡献。算起来,距离第一次在费城召开大陆会议已经过去9年,莱克星顿事件和康科德战役也是8年前的事,《独立宣言》则在7年前签署,而自从约翰·亚当斯作为和平使者最后一次离开家也过去了3年多的时间。就他自己而言,那时候亚当斯只知道自己筋疲力尽,只要他活着就再也不想与阿比盖尔长时间分离。"在我余下的生命中,你可以指望一个尽职的居家丈夫,如果这是上天的旨意,我会再次和你相见。"他写道。而这,他告诉阿比盖尔,并不是轻易许下的承诺。但他是否会回到她身边,还是她到他这儿来,还要过多久,一切都还不清楚。

3 夫妻团聚
JOHN ADAMS

阿比盖尔来欧洲

与英国代表谈判完毕后,亚当斯给妻子写去了信件,他是如此思念她，以至于在信中流露出强烈的情感。在这份9月从巴黎写来的信中，他要她尽快乘船过去。大陆会议指令给他和英国商谈商贸协议的新任务。她必须过来。她可以乘船到伦敦、阿姆斯特丹或者是法国的任何港口。在听到她到来的那一刻，他会向她飞奔而去——甚至乘着气球去，他轻松地写道。

听说他可能被委派为前往英国宫廷的大使，她恳请他拒绝这项任命。她不想住在英国，但是，直到听说他在荷兰患上了一种严重的疾病，她才改变主意，决定去他那儿。除了自己的婚姻以外，这是她做出的最重要的决定。为了健康，他要前往伦敦治疗和疗养，而且会带着约翰·昆西一起去，她必须赶快过来。至于家中长女娜比，亚当斯写道："让女儿和你一起到欧洲来吧。"

阿比盖尔写给约翰·亚当斯的信件。在他们的婚姻生活中，一旦分离，他们总是借助信件彼此联系、沟通心灵。

亚当斯建议阿比盖尔及早处理家里的事务,尽早来到欧洲与他和昆西团聚,最迟不要拖到第二年的春天。阿比盖尔把农场租出去,把房子和他们的所有财产交给她父亲以前的奴隶菲比照看。根据遗嘱,仆人菲比获得自由,而且刚刚和一个自由的黑人威廉·阿布迪结婚。"因为韦茅斯没有固定的牧师,"阿比盖尔告诉约翰,"我同意他们在这里庆祝婚姻,他们如愿地这样做了。"她不在期间,这对夫妇会住在她的房子里,不论多久。"我毫不怀疑他们的忠诚和对我们的关心,因此选择了他们而不是其他家庭。"

经过这些安排,5月底的时候,一切都处理妥当。阿比盖尔和娜比将乘坐商船"活跃"号前往伦敦,会在几个星期内到达。她希望此次旅途顺利愉快,即使她不认识船长。她不喜欢在冬天航行,也不愿在战争期间航行。这仍然是一次她曾经以为不会受任何引诱而开始的冒险。"但愿人们别说他们会或不会做什么,因为我们都做不了自己的主,只是被环境所左右。"她在5月25日写信给约翰说,这是离开前写的最后一封信。

6月18日清晨,阿比盖尔在前厅向大家道别,屋里挤满了送行的邻居。他们"都是诚实的自耕农,他们的妻子和女儿,就像出席葬礼一样,全都来祝我平安,祈祷我能早些回来"。她努力为这一刻做好准备:"我知道自己要独自对付这个局面,我尽量保持平静,但这对我太难了。"当与人们一个个握手告别时,她身边的每个人都忍不住哭了。就在阿比盖尔马上就要动身之时,第二天,托马斯·杰斐逊突然出现在波士顿伊萨克·史密斯的家中。大陆会议指派他参加富兰克林和亚当斯在巴黎的使团。杰斐逊打算在7月离开纽约,劝她和自己一起走。但阿比盖尔已经计划好了,并且已经支付了船费。"我感谢他的盛情,"她告诉亚当斯,"但是考虑到我自己的计划,我决定不做变动。"

1784年6月20日,阿比盖尔启程航行。39岁的她从来没有出过海,有生以来从未离开过自己的家或亲戚家。她、娜比、她们的两个佣人和一头奶牛在码头登上"活跃"号,乘着"好风"迅速上路。船一驶出波士顿灯塔,来到汹涌的海面上,他们就全晕船了。这样一直持续了好几天,每个人在狭小、"极不舒适的"房间里颠簸。"只要一有可能,我们就趴在甲板上,但这又冷又湿,我们很难待很长时间。"阿比盖尔写道。

"活跃"号是一艘商船,所以它毫无例外地载有大量的货物。尤其要命的是这艘船很脏，载有鲸油和碳酸钾。每次浪花翻滚时，都有鲸油泄漏、碳酸钾"冒烟发酵"，使下面的"气味"更浓。经过大浅滩的时候，船颠簸得非常厉害，身边的瓶子和碟子全都摔得粉碎，妇女们不得不紧紧地躺在椅子上，"先生们坐在我们旁边，用他们的胳膊紧紧挡住我们，他们的脚牢牢支住被绑在甲板上的桌椅"。

恶劣的环境影响了阿比盖尔的健康，她因为船舱的潮湿而患上了严重的风湿。船上的食物也非常简单，有时甚至根本不能吃。尽管这样，对海洋的热爱和对即将与丈夫团聚的渴盼仍然让她有着好心情。她热爱大海，喜欢它的神秘莫测与反复无常。当天气转好时，她披着一件陈旧的高棉斗篷，一连好几个小时待在甲板上，心中充满崇高的感情。一天晚上，她入迷地写下了自己看见的"闪烁的海洋"。"全能的上帝我的主啊，你的作品伟大非凡。"她在水中看见了闪烁的磷光，这是她一直渴望看见的景象，她满怀敬意地写道。

其他时间，她和娜比一起在主舱里读书、写字、闲聊，还和其他乘客一起打牌。向英吉利海峡行进时，他们遇上了狂风，连续3天，没人能睡。最后，终于收到了在当时下锚的指令，那里是海峡的碇锚处，就在小城迪尔的视野之内。乘客们被下放到一艘敞篷的领航艇中，在暴雨和起伏的风浪中，每个人都湿透了，他们向着岸边前进。终于，随着一阵急流和霹雳般的响声，一阵巨浪把这艘船冲到沙滩上。于是，在1784年7月20日，星期二，阿比盖尔和娜比"安全地在英国海岸登陆"。

一刻也没有耽误，第二天一早，她们乘着邮车上路了，直到晚上才停下来在布莱克希思休息，一天的行程共72英里。刚到伦敦，阿比盖尔立即发出一封急件到海牙，告诉约翰她已到达，急切渴望见到他。"让上帝给我们一次愉快的相见"，她写道。亚当斯立刻回信。她的信使他成为"世界上最快活的人"，他说："我比昨天年轻了20岁。"因为公务缠身，他还不能"飞向"她，但是约翰·昆西会立即动身。伦敦是个大城市，给阿比盖尔留下了难以想象的美好印象。她下榻的饭店就在斯特兰德大街外的窄街上，靠近泰晤士河，"和波士顿的任何地方一样安静"。

在等待与家人团聚的这段时间里，许多人来拜访她。住在伦敦的美国人希望表达他们的敬意，她很少有时间自己待着，他们每天都来。没有访客的时候，她和娜比一起观光（去威斯敏斯特教堂、不列颠博物馆），要么就去买几件新衣服，但价钱高得惊人，她们只买了一点儿。她惊讶英国人的脸庞看起来那么熟悉，与美国人那么相像，就好像以前见过他们一样。

7月30日，在阿比盖尔到达伦敦8天后，她最亲爱的儿子——昆西终于到达。约翰·昆西走进来的时候，阿比盖尔几乎认不出他来。他和父亲一样高，17岁的他看起来几乎算是个成年人了。他与父亲的容貌相似，非常显眼。母子相见，自是一番亲热。亚当斯从海牙捎话说，再有几天就能和他们待在一起了。8月7日，亚当斯也赶到这里，一家人终于在他们的祖国之外兴奋团聚了。

在给姐姐玛丽·克兰奇的信中，阿比盖尔提及她和约翰的重逢："我亲爱的姐姐，你知道，诗人和画家总是给那些难以用笔墨表达的场景蒙上面纱。分离4年后再见面时，我们又是一个愉快的家庭。"

第二天一早，他们全都动身前往巴黎。他们从伦敦乘快速马车到海峡边，在那儿乘船前往加来，第二天黎明时分在法国海岸登陆，接着又乘坐6匹马拉的马车快速向巴黎进发。

巴黎的新家

8月13日，亚当斯一家4口和他们的两个仆人到了巴黎。他们住进了左岸的约克饭店。一个星期前，杰斐逊和他的女儿就抵达并住进了这里。

把妻子安顿好，亚当斯立即投入了工作。他和杰斐逊、富兰克林组成新的搭档，每日都在开会。当他工作的时候，阿比盖尔和娜比就兴致勃勃地游览这个城市，约翰·昆西正好充当他们的导游和翻译。其时，巴黎有传闻说杰斐逊要取代富兰克林担任驻法国大使，这种前景让亚当斯感到高兴。至于亚当斯自己，他希望被指派前往英国宫廷出任驻英国大使，会议仍然没做决定，虽然这样的安排会使他的外交生涯达到顶点，但他对此不能明说，这么做是因为他考虑到大陆会议有保皇党会对此提出强烈的反对。几天后，他们全家搬到在欧特伊租的房子里，结束了住在酒店的生活。"这房子、这花园，靠近布伦园林的位置，俯瞰塞纳河、低地，还有距巴黎腐臭街道的遥远距离，这是我最好的期望。"他在搬进来的那天写道。很长时间以来，他的心情都没有这么愉快，"我的家人组成了一个小美国，"他写信告诉阿瑟·李，"我比在欧洲的任何时候都感觉更像在家里。"他告诉他的朋友。

欧特伊租的房子是石灰石建成的3层楼房,很引人注目。这儿曾经是座乡村别墅,属于生活奢侈放荡韦里埃家的女儿。整座房子非常大,有40到50个房间不等,包括一个"已经衰败"的小剧院。在美国的农场习惯了只有7间茅屋的阿比盖尔为此感觉非常为难。好几个星期后,她仍然会在房子里发现一些自己没有见过的房间。接待室、餐厅和厨房在一楼,还有仆人们的房间。家人的"套间"在楼上,每个房间都有面朝花园的落地窗。据说光是房间里的镜子就花费了3万里弗尔。

花园也非常大,有足足5英亩地,种满了一排排的橘子树,石头小路上挂满了葡萄藤,圆形或八角形的鲜花在怒放,还有盆栽的鲜花。虽然疏于管理造成了花园显得有些破败,但由一道中国式的栅栏、一个鱼塘、一个已经不喷水的喷泉和一个小小凉亭构成的风景还是让阿比盖尔感到"非常漂亮,即使倒塌了也很美"。随着时间流逝,新的女主人越来越欣赏这个地方。她租来家具,购置新桌布、瓷器和玻璃器皿,雇佣仆人,还在笼里养了一只会唱歌的鸟儿,监督修好花园里的喷泉,开始正常工作。她在欧伊特感到"如此幸福"、"如此高兴地住着"。阿比盖尔就像一位魔术师一样,在短短几天就把这所大而衰败的别墅收拾得舒适干净。

在巴黎生活久了,阿比盖尔的感受也多了起来。她开始渐渐适应这里的生活,尽管她觉得这里"过分的奢侈和无聊"。

一到巴黎,阿比盖尔迅速发现了剧院的乐趣和魅力。在家乡阿比盖尔就一直喜欢读剧本,但因为波士顿没有剧院,她从来没有真正看过舞台演出,直到在伦敦的时候。现在,按照法国的规矩,不管丈夫是否陪同前往,她都可以如自己所愿去剧院。她很快成了新兴的法国戏剧和歌剧的忠实热爱者。虽然语言不通,但她热爱那些演员,"我难以描述"他们。演出比她在伦敦看过的上乘许多,观众也更礼貌。要是英国人的清洁和法国人的文明相结合,她告诉梅西,那将是"最令人愉快的结合"。

她向妹妹伊丽莎白形容法国戏剧中可爱的细节:"伟大的多利安柱子、华丽的枝形吊灯,其中一盏安置在天蓝色的剧院中,上面共有200多支蜡烛闪闪发光。奇妙极了,我亲爱的贝丝蒂,这房子里有1000多个衣冠楚楚的先生女士!这需要最恢弘的场面,演员们的服装和美貌非常迷人,但他们一开始跳舞,我就觉得自己的敏感被伤害,我为看他们感到羞耻。女孩们穿着最薄的丝绸和纱巾，衬裙很短。她们两只脚从地面跳起，在空中停住，脚飞舞着，完全露出她们的吊袜带和衬裤，就像没有穿衬裙一样。对于我，这是全新的景象。她们的动作轻盈如飞舞，迅速如闪电。虽然歌剧院这座建筑本身不像法国戏院那样能给人留下深刻的印象，但它装潢得更华丽，舞台上的道具也更奢华。"

随着对法国生活的更多观察和体验，她的见解发生了变化，她知道，她对巴黎和法国社会的见识越多，她对法国的"行为"越着迷，特别是对时尚妇女。阿比盖尔研究她们的每个表情和手势，被她们的声音和智慧所吸引。尽管自己没有模仿她们的兴趣或者说是勇气，但阿比盖尔还是喜欢和这些法国女士交往。在她的生活经验里，她之前所有的同性朋友几乎都是自耕农的家庭身份。

阿比盖尔喜欢她们的从容举止、雄辩口才，她们的声音温柔像音乐，她们的举止令人愉快。原则上说来，她完全被法国女士的衣着迷住了。她形容说，这就像她们的举止一样："明亮、轻柔、优雅。"

然而，法国人的生活方式需要一样东西的强有力支持，那就是金钱。她和约翰都担心会欠下债务，因为大陆会议只给他9000美元的薪水。这在布伦特里小镇上可能是一大笔钱，可以买下大片的土地，但在巴黎的一个上流社会人家，这只不过是"鲸鱼肚子里的一条小鱼"。

"我们晚上不出门，不到外面吃饭……避免任何并非不可缺少的开支。"阿比盖尔告诉姐姐玛丽。惊人的并不是欧洲社交生活的昂贵开支，而是奢侈程度被当作衡量一个人重要性的尺度。"并不是调查一个人看他是否胜任其职位，"她写信告诉伊萨克·史密斯叔叔，"而是他有多少佣人和马匹，英国大使有50个仆人，西班牙大使有75个。"

当她从观看歌剧的兴奋中暂时摆脱出来，去到巴黎的大街上看看的时候，阿比盖尔还是发现了许多问题。她把这些称之为"缺乏同情心的国家特有的景象"。她一点都不认为巴黎吸引人，尽管这儿有着壮观的公共建筑物。其中卫生设施的状况，散发出来的恶臭，令她难以忍受。到处都是正在兴建的房屋，狭窄的街道被一堆堆的木头、石料弄得杂乱无章。在她看来所有东西都很脏。即使豪华的建筑也被煤烟染黑。阿比盖尔后来还参观了"天主教姐妹慈善团体"在巴黎经营的一家孤儿院。她看到一个大房间里有100张婴儿床，主管修女告诉她，平均每年有6000个孩子被送到这所孤儿院。甚至在她们谈话的时候，还有一个看起来只有3个月大的孩子被抱进来。有人解释说，在这个城市冬天的时候，每3个被抛弃的孩子中就有1个因为暴露在寒冷之中而死掉。

也许是因为对家乡的思念，阿比盖尔频繁地和家乡的姐妹保持书信联系。虽然要两三个月的时间邮件才能投递到位，有时花的时间还要长些，但三姐妹始终保持通信，没有停歇。在给玛丽·布兰奇的信中，阿比盖尔更愿意分享自己生活的琐事和最深的感受。给妹妹伊丽莎白的信中，她更多的是回忆起她们在韦茅斯的牧师公馆中接受的信条。她的姐妹玛丽和伊丽莎白也及时来信，让她放心，告诉她家里一切都好，男孩们表现很好，身体健康。没有她的布伦特里变成了一个沉闷的地方，玛丽写道。她忠实地向阿比盖尔汇报她想知道的全部：她的房子、农场和镇上的情况。

阿比盖尔在欧特伊家中描述的所有家庭生活中，最值得记忆的还是他们全家的日常生活。那些观看歌剧或者去贵族家做客的经历只是巴黎生活的一些点缀而已，对亚当斯来说，离开美洲大陆后，这时是他生活最为舒适惬意的一段。妻子的照顾是任何人都不能替代的。

亚当斯一家逐渐开始了模式化的日常生活，他们一直住在一起，享受到了一种以前很少知道的满足感。他们很早就开始一天的生活，吃完早餐之后，如果天气允许，约翰和约翰·昆西通常在工作之前到布伦园林散步，走5到6英里的路。下午两点的时候，全家人聚在一起吃晚饭。下午的大部分时间，亚当斯都在帕西同富兰克林和杰斐逊在一起。晚上，全家人都在二层读书或打牌，只有约翰·昆西在学习。他们同意，他应该立即回家去哈佛读书。好几个晚上，亚当斯辅导他学习，高兴地重新扮演学校校长的角色，和他的尖子生在一起。虽然只有17岁，这个男孩已经很有才华。离开家的这些时光里，他没到常规的学校念过书，但却从父亲的爱好和鼓励中受益匪浅。他的旅行、阅读，加上与弗兰西斯·达纳、托马斯·杰斐逊等人为伴，使他更成熟，有着令人惊异的广博知识。比起同辈的美国人，他对欧洲和俄罗斯的见识更多。他的法语事实上很完美。他广泛地阅读英国和罗马历史。"如果你要考查他的英语和法语诗歌，我不知道你在哪儿能找到比他更好的。"亚当斯骄傲地告诉儿子以前在莱顿的老师本杰明·沃特豪斯博士。

根据娜比的记录，"爸爸（上床的）时间"通常是晚上10点，之后她和约翰·昆西"他们之间会有小小的谈话"。"我们的玩伴很少,拜访也少多了。"娜比写道。她发现欧伊特的社交生活不如自己所期望的。和她在祖国的男友罗亚尔·泰勒的关系处于进退两难境地,她几乎从没有收到他的来信,不知他此时在美国到底在干什么。

阿比盖尔自己也时常的想家。"身体在一个地方而灵魂在另一个地方,这是多么悲伤的不幸啊。"她告诉玛丽。在法国的日子只让她比以前更热爱自己的祖国。在外面待的越久,她对自己的祖国和丈夫就越保持高度的敬意。

4 出使英国
JOHN ADAMS

离开巴黎

大陆会议派出富兰克林、亚当斯和杰斐逊这三人搭档,是对他们寄予了深厚的希望的。作为一个刚刚独立而又热切盼望在世界舞台上有所作为的新国家,美国给他们分配了艰巨的外交任务。这需要他们集中注意力,轻松和谐地工作。他们的任务是和欧洲各国缔结商贸协议,但这是一项进度缓慢、乏味的工作,而且没有显著进展。新成立的合众国处处碰到贸易壁垒,但又迫切需要消化美国剩余产品的市场。美国的立场是自由贸易,但很少有国家对此感兴趣。"我们以惊人的和谐、好脾气和全体一致展开工作。"亚当斯承认。他惟一抱怨的是"没有价值"的痛苦。

在富兰克林位于帕西的住所,这三个人几乎所有的工作都是在这里进行的。已经进入人生暮年的富兰克林几乎不能离开这个地方。他们一起协商起草报告,而且按照要求每个星期二都到凡尔赛宫接受国王的召见,然后在那儿和维尔热纳伯爵及其他外交使团共进晚餐。由于形势的需要,美国迫切需要一位常驻英国的外交人员。在给大陆会议的信件中,亚当斯也反复强调向英国派出特使的重要性。虽然渴望担任这一职务,但亚当斯在信中既没有推荐合适人选,也没有说自己的感受。阿比盖尔认为,毫无疑问他会被选中,这是他的"命运",她告诉玛丽·克兰奇。

JOHN ADAMS

4月26日晚上,杰斐逊从巴黎骑马出来,把一封刚刚收到的埃尔布里奇·格里的来信交给亚当斯。格里在信中通知亚当斯,他已经被任命为派驻英国宫廷的使节。来信要他在不晚于6月4日国王生日之前到达伦敦。几天后,杰斐逊得知,自己确实要接替富兰克林成为驻法国使节。一切都像此前被人们广为猜测的那样应验了,虽然各自都喜欢自己的新职务,但杰斐逊和亚当斯一家都很悲伤地意识到,他们马上就要分离。在巴黎的这段生活,杰斐逊总是和亚当斯一家待在一起,他们之间的认识得到了很大的提高。用阿比盖尔的话说:她感到惋惜,就要离开这儿去面临伦敦更恶劣的天气,更加令人惋惜的是,再没有杰斐逊的陪伴了。

关于和富兰克林之间,没有记录显示亚当斯和富兰克林最后告别时,他们之间发生了什么。毫无疑问,两人当时肯定都非常礼貌。他们之间还有工作要交接,还继续保持着通信。但这是他们最后一次见面。

尽管雄心勃勃要求到伦敦赴任,约翰·亚当斯也不急于离开巴黎,他满意这里的生活状态,更关键的是他还要为赴英国做一些必要的准备。就像他当初学习法语一样,他很关心伦敦方面的外交礼仪,担心自己会被怎么接待,害怕遭到人们的怒视。他为此请教了英国驻法国大使多塞特公爵。亚当斯以最严肃的态度看待他的新职位。他相信,自己和任何美国人一样非常关心美英关系以及战争与和平的问题。在未来几年内会达成什么样的"友好和体面条款"对两个国家都非常关键。"我再也没有发现一个地方有这样的小山、这样惬意的花园、这样高贵的森林、这样纯净的空气和宁静的道路,就像欧伊特一样,"他写信告诉理查德·克兰奇,"我会非常难过地与杰斐逊先生分离。"

分离还是来到了,在欧伊特亚当斯的房子里,仆人开始收拾行囊。5月的第二个星期,约翰·昆西先一步出发了,他要回美国上哈佛大学,那是他父亲曾经学习的学校。

1785年5月20日,约翰、阿比盖尔和娜比最后离开欧伊特的房子,在场的每个人都感到痛苦。在法国招雇的仆人们聚集在马车外哭泣。在忧郁的气氛中,这家人出发前往加来。

"我们行程缓慢,有时陷入沉寂。"阿比盖尔给杰斐逊写信说,"你们一家的离开使我非常忧伤,"杰斐逊从巴黎写信告诉亚当斯,"我的时间过得非常缓慢。"

JOHN ADAMS

几天后，这一家人乘坐多佛的邮轮越过英吉利海峡，英国就近在眼前了。伦敦，当时世界上最有权势的城市出现在他们的面前。当时的伦敦，大约有100多万人口。它是英国的政治中心，还是制造业、金融业和贸易中心。污秽、泥泞的泰晤士河是它的主动脉，是它通往世界的门户。泰晤士河比欧洲其他河流的运输量都大。一本导游书说，只有站在泰晤士河的桥上，人们才能看见成队的船只"运走英国的产品，带回整个世界生产的货物"。作为美国公使，亚当斯因为这景象感到忧虑，因为其中没有一艘美国船。他此行来的主要目的，也就是要改变这种状况，美国需要一个发展经济的环境，这需要亚当斯在英国辛苦工作来争取。

抵达伦敦之后，亚当斯一家3口先住在皮卡迪利大街的巴斯旅馆。伦敦的繁华丝毫不比巴黎差，用塞缪尔·约翰逊的话说："千真万确，当一个人厌倦了伦敦，那他就厌倦了生活。"在伦敦几乎应有尽有，邦德街的商店的商品甚至比巴黎的还高档许多。伦敦的咖啡屋、旅馆、剧院和音乐厅更是数量众多，这个城市有许多娱乐演出，在阿比盖尔看来，这是伦敦的长处。亚当斯一家3口经常去剧院。他们还经常去切尔西的瑞拉夫花园。在那里，和伦敦社交界的时髦人士在一起，他们在花园小径上散步，品尝特等茶、听音乐。这家人很高兴又住在一个奉行新教的国家。他们定期前往教堂，圣保罗大教堂的穹顶耸立在一片看似森林的塔尖、角楼和教堂的尖顶之中，一点都不像巴黎的景象。

毫无疑问，驻宫廷的公使有很多奢华的娱乐活动。但亚当斯一家对此兴趣不大，在伦敦生活甚至比在巴黎费用还高。更糟的是，大陆会议把亚当斯的薪水砍掉了1/5，从原来的2500英镑降到了2000英镑。一个从苏格兰来的客人吃完晚餐后形容亚当斯家的饭菜"很好"但很"朴素"。后来拜访他们的杰斐逊则惊讶于他们过得"非常的简朴"。在伦敦度过第一年后，亚当斯写信给梅西·沃伦说："在钱的事情我已经不知所措了。"

很快，在伦敦西区格罗夫纳广场，合适的房子找到了，位置对亚当斯来说非常理想。他们的家具被从法国运来，这家人搬到了这个树荫覆盖、有着碎石小道的广场。这里大概占地5英亩，正好和欧伊特的花园一样大。广场周围全是精致的住宅群，属于伦敦的许多显赫公民，包括卡马森勋爵。亚当斯家租的房子是位于东北角的8号，这里成了美国第一座公使馆所在地。前门进去是一个很大的大厅。一层有一个足够宴请的宽大餐厅，还有一个宽敞的房间被亚当斯当作处理公务的办公室。客厅和图书馆在二楼，卧室在三楼，厨房在地下室，后面有一个马厩。总共有8个佣人为这所房子服务，和在欧伊特的时候一样，阿比盖尔还是希望宁可少雇几个人，只要他们工作努力就好。

从1785年5月亚当斯刚刚在伦敦任职，到1786年2月期间，亚当斯作为公使必须处理的问题，几乎所有都是《巴黎条约》的遗留问题。美国和英国之间虽然签订了这份条约，但他们并没有就条约中的许多问题达成一致，包括债务、保皇党待遇、英军没收之奴隶和财产补偿和英军在美驻军等问题。在经济问题上，亚当斯代表的美国明显处在不利地位，所有问题看来都无法解决。由于刚刚独立，美洲发行的货币不被承认，几乎毫无价值可言。战争耗尽了殖民地的资源，国家的经济状况岌岌可危。合众国迫切地需要金钱，除了贷款，剩下的只有开展贸易。英国人认为，没有理由与这个贫穷、弱小、曾经为敌的国家仓促签署任何条约。

亚当斯频繁到白厅和唐宁街10号拜访，但他无论提出什么建议，向政府提出任何要求，都没有得到答复。对此，亚当斯并不感到惊讶。第一次的时候，他就相信，英国决不会轻易放弃他们的堡垒，正如他们不愿打开美国和西印度群岛的贸易通道一样。和杰斐逊一样，亚当斯相信自由贸易的理论，却遇到英国人毫不妥协的态度。他开始丧失能够达成协议的信心，他警告杰斐逊说："我的朋友，我们不应该成为我们自己的自由思潮的泡沫。"目前情况不妙，他告诉杰斐逊，如果英国政府拒绝扮演一个理智、公平的角色，那合众国应该进入"和法国更加紧密、强有力的联盟之中"。

然而，同法国的商贸关系并不比同英国的关系更有希望。杰斐逊和富兰克林一样致力搞好和法国的关系，并因此成功地和法国达成了一项协议。根据该协议，美国的鲸油获准进入法国市场，但必须在固定期限内。战争结束以来，就法国而言，并没有如维尔热纳想象的那样实现同美国的繁荣贸易。美国市场对法国产品的需求非常少，而且不大可能提高。有一次会见卡马森勋爵时，亚当斯像以前一样严正警告说，如果英国继续现在的态度，将不可避免地增强美国和法国的商贸关系，但这根本没用。亚当斯告诉杰斐逊，他看不见希望。

亚当斯在格罗夫纳广场，杰斐逊在巴黎，两人之间仍然保持着稳定而真诚的通信。从1785年5月到1786年2月，8个月的时间里，他一共给

JOHN ADAMS

杰斐逊写了24封信,杰斐逊也几乎写了同样数目的回信。这两个公使坦诚相待,互相交换消息及对各种事物的看法,还有对美国烟草在欧洲潜在市场的猜测。两人通信中细微但值得一提的差别在于:杰斐逊通常以常规的方式落款为"您的恭顺的仆人"或"您的朋友和仆人";而亚当斯的署名则是"你最亲爱的"或"以伟大和真诚的敬意",或者是"再见,我亲爱的朋友"。

英王召见驻英大使

亚当斯在英国的外交活动,大都围绕着在伦敦的美洲人所展开,这并不是他乐于见到的却不得不承认的。在英国人的眼中,美洲根本不值得尊重。英国人极端的自鸣得意,他们一点儿都不愿意使自己的海上优势被削弱或受到威胁。在不得不承认美国独立后,英国在许多地方加以限制,比如在加拿大和西印度群岛,英国人拒绝美国船只进港。更有甚者,除非用英国船只运载,否则美国货物不能在大不列颠帝国境内任何地方运输。在亚当斯看来,首先要实现的是让英国口岸向美国开放。遗憾的是尽管他很努力,却仍然一事无成。在美国,根据1781年生效的《13州联邦宪法》,大陆会议无权管理商业。

在到达伦敦快1个月后,英王乔治三世才安排了对他的接见。英格兰国王陛下与美国新任的驻英宫廷大使不是没有共同爱好和显著的相似之处。同约翰·亚当斯一样,乔治三世醉心于农场。很少有比巡视农事、在温莎和农场工人谈论庄稼和美利奴羊更让陛下高兴的事。同亚当斯一样,这个国王喜爱读书,就像务农一样,他们的不同点主要是喜爱程度的问题。同亚当斯一样,国王也是个爱早起的人,经常在早上5点以前起床。他也遵守严格的作息,他是个倔强、感情深厚的人,对自己的妻儿子女全心全意。他有15个孩子。他非常虔诚,而且像亚当斯一样真诚地爱国。

尽管有这些共同点,这两人仍然有着许多显著的不同之处。一个是英格兰的国王,一个是新英格兰农夫的儿子。他现在代表一个突然出现的国家说话,这个国家的生存还没有完全得到保障。在觐见的那天,亚当斯感觉自己就像一个无名小演员,孤立无援地站在舞台中央与主角唱对台戏。卡马森勋爵用自己装饰豪华的马车载着他到达圣詹姆斯宫殿,到达带拱门的门房后,大门打开了,亚当斯顺着楼梯,又下到一个大厅里,走进一个拥挤的房间,里面有各国大使、贵族、主教和朝臣。他和卡马森勋爵站着等在国王寝室外的时候,所有人都看着他。

等了大概10分钟,门开了,他们走了进去。在被介绍的时候,亚当斯鞠躬,或者说是"敬礼",一次在进去的时候,一次在向前走了半程时,第三次是"到跟前"时。"美利坚合众国委派我为在陛下您这儿的全权公使。"亚当斯开始说道,激动得几乎说不出话来。"我所感受到的比自己实际做的和能够表达的要多得多。"亚当斯后来写道。在他面前的这个肥胖的人就是那个"暴君",用《独立宣言》的话说:他劫掠美国的海洋,烧毁美国的城镇,这个君主"不配当自由的人民的统治者"。而在国王看来,亚当斯知道,自己只会被蔑视为一个可耻的叛徒,一个只配上绞刑架被绞死的罪犯。

"合众国派往陛下宫廷的公使将在英格兰和美国的历史上开创一个新纪元。"他继续说道,"我认为自己比所有的同胞都幸运,特别有幸以外交官身份第一个站在陛下您面前。如果,我能有助于向陛下的皇室善心越来越多地介绍我的祖国;有助于恢复虽然被一片海洋分离、受不同政府管理却有着一样的语言、相近的宗教和血缘的人民之间的全部尊敬、信心和友爱,或者说得更好些,恢复他们之间原有的和善和好心情,那我将认为自己是世界上最幸福的人。我恳请陛下允许我补充,虽然我以前也接受过祖国的委托,但我一生中从来没有感觉这么惬意过。"

虽然很短,但他讲得很困难,他的声音有时甚至颤抖,而国王也被深深地感动。国王也非常谦恭、镇定,亚当斯后来承认:"国王听我说的每个字,很有尊严但显然也很动情。"

英王的回答出乎意料的客气,虽然听上去充满了不满:"这次接见的气氛如此不同寻常,您现在所用的语言如此恰当,您表露的感情如此适合场合,以至于我必须说,我不仅要愉快地接受美国人民友善的保证,而且很高兴,担任他们公使的选择落在了您身上。先生,我希望您相信,在过去的斗争中,我什么都没做,只做了我认为履行我对人民的职责时自己必须做的事。坦率地告诉您,我是最后一个同意分裂的;但是既然已经分裂了,而且这已经成为不可避免的,我总是说,正如我现在所说的一样,我要第一个迎接合众国作为独立国家的友谊。"

最后,亚当斯鞠躬表示会见结束。"我退下了,退着走,因为这是礼节，而且到门口时最后敬了一次礼，然后就走了。司仪和我一起……陪着我去到我的马车那儿，台阶上站满了仆人、侍从和行李搬运工，我一出来，他们就像雷鸣般地喊道：'亚当斯先生的仆人，亚当斯先生的马车'。"

一切都进行得非常好。亚当斯演讲优雅、有尊严、得体，一切都很真诚。但如果认为这次会见预示着英国会完全热诚地欢迎新公使的到来，那么伦敦报界很快就使这种希望破灭了。报界拒不承认这次会见，认为这不过是供未来历史学家们研究的奇怪轶事罢了。

被国王单独接见3个星期后，亚当斯又被邀请到王后的社交圈里，或者说"客厅"里。这次全家3口都去了，同行的还有纽约来的威廉·斯蒂芬斯·史密斯。大陆会议指派史密斯为美国公使的秘书，他刚刚到达伦敦。如此重要的会见，无疑让亚当斯一家感到激动，他们花了好几天时间做准备。当礼服、饰物等物品全部准备妥当之后，亚当斯一家被护送到一个大客厅，那儿有200多名经过挑选的客人，包括外交官和他们的妻子，所有人被安排站成一个大圆圈。

接下来的情景阿比盖尔在给她姐姐的信中有详细描述，看得出这次会面给她留下了"深刻印象"。"国王走进屋里，走到右边，王后和公主们走到左边，"阿比盖尔这样开始对玛丽描述。"皇室成员的任务就是和客人说话，他们要走到每个人面前，同每个人都得寒暄一遍。国王是个很有风度的人，但我亲爱的姐姐，他的脸色是经常被我们称作'红脸白眉'的那种……他来到我面前时，翁斯洛勋爵（阿瑟·翁斯洛，皇家寝室的勋爵）说道：'亚当斯太太。'听到这儿，我脱下右手手套，陛下在我的左脸上行吻面礼，然后问我今天有没有散步。我应该告诉陛下，我整个早上都在为会见他做准备，但我只说：'没有，先生。''怎么您不喜欢散步呢？'他说。我回答说，我在这方面很懒惰。接着，他鞠了一个躬，然后走开了。"

阿比盖尔还给姐姐介绍了仪式的冗长。"这之后又过2个小时我才轮到被引见给王后。这个圆圈非常大，以至于所有人足足站了4个小时。我被引见给王后时，她显然感到很尴尬，我也感觉很不愉快。不过她说：'亚当斯太太，您找到房子了吗？请问您对它的位置还满意吗？'这时候，长公主（夏洛特·奥古斯塔·马蒂尔达，乔治三世和夏洛特王后的长女）看起来很有同情心，问我是不是很累了。"大体上看来，阿比盖尔告诉玛丽，宫廷里的女士"长相平平，身材病态、丑陋，不过别告诉别人是我说的"。

总的说来，皇室成员出奇的和蔼可亲，但他们的生活却不令人羡慕，人人都戴着伪善的面具。

5 长女出嫁
JOHN ADAMS

威廉·史密斯

还在阿比盖尔没来欧洲与亚当斯相聚的时候，他们的长女娜比就有了自己的男友。女儿的婚事在很长时间都困扰着亚当斯和阿比盖尔的心情，他们都不太看好娜比选择的这位男友。亚当斯出使欧洲后，孩子们中只有娜比留在家中，17岁的她的生活也有所变化。她长着金色头发，面容姣好，身材高大，仪态高贵，妈妈的遗传使她有个好身材。她不是那种被别人吸引了才会引起人注意的人。她为人很谨慎，更不愿意表明自己的观点。按照阿比盖尔的形容，她是个"优秀端庄的女孩，有着公主般的尊严"，但阿比盖尔也担心娜比的性格太内向、太谨慎。

1782年，一个叫罗亚尔·泰勒的年轻律师搬到了镇上。他住在克兰奇家，对娜比显示出极大的兴趣。当然，他也没有忽略阿比盖尔，给了她足够的重视，阿比盖尔对他评价颇高。泰勒出身富裕，在哈佛毕业时代表全班致告别辞。他是个英俊、机智、博览群书的年轻人。"如果他坚持做一行工作，他会在这一行中光芒四射的，"阿比盖尔写道，"他的性格非常和蔼。"显然，她和娜比一样被他迷住了。但有传言说这个年轻人过去非常"放荡"——在哈佛时，他和一个女仆生下了一个私生子，并因此挥霍掉自己继承的遗产。阿比盖尔因此动摇了，最后就此事写信给她在远方的丈夫。这两个年轻人之间的眷恋与日俱增。她告诉亚当斯，泰勒在他们的炉火前消磨越来越多的夜晚。她应该怎么办？"我该说什么？我感觉自己心中有强大的恳求声，又回忆起我自己年青时候对爱情的渴望。"

在罗亚尔·泰勒这个问题上，他显得极无耐心。"我根本不喜欢这个话题。"他告诉阿比盖尔。这个女儿还太年轻，不用考虑这些问题。他也不喜欢泰勒"向母亲献殷勤"的方式。阿比盖尔和泰勒都"进展太快，而

JOHN ADAMS

我要劝他们先等一等"。在给自己女儿的一封充满父爱的长信中，亚当斯提供了自己的择婿意见，这也概括了他最看重的品质和他自己一生中为之奋斗的目标：女儿！找一个诚实的人做丈夫，而且让他一直诚实。无论他有多少钱，只要他能自立就够了。考虑这个人的荣誉和道德品质比其他因素更重要。除了灵魂的伟大和心灵的富裕之外，一概不要考虑。一个诚实、理智、仁慈的人，一个脱离了所有卑鄙虚荣心和虚妄幻想的人，一个努力做得更好而不是为了致富、使自己有用而不是为了炫耀的人，一个力所能及生活得朴素、不欠债的人，才是社会上最值得尊敬的人，才能使自己和周围的所有人幸福。

1783年秋天，尽管阿比盖尔汇报说，这个年轻人的"爱意"没有减少，但这段罗曼史被暂缓了。至于娜比，没有父亲的同意，她什么都不会做。这也是约翰必须回家的另一个原因，这样他能够自己估量形势。

当娜比跟随母亲来到法国后，她和罗亚尔·泰勒的联系渐渐减少，直到一点也没有音讯往来了。

此时，亚当斯的秘书威廉·史密斯上校给约翰和阿比盖尔留下了深刻的印象，认为他是一个有着伟大前程、值得赞扬的好青年。"他不仅品德优秀无瑕，"她告诉约翰·昆西，"而且才21岁就指挥了一个团，装配武器打击敌人的时候，他在整个战争中表现得慎重、英勇、无畏。"她希望约翰·昆西知道这些，因为史密斯上校"可能成为你的兄弟"。在他们的授意和默许下，威廉·史密斯对娜比还有她对他的兴趣已经非常明显了，阿比盖尔向昆西强调指出，努力解释清楚他姐姐的决定。日复一日的观察后，亚当斯得出结论，自己年轻的秘书拥有成为娜比的"忠诚合适的"伴侣的所有必须品质。约翰·亚当斯因此让娜比自己决定未来。

1786年5月的最后几天，约翰·亚当斯又被叫到阿姆斯特丹，以确保荷兰提供另一笔美国迫切需要的贷款。6月12日，亚当斯回来了，娜比和威廉·史密斯上校在格罗夫纳广场的家中结婚。他们举行了一个只有少许朋友参加的仪式，科普利一家也参加了。几个星期后，新娘新郎搬到了位于温波尔街的新居。事实上，母女两人一直从未分开过，如今她们难舍难分。这样的改变让阿比盖尔难以适应。她让这对年轻夫妇许诺，每天都到格罗夫纳来吃晚饭，尽管如此，她仍然比任何时候都"寂寞"。为了打起精神，她想象着约翰·昆西和帕齐·杰斐逊结婚，还开玩笑地向杰斐逊提出这个建议。不过，她写道，失去自己女儿的同时她又得到了一个儿子。"假设你把杰斐逊小姐给我，并在以后得到一个儿子替代她。我这样做是为了加强联盟。"与此同时，在马萨诸塞家中，约翰·昆西被哈佛驳回了入学申请，除非他在黑弗里耳的肖牧师指导下学习几个月的希腊语。到1786年3月的时候，约翰·昆西才成为哈佛大学的正式学生。

他不必学习得太过于刻苦，亚当斯善意地劝告他。"熬夜不利于健康。要注意休息，要多睡眠、多散步。你现在不用太仓促。"亚当斯建议说，关键是要训练一个好奇的头脑。约翰·昆西必须结识最杰出的学者，并密切地向他们提问。阿比盖尔因此给这个年轻人写了一封充满慈母建议的言语强硬的回信。她要求他"注意你自己"，不要恃才傲物。"如果你意识到，自己在许多科目上比许多同龄人掌握的知识多，那就想想你有更多机会见世面，并因此比你的同辈懂得了更多人类的知识。你从未渴望得到一本书，但它却被提供给你，你所有的时间与文学和科学人士相伴。如果这样你还有颗非常愚蠢的头脑，那将是多么不可宽恕啊！"

这时候，查尔斯也进入了哈佛，当时只有15岁。因为他比哥哥更喜欢外出，人们认为查尔斯太容易分散注意力了。当约翰·昆西被提醒要严防午夜灯火的危害时，需要有人提醒查尔斯还有午夜灯火的存在。

除了功课和学习以外，亚当斯记得自己上学时发生过的许多其他事情。他慈爱地写信给他的次子说："查尔斯，你生性喜欢社交，这非常好，但却容易误导你。独处才能造就学者，只有依靠自己才能有成效地学习。因此不要让你的伙伴和娱乐占据你太多的时间。"

亚当斯急需前往海牙签署和普鲁士的条约。这是一个他和杰斐逊努力达成的和欧洲的贸易条约。条约在1785年6月签订，但直到1786年5月才被批准。被批准的日期显然太晚了，以至于他们必须在几周内立即签署承认该条约，否则就会过期。因为除了在海牙以外，伦敦和巴黎都没有普鲁士的使节，亚当斯必须毫不耽误地赶往海牙，否则条约又将成为泡影。杰斐逊拒绝前往，为自己找托辞说，刚刚才得到通知。

"因此有了看看这个国家（荷兰）的好机会，"阿比盖尔高兴地写道，"我要和他一起去。"事实上，他们都很高兴能够去荷兰。向阿比盖尔展示这个对他意义重大的国家，没有什么比这更让亚当斯高兴的了。在那里，他获得了成功；在那里，正如他们都意识到的那样，他改变了历史进程；

JOHN ADAMS

在那里，他仍然是公认的美国使节，大陆会议从来没有找人以取代他。

他们去了5个星期，首先于8月8日在海牙停留，参加了签字仪式。接着，他们一边游览山水一边前行，到了鹿特丹、代尔夫特、莱顿、哈勒姆、阿姆斯特丹、乌得勒支等等，阿比盖尔在信中对此进行了多姿多彩的描述。"看不见任何小山"，她写道，对此难以相信。这儿的人"吃得好，穿得好，心满意足"，妇女们的美丽容颜引人注目。她没有看到在巴黎和伦敦见过的穷人。这里的城市令人惊叹地干净、有秩序。

如果说埃塞克斯的布伦特里难以勾起祖先血脉联系的感情，那么莱顿的清教徒教堂则为此做出了补偿。在教堂的一片宁静中，她感情起伏，就像亚当斯第一次拜访这座教堂时那样感动得流泪。在阿姆斯特丹的股票交易所，形成鲜明对比的是，那里生意交接时的"嗡嗡声"让她想到了"一群蜜蜂"。

他们受到荷兰人热情、鼓舞人心的接待。这"不仅是他们个人敬意的明显证据"，阿比盖尔写道："而且证明他们对革命满怀敬意，是革命连接了他们和我们……他们看来充满了自由的精神。"

到1786年秋天，和英国的关系仍然没有进展。在荷兰得到尊重和友情之后，亚当斯发觉英国人冷冰冰的礼仪更加令人烦恼了。但他的情绪很好，身体状况极佳。而且，他和阿比盖尔在那时候知道，他们要有外孙了。娜比怀孕了，预产期在次年4月。

1787年4月2日，娜比生下了"一个漂亮的男孩"，后来取名叫威廉·斯托伊本·史密斯，他是亚当斯家庭中第三代的第一个孩子。"我已经很喜欢他了，他长得就像他的外公，就像他是我的儿子一样，不，我难以劝说自己说他不是。"阿比盖尔写信告诉露西·克兰奇。

与杰斐逊的短暂结伴旅游

在伦敦的生活，除了得到一个外孙，约翰值得一提的还有他与杰斐逊之间的友谊得到了巨大的加强。从他们在第一次大陆会议上相识以来，他们两人之间从未把对方引为知己，直到他们代表美国出任驻欧洲的公使。一位取代了富兰克林与美洲最重要的盟友处理事务，一位在美洲昔日最大的敌人英国协调关系，共同的工作拉近了二人之间的关系，他们之间的友谊日益牢固。在国内的正常情况下，这可能根本不会发生。

JOHN ADAMS

第四章 家庭

6月26日，小波莉·杰斐逊的到达使生活更有生气。她乘坐的那艘船的船长安德鲁·拉姆齐陪伴她前往亚当斯家。她非常依赖拉姆齐，以至于他离开的时候，她感到很不安。"我给她看了你的画像（马瑟·布朗画的那幅肖像），"阿比盖尔写信告诉杰斐逊，"她说不认识这幅画，她不认识你又怎么会认识这幅画。"她告诉杰斐逊，令人惊讶的是那个陪伴她的保姆。"你指望能照顾她的那个老保姆病得很利害，根本不能来。取而代之的是一个十五六岁的女孩，是你的仆人的妹妹。"她写道，得体地避开了"奴隶"这个词。这是阿比盖尔和亚当斯与萨利·海明斯的一次相遇，她那时候的实际年龄只有14岁，比阿比盖尔猜测的还小，但许多年后，她竟然在有关杰斐逊私生活的丑闻中扮演了重要角色。她是人们所知的惟一一个在亚当斯家住过的奴隶。在阿比盖尔看来，萨利和波莉一样是个孩子。

杰斐逊和亚当斯不同，不论是本质还是外观，都和以前一样，但自从1776年以来，生活中发生的许多事情使杰斐逊发生了变化。他本不想出使欧洲，来之前他其实已经使用了各种各样的借口推脱。随后他被弄到巴黎来，和富兰克林与亚当斯共事。即使阅历丰富如富兰克林，也都不知道今后法国、他们的国家和他们自己会发生什么。对未知的不可知使他们之间的联系变得格外与众不同。对于亚当斯来说，杰斐逊到巴黎简直是上天的安排。给亨利·诺克斯的信中，亚当斯骄傲地写道："你难得听到对我的朋友和同事杰斐逊先生的夸张描述，无论是能力还是品德……我只担心他难以遏制的求知欲会毁坏他的健康。"

他们一起在法国的时候，杰斐逊经常生病。亚当斯对此非常担心，从此以后，他们没人会想到巴黎而不记起对方。除了工作时和亚当斯待在一起，杰斐逊还经常到欧伊特吃饭，几乎就是从他们搬进来的那一天开始。而一旦他租好房安定下来之后，他们也到巴黎他那儿去吃饭，那个地方被称作"泰坦鲍德死胡同"，靠近歌剧院。在杰斐逊的鼓励下，约翰·昆西在城里时把杰斐逊的住处当成自己的避难所，他开始和杰斐逊的两个助手成为朋友，他们是戴维·汉弗莱斯上校和威廉·肖特。杰斐逊对约翰·昆西的兴趣使这个年轻人高兴极了，这一点没有逃过他父母的眼睛。"在我看来，他既是我的儿子也是你的"，亚当斯后来深情地提醒杰斐逊。

"在杰斐逊先生那儿吃饭"成了约翰·昆西日记里常见的内容。"下午，去了……巴黎，杰斐逊先生那里。""和杰斐逊先生一起度过夜晚，我

215

JOHN ADAMS

喜欢和他在一起。"9月的一个下午,亚当斯一家、杰斐逊还有"8千到1万"观众参加了当时巴黎的一件盛事:观看一个气球在杜伊勒利宫花园升空。"回家又看到杰斐逊先生,"娜比有一天写道,"他是个令人愉快的人。"

1786年4月4日,杰斐逊因为法国盟约的事情来到伦敦,与亚当斯商议对策。在事情的中间,他们俩结伴在英国乡村做了一次短暂的旅行。在亚当斯和杰斐逊漫长起伏的一生中,这是一段无足挂齿的短途旅行。但这是惟一一段他们俩独自度过的时间,远离工作和责任。两人从小生长在农村,都是农夫,对土地、耕种、气候有着特有的爱好。两个人都不时地对这次旅行做记录。遗憾的是,这两人都没有写下一路上他们之间发生了什么——坐在马车里一路颠簸的时候,他们都谈些什么;关于生活、政治、法律、他们喜欢的书籍、他们的家人和他们祖国的未来,他们到底进行过怎样的谈话。那是他们相濡以沫的最亲密的日子,但他们对彼此只字未提。两人乘坐租来的马车旅行,分担费用。同行的还有他们的两个仆人约翰·布里斯勒和安德里安·珀蒂。他们走得非常快,在6天内旅行了许多地方。

根据亚当斯的记载,他们一共游历了20多个乡村,而且他认为这些地方都具有高度娱乐性。到4月26日,杰斐逊和亚当斯在外交方面仍然没有取得任何进展。没有理由指望这方面会有所改进,杰斐逊向亚当斯家道别,启程返回巴黎。正式说来,杰斐逊的此次任务"毫无成果"。

还在"波士顿"期间和长子待在一起的时间里,亚当斯就清楚地意识到,这个孩子不仅异常聪明,而且能够集中精力工作,远远超出他这个年纪的孩子能达到的程度。这一点也得到本杰明·沃特豪斯的肯定,他写道,约翰·昆西能"以一种他这个年纪少见的坚韧不拔"的劲头刻苦学习。

"许多伟大人物都在你现在所在的大学接受过教育。"亚当斯提醒他,应该尽量听所有的课,包括法律、医学、化学和哲学。应该研究这所知名大学的所有院系和规章,"其中的所有知识都能在你自己国家的大学传授"。但当约翰·昆西问这个冬天他能否买双冰鞋的时候,亚当斯毫不犹豫地表示同意。至于骑马、击剑和跳舞,他全都同意。

亚当斯表达的是他对儿子深深的爱和无限的希望。毫无疑问,他努力培养这个孩子，使他有朝一日能为祖国服务。"你要永远记住，所有学习的目的都是要使你成为一个好人和一个有用的公民，"亚当斯这样结束5月份写的一封信，"这是你慈爱的父亲给你的所有建议的总结。"日后，这位被父亲寄予厚望的学生达到了与其父亲一样高的成就。

就在这一年，在朋友的帮助下，亚当斯购买了一所大房子，用以取代他那继承自父亲的老旧住宅。这所房子坐落在海滨大道上，在镇子北面，整套产业包括房子、农场设施和80多英亩的土地，一共售价900英镑。还在祖国的时候，亚当斯就看上了这所房子。1731年左右，西印度群岛来的蔗糖富商伦纳德·瓦萨尔建了自己的消夏别墅，后来这所房子传给了他的女儿博兰。自从战争爆发以来，博兰是个保皇党，她逃到了英格兰，这所房子就空了。当亚当斯听说这所房子出售时，他立即决定购买。亚当斯认为这是他度过退休生活的理想地方。

6 回国的前夕
JOHN ADAMS

新宪法

美洲的独立得到了法国的大力支持，反过来，独立这个事实也刺激了法国的普通民众。资产阶级为了维护自身利益，开始主动寻求社会变革，在这个过程中，以国王为代表的教士和贵族阶层受到了前所未有的冲击。1787年夏末，巴黎的示威群众和公众已经公开打着反对皇室的旗号走上街头。身处巴黎的杰斐逊兴奋地告诉亚当斯，城里到处贴满布告，虽然群众集会的情况有所减弱，但王后到剧院的时候却遭到"一片嘘声"。"一直就习惯酗酒的国王陷得越来越深，王后大声抱怨，但罪恶还在继续。"

9月17日，美国的宪法会议闭幕，新的美国宪法在费城签署。文件被分成几份送到欧洲，征求在海外的公使的意见。当副本在那年秋天送到时，亚当斯看完后感到"极其满意"。只是有一点，他对宪法中总统权力的限制有些意见，他希望总统的权力比宪法给予的更大，特别是没有参议院批准就不能任命总统的章节。但他更担忧的是，其中没有有关权力的章

JOHN ADAMS

节，没有他在马萨诸塞州宪法中提到的这种精神。

杰斐逊从巴黎写信说，他最担心的也是总统这个职位，不过他担心的和亚当斯正好相反。作为从英王统治下独立起来的新国家，在他看来，宪法中对总统职位的设置就像"波兰国王的恶劣翻版"。有这样一种可能，他一生中能够一个4年又一个4年地重新当选……一旦上任并掌握了联邦的军力，又没有一个委员会的帮助或遏制，他可不会那么容易就被赶下台，即使人民也会被诱使继续为他投票。"这和国王没什么两样，而我希望，在这4年结束的时候，他们使他不能第二次当选。"

在这一点上他们的观点有所不同，亚当斯回答："你害怕一个人当权，而我害怕少数几个人。我们完全同意，大多数人（在国会里）应该得到完全、公平和完美的代表。你担心出现君主制，我害怕贵族专制。我因此愿意给总统更多的权力，给参议院的较少。"他并不是太担心同一个总统的任期太长，亚当斯说，因为他参加过太多的选举，这些选举总是选出最差的人，并为外来的影响制造了机会。在后来和麦迪逊的私人通信中，杰斐逊对宪法谈了很多，认为有必要有一部关于权力的法案；但他当时从来没有公开谈过这些问题，而亚当斯却给约翰·杰伊寄出了表示强烈支持的信件，后来这封信在美国被广为引用。

如果说《独立宣言》把不同和有纷争的各个州统一到共同的事业中，现在，亚当斯认为宪法是可能"在情感和利益上把所有美国人粘合成一个伟大民族"的最好办法。事实上，如果说亚当斯的所有著作和斗争有一个贯穿始终的主题，那就是有必要促进美国的联合。这又清晰地表明了亚当斯具有魔术般的预见能力。在接下来的美国政治生活中，联邦的组成是最重要的部分。

年底的时候，亚当斯写信告诉杰斐逊，自己将先他一步返回祖国，因为大陆会议要召回自己，在大洋彼岸的祖国，有更加重要的工作在等待着他。

1788年2月初，亚当斯最后一次拜访英国外交大臣。2月20日，他"辞别"了乔治三世，然后紧急前往荷兰，确保另一笔荷兰来的贷款如约履行。这是他和荷兰人最后一次在公务上合作。

从荷兰回来后，亚当斯开始回国前的准备，又是一番收拾开始了。他们要把大量的衣服和书籍打包，瓷器和家具要装在木箱里。这些在阿姆斯特丹和海牙购置的家具是阿比盖尔所喜欢的，包括一张带4根柱子的荷兰床，一个巨大的荷兰柜子，各种大小的桌子，一套有6把带靠垫的路易十五式椅子和一个长椅，上面都有精美的花卉雕刻。

此时，杰斐逊写信给阿比盖尔说："在伦敦的时候，我把你看作邻居，而且从那时起就把你离开的时刻看作令我遗憾而关注的时刻……我的女儿和我一起向你道别。波莉一提起你就充满热情和谢意。愿上帝给你，夫人，一段愉快平安的航程。"

阿比盖尔"在整理行囊的忙乱和疲劳之中"写信给杰斐逊，她只简单而真诚地说，希望自己不会离开的时候没有"给我非常尊敬的朋友写上几句，感谢他给我和我家庭所有的善意和友谊"。

1788年3月30日，一个星期天，美国大使亚当斯先生、他的妻子和他们的两个美国仆人离开了伦敦。他们乘坐马车到朴茨茅斯，并将在那里乘坐开往波士顿的美国船"卢克利希亚"号。史密斯一家和他们的男婴将乘坐另一艘船前往纽约。纽约当时是临时联邦首都，史密斯上校打算在那里工作。因为天气恶劣，又过了几个星期，亚当斯一家才登上轮船，开始了真正的回国旅程。回家的航行中，亚当斯似乎没有记下任何东西，只是早些时候说过，他最大的愿望是"稳稳地扎根在布伦特里镇上，用我的胳膊和全部力量拥抱它。在那儿生，在那儿死，在那儿安放我的尸骨，让我的儿子在那儿从事法律和农业，就像他的父亲一样"。

此时，约翰·亚当斯已经52岁了。除了1778年在马萨诸塞州度过的几个月之外，他离开家乡已经10年了。这段时间里，他在法国、西班牙、荷兰和英格兰旅行了成千上万里路；他反复穿越英吉利海峡和北海海峡，这次回家的航行是他第四次穿越大西洋；他在最寒冷的冬天翻越了比利牛斯山脉。他总计在陆上和海上旅行了3万英里的路程，比同时代为国服务的任何一个知名美国人都走得远，他没有一次因为艰难和不切实际的情况拒绝过，或者是去从事其他自己更愿意做的事情。

从战争一开始，亚当斯就站在了为国服务的第一线；战争最激烈的时候，他临危受命航行去欧洲；实现和平5年后，他又因为祖国的需要回来了。对他个人而言，他这10年的历史，和他的祖国在独立之路上付出的努力息息相关。回家的航行明确标志着他生命中一个章节的结束，另外一个章节的开始，就像他航行出来的时候一样。

JOHN ADAMS

在法国的第一年，他和富兰克林相处得并不愉快，但他仍然克服了困难，乐意与这位老爱国者合作，而且通常成效显著。他努力推进法国海军在战争中发挥更重要的作用，并成功帮助华盛顿将军取得了关键胜利，这一直是最令他骄傲的工作之一。他在革命的关键时刻，在美洲因财政而捉襟见肘时确保了荷兰的贷款。他凭自己的勇气和信心开始了一项史无前例的任务，就是在敌人的大本营寻找盟友的帮助。他展开自己的个人外交攻势，对这个国家一无所知、不懂其语言、事先与此毫无联系、在那儿也没有可依赖的朋友，然而他仍然成功实现了目的，所有这些都是他对美国事业非凡而超出常人的贡献。

在与英国商谈《巴黎条约》的时候，他发挥的作用非常关键，经得起时间的考验。亚当斯努力工作，一直举止沉着、无私奉献。没人能挑剔他走错了哪一步。也没人能想象，他的其他同胞在这个职位上会做得比他更好。法国大革命发生后，也就是在他回到祖国两年后，亚当斯后来知道摧毁一切的动荡席卷了法国，知道整个欧洲沿海世界的暴力结局。他不在的时候，家乡发生了什么变化？对此他只能想象。不过清楚的是，随着新宪法的到来，他的国家的历史又进入了一个新的纪元。

此时的美国，一切都欣欣向荣，人人都满怀希望。独立战争的胜利鼓舞了国人，他们开始酝酿一个全新的国家的诞生。经过几年的努力，外国市场对美国农产品的需求增加了，经济进入了较好的局面。《巴黎和平条约》使美国的领土比原来扩大了一倍，面积比不列颠群岛、法国、德国、西班牙和意大利领土面积总和还要大。虽说以欧洲的标准来衡量，美国的人口还是很少，不过美国的人口正在飞速增长，从1776年的200万增加到1789年的近400万。尽管期间经历了7年惨烈的战争，还有大约10万名反对独立的亲英分子离开了美国，而且战争年代移民到美国的人数也相对较少。费城依然是美国最大的城市，其人口已经升至4万，纽约有1.8万人，它跟费城一样由于人口的增长而变得热闹非凡。

不过全国的工资水平依然很低，国家资金紧缺。当时全国没有统一货币，不同的州还各有不同的货币。在各殖民地之间，英国、西班牙、法国和德国的货币都在流通，各州间的货币价值也有一定差别。比如，在新英格兰地区英镑6先令能兑换一美元，可到了纽约就要8先令才能兑换一美元了，并且全国只有三家银行，数量严重不足。1789年，美国大约一半的土地依然为美洲印第安人所占据,他们大都居住在阿巴拉契亚山脉以西,没有人知道他们的确切人口,不过大致的数目是10万人。

土著与外来殖民者的矛盾并没有得到最终解决。当时美国人大都在农场居住和工作,家庭经济大多依附在土地上进行,全国大部分人口都集中在东海岸。从缅因州到佛罗里达州一条狭长的地带上,居住着全国一半还多的人口,其余地区基本上都是荒野。全国交通建设很差,道路糟糕透顶,南方的路尤其难走,而国家的联系只能靠马车来沟通。新一届国会本来计划于1789年3月的第一个星期三在纽约召集会议,结果主要是由于交通问题耽误了行程,一直到几个星期以后才凑齐了法定出席人数。

此外,这个国家并没有联邦的传统。的确,由于历史和文化的原因,美国人长期以来一直习惯于把地区和州的利益置于国家利益之上,在大陆会议上,这一点表现得尤其突出,除非在战争时期,即便战时也未必能时刻都先以国家利益为重。许多人心里希望每个州都能完全独立,他们认为独立后国债一还清,国会就没有存在的必要了。宪法修订期间,南北方领导者一致强烈反对新宪法,认为它对各州的权力构成了威胁,从而会威胁个人的自由。争执之下,美国政治层面形成了两个党派,一方是联邦主义者,他们想成立一个有力的联邦政府;另一方是反联邦主义者,他们持托马斯·佩因的观点,认为"最好的政府就是无为而治的政府"。结果宪法问题变得很不确定,直到1788年6月亚当斯一家在布伦特里拆行李包的时候,宪法的地位都还没有得到最终稳固。

JOHN ADAMS
第五章
革命

　　白宫坐落在一片杂草丛生、车辙满地的旷野中,周围散布着大块石头和碎石,这座建筑物看起来除了巨大,其他地方简直一无是处……虽然它宏大的外观已经清晰可见,但内部的装修还未完结,泥水匠和油漆匠都在加紧赶工……这所大房子的所有房间都没干,散发着潮湿的水泥和油漆的气味,楼层之间只有一座螺旋式楼梯修好了,这就意味着从前门上来后只能从这里下来再出后门。

JOHN ADAMS

1 当选副总统
JOHN ADAMS

重返布伦特里

1788年6月17日星期二，约翰·亚当斯一家乘坐"卢克丽霞"号顺利抵达波士顿。在船只刚刚出现在地平线上的时候，已经提前守候的灯塔看守人诺克斯发出信号，卡斯尔岛要塞礼炮齐鸣。镇上的人们举行了仪式，迎接这位美国独立的英雄回到家乡。航船绕过灯塔，威严地驶进港口，卡斯尔岛再次响起礼炮，对亚当斯正式致以敬意。船靠岸后，码头上聚集的数千人的欢迎队伍一起发出兴奋的欢呼。当亚当斯夫妇上岸之时，人们更加欢呼雀跃，教堂钟声响个不停。在他们前往比肯希尔的路上，更多的人蜂拥而至，夹道欢迎。

约翰·汉考克州长在给亚当斯的手书中写道："我的马车会在长码头的尽头恭候。"亚当斯夫妇接着要在汉考克的比肯希尔家中参加一个为他们举行的招待会，汉考克希望亚当斯能在他家里"一直住到您把住所安顿好"。汉考克热衷于仪式和场面，人们的兴奋之情也使他颇为愉快，他坚持要在第二天乘他自己的马车陪同亚当斯夫妇回布伦特里，还要安排骑兵一路护送。可亚当斯夫妇并不在乎这些表面的仪式，他们独自悄悄离开波士顿回到了布伦特里。

回到阔别10年的家乡，亚当斯的幸福心情可以想见。他一回到家里，就马不停蹄地拜访自己的亲朋好友和邻居。家人的再次相见让大家一直都沉浸在重聚的喜悦之中，亚当斯夫妇又见到了克兰奇一家、儿子查尔斯和托马斯，还有约翰·亚当斯的母亲，这位老人已是79岁高龄。正在纽伯里波特学习法律的约翰·昆西得到父母回家的消息，急忙骑马赶回了家里。

又过了几天，从欧洲带回来的家具和行李都运到了，大家开始搬进新家。约翰·昆西写道："一整天都在卸行李、开箱子。"他们用了另外一整天来搬他父亲的书籍，"可（我们）连一半都没搬完"。

当亲眼看到亚当斯的朋友帮他们买下的新房子时，阿比盖尔不禁有些失望。她一度以为新房子是一所雅致的乡间别墅，结果这所房子年久失修，又小又窄，简直令人难以忍受，跟她在欧洲见过的房子没法比。在巴黎和伦敦住惯了的她心中对空间大小的标准已经不知不觉地改变了。幸好房子没有紧挨着大路，前后都延伸着田地，亚当斯却对他的新房子再满意不过了，他在给英国一个朋友的信中说："首先它不大，巴黎级别最低的律师也不会选择这样一座乡间住宅，它只不过是一个爱国者的农场。但是，它非常舒服和安静。"带着这种愉悦的心情，他兴致勃勃地投入到了农场主的生活，走遍了他的田地和牧场、检查墙壁、评估牲口、雇用帮工、讨论天气和庄稼，分派工作。这种他喜欢的生活已经太久没过了，以至于他都忘记了自己是一位政治人物，回国还有更重要的事情。

自从亚当斯回国伊始，关于他究竟出任何种职务的讨论就没有停止过，外界充斥着各种各样对亚当斯政治前途的猜测。人们议论纷纷，说他会当州长、参议员、副总统，说什么的都有，就是没有人说他会当总统。据《哨兵报》说，亚当斯肯定能成为副总统，就算不是这样，他也会当上最高法院法官。这份报纸列举了亚当斯的种种才干和成就，而他恰好又赋闲在家，这简直是天意。美国资格最老的政治家们也倾向于亚当斯担任副总统一职，因为华盛顿是当然的总统人选。鉴于出任总统的肯定是弗吉尼亚州的华盛顿，人们普遍认为副总统应该出一个北方人来担任，亚当斯则是首选。某些"新人"却不这么认为，尤其是汉密尔顿和麦迪逊，他们认为既然亚当斯在巴黎的时候与富兰克林处得不好，那么他会不会心甘情愿地做第二把手，忠心耿耿地帮助华盛顿，可就难说了。

亚当斯对此早有自己的打算，但他一直保持沉默。其实他从刚回到家乡那时起就拿定了主意，他会接受副总统的任命，而且只能是副总统，那个时代有不成文的规矩，即政治人物都要谦逊，任何表现出自己雄心的举动都是不得体的。

在亚当斯远离政坛的日子里，美国政界的领导力量出现了翻天覆地的变化。许多与他一起参加大陆会议的人都从政坛上消失了——有些人不再为官，比如本杰明·拉什，还有的已然身故。独立宣言的签署者中有14人已经亡故，包括斯蒂芬·霍普金斯和西泽·罗德尼。如今的政治都掌握在"新人"手中，对于这些人，只是出于他们的名气，亚当斯才有所耳闻。他们大都具有很高的教育背景，并且对美国的各项事业有"狂热"的热

JOHN ADAMS

情。弗吉尼亚州的麦迪逊才30多岁,纽约的汉密尔顿和马萨诸塞州的费希尔·埃姆斯也很年轻。

夏天和秋天很快就过去了,冬日来临后,阿比盖尔离家前往纽约去陪伴娜比,娜比已身怀六甲,准备生第二个儿子。亚当斯留在家中,仍然没有发表自己的政治态度。亚当斯坚持认为自己有足够的资格赢得国家的尊重。他说:"如果他们没有选我,没有满足我的虚荣心,那我就能过上闲适的农场生活。他们要想让我放弃这种安逸的生活,那就得满足我的虚荣心。"他给身在伦敦的杰斐逊写信,信中说道:"我对新政府抱以最良好的祝愿,我会为它热烈地祈祷,愿它一帆风顺,获得成功。不过,除了祈祷以外我还能为它做些什么,这就要看公民们的投票结果了。"

其时,美国的第一任总统的选举正在准备中。根据1787年的新宪法,总统由州议会指定的"选举人"投票选出。每个选举人都从总统候选人中选出两人,最终计票时,获得票数最多的候选人就任总统,票数第二的人担任副总统。如果两人获得的票数相等,就要由众议院来做决定。当时在政府中表现活跃的亚历山大·汉密尔顿担心约翰·亚当斯真的会表现得很出众,以至于计票结果会让华盛顿难堪。既然让赢得独立战争的统帅出任总统是大家的共识,那就一定要避免这种情况的发生。汉密尔顿悄悄地迅速四处活动,说服了好几个州重要的政界人物不投票给亚当斯。

参加总统就职典礼

1789年2月,美国第一任总统选举的结果揭晓。汉密尔顿的计划成功了,当选举人在一起投票之后,华盛顿获得了69票,全票当选为总统。亚当斯票数虽然未过半,不过已遥遥领先于另外10名候选人。虽然对这个结果有准备,亚当斯还是感到很屈辱,他的自尊心受到了深深的伤害,不过他对汉密尔顿的暗中活动一无所知。尽管如此,53岁的约翰·亚当斯也创造了一个纪录,他以布伦特里一个农场主儿子的身份,当选为美国第一任副总统,成为这个国家的第二号人物。

接下来的事情就是参加国务会议和就职典礼,这需要亚当斯动身前往纽约。1789年4月13日,这对亚当斯来说是一个象征性的一天,有40多辆马车组成的大队骑兵护送他出城。波士顿像欢送英雄一样,加农炮鸣放致意,人群发出热烈欢呼。护送队列延伸到城外,这种场面在布伦特里还是头一回。

　　这种荣耀放在亚当斯身上，没有人会觉得有什么过分。人们表达的不仅仅是对一个副总统的敬意，还有对一个爱国者和优秀公民的赞誉与感激。18 年来，亚当斯一直锲而不舍地尝试，为独立而奋斗。在战斗最激烈的时候，在独立事业最危险的时刻，他不会想到自己有一天能从中得到副总统职务的回报。

1788 年，乔治·华盛顿宣誓就职成为第一任总统。

　　正是因为这些原因，在亚当斯穿过马萨诸塞州和康涅狄格州之时，一路上都有人夹道欢迎。他们把亚当斯当成了自己家乡的人——一个新英格兰人。一个星期后，4 月 20 日下午 4 点，亚当斯终于来到了曼哈顿岛最北端，走上大桥。一支纽约骑兵队和"无数市民"在约翰·杰伊及几位大陆会议成员的带领下正等待着亚当斯，要护送他南行进入市区，前往杰伊在百老汇富丽堂皇的公寓。

　　以前在《巴黎和平条约》谈判期间，约翰·亚当斯曾预言美国的 13 个州终有一天会"组成全世界最伟大的帝国"。他早在 19 岁时就第一次表达了这一信念，当时初出茅庐的亚当斯在伍斯特一所学校里任教，他在给自

JOHN ADAMS

己的亲戚内森·韦布的信中提到了这种想法。1789年时，亚当斯在国外听到了人们对美国的种种疑虑和嘲弄，这个新生的国家还面临着无数艰难险阻，尽管如此，他的热情却丝毫未减。现在，他又继续以副总统的身份为实现这一目标努力工作。他实事求是地认识到了自己的不足之处。主要还是因为他有一种非同寻常的能力，能够看到事物的真实面目，这给他带来了心理负担。美国宪法第一条第三款规定："美利坚合众国的副总统应该是参议院的议长，但不能投票，除非在赞成和反对票相等的时候。"他充满热情，脑子里时刻有那么多想法，又喜欢与人辩论，他能做到抑制自己、不表达出自己的意见吗？所以，当他准备走马上任、担任美国副总统这个没有经验可循的职位时，他又变得忧心忡忡了。

摆在他面前有太多事情，有那么多重大的国事亟待处理，要斟酌制定政策，创立先例，颁布法案，建立一整套新的政府管理体制。副总统这个职位使他颇为尴尬，以他的资质，能恰如其分地担当这个基本上只是礼仪上的消极角色吗？采取实际行动是他的所长，提出主张才能体现他的力量，可两方面的优势都无法发挥。

在去纽约的路上，这些忧虑一直沉甸甸地压在亚当斯心头。他预先准备了一篇简短的演说词，以便在为他举行的"游行和欢迎仪式"以及第一次出席参议院时发表。几个月后，经过这一段长期为官生涯中最令人不快的过渡期后，亚当斯用寥寥数语向约翰·昆西坦诚道，"老实说，我的性格并不适合"担任副总统，这个职位太消极、太"呆板"了，他错误地认为自己在必要的时候得"出来做点说明"。

他离开家时不知道国会准备给他多少工资，他很操心钱的问题。亚当斯在公务员待遇问题上的态度比较强硬。他认为，公务员不仅应该得到报酬，而且他们的工资应该与他们所担负的责任和必要的开支相称。亚当斯本人就属于"中等收入阶层"，某些人主张，在理想的共和国政府中，官员们都应该免费为国家服务——当时美国最富的两个人，富兰克林和华盛顿，都支持这种观点。亚当斯则表示强烈反对，他早先在伦敦的时候就写道："任何担任政府公职的人，都应该获得足够的收入，用以维持他本人及其家庭的生活和未来的发展。"否则"所有的政府公职就会把持在富人手中，穷人和中等收入阶层遭到排斥，于是很快就会形成贵族专制"。他也不知道阿比盖尔的住处要怎么解决，他为住在纽约什么地方的问题很是发愁。

国会召集会议的地点是联邦大厅,那是一幢对称而美观的石头建筑,位于百老汇大街与华尔街的交界处,玻璃般平滑闪亮的圆形屋顶和前阳台十分显眼。这是美国第一座为体现国家精神而设计的建筑,这种建筑风格后来被称为联邦式。门廊三角墙上饰有一个巨大的白头鹰徽章,建筑内外的基本花纹是星星和月桂花环,都能引起人们深深的敬意。

这栋建筑过去是市政厅,后来根据一名年轻的法国工程师兼建筑师马若尔·皮埃尔·夏尔的设计进行了翻修。众议院议事厅在一楼,参议院议事厅在楼上。虽然装饰比较简朴,但却充满了威严和气派。

副总统的职责

4月21日星期二的清晨,亚当斯乘一艘铺着天鹅绒地毯的游艇穿过了港口,他先于总统华盛顿两天来到纽约。上岸时,他受到了热烈的欢迎,在官员们的陪同下,他上楼来到了参议院。因为参议院的誓词还没定下来,他没有举行宣誓就职仪式。参议院临时议长约翰·兰登只好迎接亚当斯,引他坐上参议院议长的交椅,就算完成了就职仪式。

亚当斯面对参议员们,摊开两张纸,发表了早已准备就绪的演说。在演讲中,他表示自己"愉快地欣然"接受了副总统一职,他为宪法的制定而向美国人民表示祝贺,并热情地赞扬了华盛顿的"美德和他高超的军事指挥技巧"。这篇演讲稿充满了诚实和谨慎的措辞,"我并不是对组织公众集会一点经验都没有,我只是更习惯于参与他们的辩论,而不是置身事外,仅仅做讨论的主持者"。他说,显然是上帝选择了这样一个人来领导美国,这一点再清楚不过了。参议员们围成半圈坐在亚当斯面前,他们大都是新当选的议员,许多人都是亚当斯的旧交。亚当斯说,能重新会见老朋友,同这么多"自由的捍卫者"相聚,他非常感动。他最后得出结论:"国会被寄予了最高的信任,全世界的眼睛都在看着你。"

4月30日星期四,总统就职典礼正式举行。早上9点钟,各个教堂都举行了祈祷仪式,祷告上天降福于新政府。12点,纽约市的部队在华盛顿的门前列队待命,不久,国会各委员会委员和各部门首长都坐着马车来了。12点半,游行队伍出发了。走在最前面的是穿戴齐整的纽约民兵,接着是坐马车的各委员会委员和各部门首长,再其次是一辆由6匹白马拉着

JOHN ADAMS

第五章 革命

的淡黄色礼车,里面坐的是华盛顿,坐在华盛顿自己马车里的是副官汉弗莱斯上校和秘书利尔先生。外国使节和排成一字长蛇阵的公民排在最后面。天气晴朗,阳光耀眼,纽约市的所有工作都停顿了下来,夹道欢迎的人群规模盛况空前,似乎全纽约的人都出来观礼了,也许还有纽约以外的人。据《美国公报》报道,许多人都说自己"可以毫无遗憾地死去了——他们已经没有缺憾了……没有什么比亲眼看到这个国家的救星更让他们欣慰的了"。

在距离议事厅大约200码的地方,华盛顿和随从人员从马车上走下来,穿过分立两旁的部队,进入议事厅和参议院会议室。参议院里集中了参众两院议员、副总统、各路官员和外交人员,当华盛顿走进大厅时,全体人员起立,神情庄严肃穆。亚当斯走上前来,引导华盛顿走到会议室那头一个华丽的椅子跟前坐下。一时,大家都鸦雀无声,气氛十分庄严。华盛顿挂着佩刀,穿着白色丝质袜子,鞋子上饰有银搭扣,身穿哈特福德产的棕色细平布制作的礼服,他的头发理成当时时兴的发式,并涂了发粉,还佩戴有发袋和宝石。亚当斯也穿着礼服,他们两人穿得像双胞胎一样,惟一的差别是华盛顿的金属纽扣上刻有鹰的图案。

亚当斯正式对华盛顿将军表示欢迎,并伴他走向讲台。有那么一阵尴尬的时刻,亚当斯显得很不自在,似乎忘记了自己该说些什么。接着他向华盛顿宣布,参众两院已准备好听取他根据宪法发表就职宣誓。华盛顿回答说他已做好了准备。于是亚当斯对他鞠了一躬,引他走上外阳台。从阳台上可以清楚地看到街上成千上万的群众及附近房屋的窗户,甚至可以看到附近房屋的屋顶。这个阳台是一个露天的休息场所,有很高的柱子支持屋顶。阳台的中央有一张桌子,上面铺着深红色天鹅绒桌布。桌上放着一块深红色天鹅绒衬垫,衬垫上面放着一本装订精美的《圣经》。这个庄严的场面的全部设备就是这样。

他在阳台上一出现,就受到群众齐声的欢呼。从阳台上可以俯瞰华尔街人头攒动的全景,从楼下、窗户、屋顶一直到人们视力所及范围内,都可以看见欢乐的人群在欢呼雀跃,向华盛顿挥手。他显然为群众流露出的挚爱之情所感动。他走到阳台前面,把手贴住前胸,鞠了几次躬,然后又回去坐在桌子旁边的安乐椅上。群众似乎懂得他已经为这种场面所感动,因此,马上又鸦雀无声。几分钟以后,华盛顿又站起来走到前面。副总统

JOHN ADAMS

第五章 革命

就职典礼中的华盛顿

约翰·亚当斯站在他右边,左边是纽约州大法官罗伯特·利文斯顿,再往后一点是罗杰·谢尔曼、亚历山大·汉密尔顿、诺克斯将军、圣克莱尔将军、斯图本男爵等人。大法官走向前来,按照宪法规定主持宣誓,参议院秘

JOHN ADAMS

书奥蒂斯举起放在衬垫上的圣经。14年前，是亚当斯呼吁大陆会议任命这名高大的弗吉尼亚人为大陆军总司令。如今，亚当斯站在华盛顿的身边，华盛顿将右手放在圣经上，由曾任大陆会议代表的纽约市法官罗伯特·R. 利文斯顿领读就职誓词，华盛顿跟着念。誓词宣读得很慢、很清晰。与此同时，华盛顿把手放在摊开的圣经上。誓词宣读完毕以后，他庄严地回答说："我宣誓——愿上帝助我。"奥蒂斯先生本来可以把圣经举到华盛顿唇边，但是，华盛顿恭恭敬敬地弯下身去，吻了圣经。从此美国历任总统宣誓就职都要亲吻圣经，这是华盛顿建立的第一个由他开始的总统惯例。

这时，大法官向前迈出一步，挥舞着右手，高声喊道："合众国总统乔治·华盛顿万岁！"就在这个时刻，议事厅圆屋顶上升起一面旗来。随着这个信号，炮台上的大炮齐鸣。全市都响起悠扬悦耳的钟声，群众欢声雷动。华盛顿再次向群众鞠躬，并回到参议院会议室，向参众两院发表了就职演说。

如果说副总统刚才在总统就职典礼中的表现有些迟疑和紧张的话，那么总统本人也好不了多少。他在演说中表现出他通常的谦逊、温和与深明事理的特色，但是，他在讲话时声音那么低，以致房间里的许多人都很难听清他在说什么。宣读誓词的时候手在发抖，整篇誓词都没有什么特别突出或令人难忘的段落，华盛顿的语调在整个宣读过程中都十分单调，没什么抑扬顿挫，有几次他的嗓音还有些颤抖。不过这些似乎都不大要紧了，他是华盛顿，这就够了，房间里的许多人都热泪盈眶。就职演说发表完毕以后，他就和大家一起步行前往圣保罗教堂。在教堂里，纽约主教派教会主教普雷沃斯特博士宣读了祷告词。普雷沃斯特博士已经由参议院指定担任国会的牧师之一。在这样充满紧张和威严的气氛中，就职仪式结束了。

就职典礼的整个一天，是人们真心实意欢乐庆祝的日子。晚上，市内灯火辉煌，烟火腾空而起。华盛顿走马上任的时候，全世界的眼光都集中在他身上。他在战场上赢得了桂冠，还要在民政事务继续取得胜利。他毫无经验，但却要把一种前人没有试验过的、囊括各州和群众的新的政府体制付诸实施。此外，他要管理的人民还是一个富于战斗精神的民族，是一个通过战斗赢得利益的民族。他们经过战争的洗礼，更加热爱和爱护自由独立。甚至对他们自己建立的政府的约束，他们都可能感到不耐烦。一切都呈现出未知的面目，这位新总统并没有什么十足的把握。

耐人寻味的是，在亚当斯的日记中，对于这明显是很重要的一天，他没做任何记录。

2 参议院里的误解
JOHN ADAMS

君主主义者的恶名

成为副总统的亚当斯其实更喜欢自己参议院议长的职务。尽管自己只能作为主持人坐在大家中间看双方辩论，也总比无所事事更能符合亚当斯的心思。令人遗憾的是，他在参议院决定的第一件事情就严重损害了他同华盛顿的关系。

事情仅仅是因为该如何称谓当选总统。亚当斯一直认为，国会应该给予总统足够的尊敬，在称谓上也要有所体现。但是刚刚从英王权威下独立的美国却对任何个人权力的东西感到厌恶，许多议员明确地对亚当斯表示反对。争执产生了，甚至有人说亚当斯是一个"爱慕虚荣"的君主主义者。在参议院，关于头衔的问题，尤

当时身为国务卿的杰斐逊和总统华盛顿在一起

JOHN ADAMS

其是如何称呼总统，首当其冲地成为亟待解决的问题。众议院对头衔问题展开了一次讨论，很快便以失败告终。众议院投票决定，可以简单地称总统为"美国总统乔治·华盛顿先生"，可一到参议院，这个问题就引起了激烈的辩论，亚当斯在其中扮演了国会成员认为不适合他身份的角色。当参议员埃尔斯沃思指出"总统"这个称呼听起来太平凡的时候，主持会议的亚当斯立刻响应他的看法，他注意到，消防队队长和板球俱乐部老板也可以用这种称呼。

参议院任命了一个委员会来考虑这个问题，委员会讨论的结果是称华盛顿为"美国总统阁下及美国权利的保护者"。然而，在讨论中，亚当斯带头提出了自己的主张，直接反对来自宾夕法尼亚的参议员威廉·麦克莱的观点。要不是亚当斯和顽固的麦克莱，参议院这场头衔之争可能也就比众议院多费一点工夫便能结束，可结果解决这个问题让参议院花了将近一个月的时间。5月14日，众议院和参议院投票表决，结果是简简单单地称华盛顿为"美国总统"。

这个问题显然是小题大做了。连麦迪逊都在众议院承认，称谓并不是件很要紧的事。亚当斯也不像麦克莱那些人坚称的那样是个君主主义者。亚当斯心里感到很难过。他明白这是一个糟糕的开端，在历尽艰辛之后却成为了一个笑柄。

联邦宪法的通过揭开了华盛顿生活中新的一页。在正式选举以前，全国人民已经异口同声地一致拥戴他出任总统。在考虑当选总统的可能性时，华盛顿十分谦逊，又出自内心地犹豫不决，充分表现了他的为人。由于国会要等待到会代表达到法定人数，所以，一直到4月初才开始计算选举的选票。计票结束后，大家一致公推华盛顿为总统。华盛顿终于在4月14日接到国会主席的来信，把他当选的消息正式通知他。于是，他就准备立即动身前往政府所在地纽约。他在16日的日记中说："大约在10点左右，我告别了弗农山庄，告别了平民的生活，告别了家庭的幸福，带着无法用言语形容的忧虑不安的心情，动身前往纽约，虽然我极其乐意响应祖国的号召为祖国服务，但是却没有多大希望不辜负祖国的期待。"

就职典礼推迟了好几天，因为产生了称呼当选总统时给他添加什么称号的问题，两院都指定了一个委员会就这个问题提出报告。讨论这个问题是违反华盛顿意愿的，也没有让他参加。因为，华盛顿担心，不管给他添加什么称号，都可能引起敏感的共和制拥护者的疑心，而目前争取群众对新政府体制的好感却是极端重要的，因此，在国会最后决定仅仅称呼他为"合众国总统"，而不添加任何称号的时候，他就大大松了一口气。称呼他为"合众国总统"是明智的，这个称呼一直沿袭到今天。

这件事情最严重的后果恐怕是破坏了亚当斯与华盛顿的关系。有人私下告诉华盛顿，这场小题大做的头衔之争使亚当斯在弗吉尼亚不仅不受欢迎，而且"令人厌恶"。从那以后，华盛顿就一直与亚当斯保持着明显的距离，从而进一步降低了副总统的重要性，亚当斯在处理政务时就变得愈加无足轻重了。

5月中旬，亚当斯在纽约找到了一所房子，便写信给阿比盖尔，催促她赶紧搬过来。阿比盖尔写信来告诉他，她很难找到人来租他们的农场，而且手头很紧。他叫她有什么需要就去借，或者低价卖掉牲口，"不管什么价钱都卖了"，一天也不要耽搁。他还说，如果找不到人来照管农场，那就"把农场留给天上的鸟儿和旷野中的野兽吧"。同时，亚当斯还心焦地等着他的书早日运来——休谟、约翰逊、普里斯特利、李维、塔西佗、西塞罗，"还有法文或英文版的普卢塔克作品"。

他对自己面临的"困难"没有多做解释，至于他在参议院的经历，他只说自己几乎全靠不断祈祷才熬了过来。人们越来越怀疑亚当斯是个君主主义者，不过这也是可以理解的，因为他在《为宪法声辩》中似乎确实表现出了这种倾向。本杰明·拉什听说此事后很是心烦意乱，他写信给亚当斯，提醒他"亲爱的朋友"要再三斟酌，不要忘了他在革命伊始所信奉的思想。

实际上，亚当斯已经严重地破坏了自己的名誉，除了他最看重的拉什以外，还有许多人也对他有了新的看法。像过去一样，每当亚当斯受到了伤害且不为人所赏识时，他就提起笔来倾诉自己的愤怒和沮丧。他对拉什坚称，自己一如既往是一个共和主义者。不过他依然认为，世袭君主制和贵族并不必然违背人类的本性，而且有理由相信，美国必然有一天会需要求助于类似君主制这样的东西来维持法律和人民的自由。他并不是希望在自己的有生之年发生这种事，他只是说这种情况是可以想象到的、有可能发生的。

纽约生活

屋漏偏逢连阴雨，亚当斯在纽约应付参议院的误解之时，家里又传来坏消息，在哈佛上学的他的儿子查尔斯受到了学校的警告。从哈佛大学不完整的记录来看，有一帮学生在哈佛校园中裸奔，记录中似乎还暗示此事与饮酒有关。那次有一名学生被开除，其余几个也受到了严厉的训斥。在夏季伊始，查尔斯还是跟着阿比盖尔搭乘定期客轮来到了纽约，于是副总统的生活从此开始向好的方向转变。

坦率讲，作为无法容忍无所事事的亚当斯，伴随着副总统职位的那种沮丧和停滞不前的感觉一直伴随着他。然而，在纽约的生活绝不是一段陷入了不可救药的痛苦中的日子，尤其在妻子和孩子来到自己身边之后。其实，亚当斯和阿比盖尔都明白，对他们的家庭生活来说，从1789年6月24日阿比盖尔来到纽约时起，他们就开始了几年欢乐时光。

阿比盖尔来到后，亚当斯在里士满的希尔镇租了一幢乡间别墅，房子位于纽约以北，离城里有1英里的路程。别墅坐落在哈德逊河边一个峭壁上，视野开阔，时时有轻风拂过。阿比盖尔告诉姐姐玛丽·克兰奇："我们安顿下来了，很开心，周围的景色真是美极了。各式各样的航船伴着潮起潮落，在宽阔的河流中穿梭往来。从一边望去，城市和长岛尽收眼底。河流在前方流淌，另一面则可以望见新泽西和毗邻的乡村。一条蜿蜒的小道，沿途树木丛生，一直延伸到屋前，房子四周都是浑然天成的田园风光……房子后边有个花园，比我们在布伦特里的花园大多了，纯粹用来散步和养花，园子里宽阔的砾石路边列着成排的树木。"

亚当斯很喜欢这个地方，而且租金比在城里租一所条件相当的房子要低得多。副总统的薪水最终定为年薪5000美元，虽然是一笔不算小的数字，但亚当斯觉得比事先预料的要少，当地的物价高得离谱，于是他就能否负担与自己的职务相称的生活水平担忧。不过，能住在离娜比和孙子孙女们比较近的地方，亚当斯夫妇俩都很开心。

阿比盖尔还毫不犹豫地承担起了副总统夫人的社会责任，又是打电话又是接电话。"人们总是希望，无论先生和女士们何时到达里士满希尔，我都能在家里接待他们，几乎每天都有访客……此外，坐马车到这个美丽的地方来也是一种享受。"阿比盖尔和娜比第一次拜访华盛顿夫人时，阿比盖尔对她十分称道:"她衣着朴素,不过这种朴素从任何一个角度来看都是最完美的……她的头发是白色的,牙齿很好看。"阿比盖尔参加了几次总统举行的招待会,她发现,华盛顿的"宫廷"跟圣詹姆斯的宫廷一样,里边济济一堂,人潮如涌,女士们都盛装打扮。不同之处是,在华盛顿家里,阿比盖尔感到非常开心。她告诉玛丽,自己在招待会上的位置被安排在总统夫人的右手边——不过玛丽对此应该守口如瓶,因为"如你所知,任何区别对待都会令人不悦"。如果有什么人弄错了,站到阿比盖尔的位置上,总统总能纠正过来,而且不会让任何人感到丝毫不快。他彬彬有礼且举止高贵,和蔼可亲又不拘谨,与人保持一定距离却不傲慢,庄重但不严厉,谦逊、睿智,而且心地善良。我坚持认为,除了这个上天安排的人以外,任何人都无法统治这些伟大的人民,并将他们集中在一个强大的国家中。然而,在巴黎和伦敦住过以后,阿比盖尔发现纽约出奇地乏味。这里只有一家戏院,当地的传教士沉闷得让人不堪忍受。

与夫人间的家庭聚会不同,除了少数拘谨的社交场合外,亚当斯与华盛顿总统没有太多接触,对他也没有产生什么影响,不过似乎什么人都无法影响华盛顿。亚当斯赞许地写道:"在向各方搜集信息、了解情况方面,他比我见过的任何人都要独立。"据人们所知,在选择内阁成员时,华盛顿没有征求过亚当斯的意见,也没有问过他有什么提议。

整个闷热的夏季里,亚当斯每天都去主持参议院的会议,从未缺席。南方的贵族自然很蔑视他,一直都是他的敌人,因为亚当斯是一个"家庭出身并不显赫"的新英格兰人,而那些贵族"认为自己出身高贵,无法忍受一个人仅仅因为功勋卓著就抢了他们的风头"。内阁在地理上分布得比较均匀,由来自新英格兰、中部地区和南方各州的人担任各个职务,提名的4个官员很快就在参议院通过了。纽约的汉密尔顿任财政部长,杰斐逊任国务卿,来自弗吉尼亚的埃德蒙·伦道夫任司法部长,马萨诸塞的亨利·诺克斯任国防部长,最高法院法官由约翰·杰伊担任。这就成了一个革命者领导下的政府,所有内阁成员都参加过独立革命。华盛顿是美国人民公认的世界上最伟大的人,至于亚当斯、汉密尔顿、杰斐逊、麦迪逊和杰伊,人们也可以说他们是美国最有头脑的人。虽然这几个人性格迥异,政治理念也各不相同,但从根本上来说,他们都毫无例外地愿意献身美国的事业,希望这个新生的国家能成功。所有这些任命都是华盛顿自己决定

JOHN ADAMS

第五章 革命

杰斐逊与汉密尔顿和华盛顿在一起

的,并没有事先征求亚当斯的意见。

无论如何,亚当斯对内阁成员的任命没有任何异议。9月份时,国会提出了定下一个永久性首都的问题,华盛顿总统正准备去一趟新英格兰地区，就在此时，法国爆发了革命。消息传到美国，所有人都大吃一惊。新生的美国刚成立了一个新政府，本来就举步维艰，法国革命使局势变得更加复杂、更富争议了。在约翰·亚当斯的一生中，美法关系一直是个老问题，如今这个问题又变得举足轻重了。

《纽约每日新闻报》1789年9月19日的头条宣布：法国爆发了全面革命。国民议会正在制定一部新的宪法：当美国为自由而战时，法国曾是美国的盟国和朋友，现在自己也开始革命了，这个消息几乎在美国各处都受到了热烈的欢迎。

亚当斯对法国爆发革命的原因表示理解，他明白那是因为政府滥用权力，专横的"僧侣、士兵和朝廷命官"奢华无度。为了剖析革命事件产生的原因，回击那些污蔑法国革命的言论，亚当斯甚至在这一年写下了著名的《关于达维拉的谈话》。此书于1790年出版，表面看是为了回应一位意大利学者写的关于法国民主战争（发生在16世纪）一文中的一系列责难而做的。但亚当斯也在此书中提及了对于美国宪法与启蒙哲学的第三种批评。许多人都认为，启蒙的思想家给予理性太多的信任，对于世界现实力量的关注却不够。正如批评家指责的，通过这样的假想，18世纪的政治理论家们指望通过知识的增加来摘下权力的神秘面纱。知识，只有理性地获得，在自由的没有强制的状态下接受，才是真正的知识。但亚当斯不同意这样的说法，恰恰相反，亚当斯被证明是一个非常现代的思想家，他坚信知识的启蒙与拯救不是必要的。知识的增加可能会带来科学的进步，但是不会使人类总体的道德进程加快。实际上，知识快速地扩展了人性的瑕疵，加剧了人类的缺陷。杰斐逊与其他的许多法国哲学家们确实相信人的激情最终受制于理智，科学知识最终会促进社会道德教育。但是，亚当斯搜索了过去历史的记录，对这个颇有希望的期待提出了质疑。在书中，他对此有清晰而又有力的表述：

> 难道知识的增加不会加剧人们的竞争吗？难道知识的普及不会加剧人们的对抗吗？知识的出现，不会使得人们对于政治控制的需求降低。随着科学、艺术、文学的进步，难道会发现雄心、贪婪或者对名望的渴求并不存在于人的本性中吗？因为他们广博的知识，西塞罗就可以少一些虚荣心吗？或者恺撒可以少一些野

心吗？普鲁士国王的个人野心比其他人少吗？理性可以消灭或降低激情的程度，但是在头脑中，理性与激情并没有什么联系。有时候，又是恰恰相反的，通过锻炼，二者的力量都可以得到增强。庞培时代的罗马人比马麦尔斯时代的罗马人更缺少激情吗？今天的英国人比都铎王朝统治下的人民稳健很多吗？因为法师们的无所不知，他们的激情就被削弱了吗？难道妒忌、羡慕、憎恶、怨恨、报复，还有竞争、野心与怨恨的情绪只有在于王室国家的殿堂上吗？在天主教卡迈尔派的修女身上就不存在此类的细胞了吗？去巴黎看看吧——你觉得那里的人民如何？是联合的、友好的、协调的、谦虚的、卑微的、适度的，还是和善的、相互忍让的？他们会承认别人的才能优于自己吗？他们热衷于鼓励天才的成长吗？问问伏尔泰、卢梭、马孟泰尔与马布利吧。

亚当斯的清醒让他虽然大力支持法国爱国者信奉的理想，但也认为目前情形令人十分担忧。他在写给一个荷兰朋友弗朗西斯·范德肯普的信中说道："我希望法国革命能给全世界带来有利于自由、平等和人道主义的永久影响。"然而他还是不禁要预言，这场革命不会有好结果，法国人选出来的惟一的立法机构只能意味着"巨大且持久的灾难"。亚当斯认为法国传来的消息无异于给美国敲了一记警钟。他回到马萨诸塞，加入了华盛顿对该州的访问，还自豪地陪同华盛顿走访了哈佛。

迁都费城

从马萨诸塞回来之后，纽约遭遇了流行感冒的侵袭。华盛顿也在病人的行列之中，他突然病倒，发起了高烧，病情一度非常危重。当总统的主治医生承认总统已经不治之时，恐慌席卷了整个城市，美国面临着一场灾难。

对亚当斯一家来说，那段时间充满了极度的焦虑。危机度过后，阿比盖尔在给姐姐玛丽·克兰奇的信中形容，华盛顿的生命对新生政府的团结和持久性有多么重要。她说："建国初期，国家的财政问题还没解决，我们的政府也不够稳固，无法保证能够维系下去，我很害怕，担心他的逝世会带来灾难性的后果。"事实就像阿比盖尔所说，当时没有谁能取代华盛

JOHN ADAMS

第五章 革命

顿的位子,如果总统不是他,这个职位就没有任何必要存在了。正如亚当斯所说的那样,副总统如今与总统之位实际上只有"一步之遥",也就是说,如果华盛顿逝世,那么就不得不由亚当斯来面对这种"灾难性的后果"了,这使阿比盖尔感到了一种前所未有的痛苦。

1790年6月,随着总统逐步恢复健康,汉密尔顿提出了他著名的财政方案。这一次麦迪逊与汉密尔顿决裂

华盛顿画像

了,麦迪逊在众议院带头反对这个计划。反对者认为这个提议太过火了,将权力集中于中央政府损害了州的权益,是一种反共和的举动。国会中的南方人还觉得,这一计划不仅会降低州的地位,而且会使财富和权力都集中在北方,这十分危险,而且最终会导致腐败。

与此同时,关于首都地址的斗争依然在继续。纽约人希望首都能定在纽约,实际上他们已经开始在炮台公园边为华盛顿修建一座办公大楼。新英格兰人也接受这个建议,毕竟所有的选择中纽约离他们最近、最靠东边。宾夕法尼亚州人则强烈要求选在费城,他们不能接受除了这座革命之城之外的任何城市。弗吉尼亚人则有自己的打算,他们不喜欢纽约和费城这两个北方城市,他们极力想把首都迁到南方波托马克河流域的一个地

点。这里离华盛顿的弗农山的家不远。麦迪逊解释这样的选择说,那些"毗邻立法机构的地方就会总比别处拥有更多的优势",他担心如果首都留在北方,南方及其农耕生活方式就会处于劣势。

于是在参议院,关于国家财政方案和首都地址的争执持续不休。诘难和反驳此起彼伏愈演愈烈,所有人都想发表自己的意见,却对别人的想法视而不见。作为议长的亚当斯拼命地想维持秩序,但显然收效甚微。一贯对亚当斯有意见的威廉·麦克莱不失时机地嘲弄道:"约翰·亚当斯既没有主持这种会议所需的判断力和坚定的意志,也没有值得人敬重的风度和仪态。"

结束这一切的还是私下达成的秘密协议,好像自从独立战争开始以后,美国政治生活中就离不开这种方式。在 6 月的一个清晨,历史上著名的"1790 年妥协"方案开始形成。当时汉密尔顿与杰斐逊在总统的宅第外会了面,汉密尔顿挽着杰斐逊的胳膊,与他散了半小时的步,敦促他看在国家统一的份上加入"共同事业",让大家接受债务恢复计划。杰斐逊承认理智的人应该可以达成一种妥协,于是第二天他邀请汉密尔顿与麦迪逊到家中用餐,杰斐逊家最好的一瓶酒下肚后,交易达成了。整个方案中最关键的核心是:南方放弃反对债务恢复计划的行动,作为回报,汉密尔顿同意将首都定在波托马克,但前提是大家能达成一致先将首都暂时迁往费城。麦迪逊则表示他不会投票赞成债务恢复提案,不过也不会再"强烈"反对。其实,结果是不是按这个方式去解决的并不是很清楚,不过可以肯定的是,杰斐逊深信交易已经达成,因为 7 月 1 日他写信给在巴黎的威廉·肖特,让他把自己的家具和油画运到费城去。

不过,首都所在地问题的关键并不在众议院,而要看参议院的投票结果,在参议院里,宾夕法尼亚人与弗吉尼亚人显然已经达成了协议。关于是否再让纽约做两年首都的问题,参议院的赞成票与反对票持平,在最后一刻,亚当斯投了反对票。

到 7 月 12 日前,参众两院一致投票赞成将首都迁至费城 10 年,然后波托马克就将成为永久的首都。宾夕法尼亚人赞成这一协议,他们深信,一旦首都迁到了费城,就再也不会转移了。亚当斯也倾向于将首都定在费城,他说,一个国家的首都应该是一个伟大的城市。纽约人被这样的安排激怒了,虽然他们的抱怨已经无法改变这一切。

3 连任副总统
JOHN ADAMS

  1791年夏,亚当斯的经济状况陷入麻烦,他们只得缩减开支,从布什希尔搬到城里第四拱门街一所简朴的房子里,佣人们也被遣散了,只留下布里斯勒和一个厨娘。亚当斯已经习惯了自己那无足轻重的小角色,安分守己地安排好各项事务。这是一个痛苦的过程,不过他最终明白了自己所应起的作用,并在很大程度上已经接受了自己职务的局限性。他很少在参议院发言,也很少插手参议院的事务了。如果说副总统这个职位使他成了个在政治上无关紧要的人物——任何人坐上这个位子都是如此——至少他能尽忠职守,做好他的工作。

  他每天都坐在参议院议长的位子上,一坐就是一天,虽然没有什么值得记录的大事,但他从未缺席,这也是他为之骄傲的一点。不过长期的闷坐也令他产生了一些担忧,因为他知道,对他这样一个习惯常年在外进行大量长途旅行的人来说,在室内久坐对身体健康没有好处。于是在国会进入休会期间,他迫不及待要回到自己的庄园里去过"农夫的生活"。

  1791年4月中旬,从春天就开始得病的阿比盖尔身体恢复了一些,足以承受旅途的劳顿,便回马萨诸塞去了,随后5月份国会开始休会,亚当斯也回去了。家乡一个较大的变化就是他们家乡的名称变化了。亚当斯家族住的北区,也就是最早有人定居的古老的居民区从布伦特里分离出去,成为一个独立的小镇,取名为昆西。

  选举年里首都气氛剑拔弩张,老资格的政治家都想远离费城这个马蜂窝,但国会中活跃的年轻人却并不这么认为。华盛顿总统对首都的情况并不是一无所知,他只是厌倦了发号施令、党派纷争,以及秉持党派之分的新闻界开始称他为美国沙皇,这些都使他身心疲惫、灰心丧气。更让他烦恼的是杰斐逊和汉密尔顿,内阁里级别最高的两个官员,也是最有才华的两个人,却成了不共戴天的仇敌。他们彼此为敌,互不相容到了几乎不能待在同一个房间里的地步。他们都确信对方是一个企图控制政府的危险人物,而且利用一切机会向总统抱怨对方。

JOHN ADAMS

此时的华盛顿动了隐退之心，不想再身陷政治的漩涡之中。杰斐逊却不同意，他认为华盛顿继续担任政府首脑是至关重要的。为此，他写了一封情真意切的信，在信中他说：全联邦的信任都集中在你身上。只要你掌舵，就无人能出来鼓动和领导任何地方的人民起来暴动或参加分裂运动。只要你留任，南北方就会保持统一，……我完全了解目前职务在你的心上是多么沉重的负担，也完全知道你非常热切地希望告老还乡，安享天伦之乐。但是，有时候，社会对一个杰出人物有特殊要求，偏偏不让他过其所喜爱的安居乐业的生活，而要他走一条现在和将来为人民造福的生活道路……因此，我只希望你在为人类的利益牺牲了很多岁月后，再牺牲一两年头。汉密尔顿也给华盛顿写信。他称总统的卸职将是"目前降临祖国的最大不幸"。认为华盛顿的留任对祖国显然是必不可少。这两个人的建议显然不是客套之词。经过长期的痛苦思想斗争，华盛顿同意参加第二任竞选。

1792年9月初，汉密尔顿向昆西发了封急件，叫亚当斯务必以最快速度回费城来。他警告说，亚当斯此时缺席，会使得另一个强大的副总统候选人竞争对手——纽约州州长乔治·克林顿变得十分有利，此人长期以来一直是个反联邦主义者，如今加入了共和党人的阵营。汉密尔顿在信中写道："我相信你个人对选举并没有兴趣，不过我希望你对建立一个好政府这个目标不至于也如此冷漠。"

但由于国会还要休会两个月，总统也没有答应一定会连任，亚当斯觉得没必要这么着急，他还是留在家里，没有动身。他告诉阿比盖尔，令他感到十分困扰的是乔治·克林顿居然都被认为是一个强大的对手，因为克林顿对国家的牺牲精神、经验和学识都远远不如自己，亚当斯这么说是明摆着的事实，其他的议员们也都承认这一点。

华盛顿直到11月才宣布将连任总统，也就在这时亚当斯才决定该回费城去了，他搭乘长途马车，在阴沉沉的冬日出发了。考虑到阿比盖尔的健康问题，两人一致决定她还是暂时先留在昆西。选举人的投票结果要到2月份才会揭晓，但圣诞节前结果就已经很清楚了，华盛顿再次全票当选总统，而亚当斯，虽说也有人反对他，不过除了华盛顿外他获得的票数还是最多的，远远高于汉密尔顿担忧的乔治·克林顿。最后的计票结果是：亚当斯获得77票，克林顿50票，杰斐逊4票，艾伦·伯尔1票。

JOHN ADAMS

第五章 革命

几乎就在选举结果已成定局的那一刻起,共和党人感觉十分愤怒。这次选举他们一无所获,让亚当斯下台的计划已经落空。于是共和党人阵营的媒体将攻击基本上全都转向了总统,他们对华盛顿进行了前所未有的最猛烈的抨击,在他们笔下,现在轮到华盛顿成了喜欢君主制的可怜虫了。曾经被戴上这

华盛顿画像

顶帽子的亚当斯写道,这群"地狱的恶狗"正在追猎中乱叫。他不知道华盛顿能不能忍受这种狂轰滥炸,"他的脸皮可比我薄"。

与此同时,财政部长和国务卿还在不断地相互攻讦。杰斐逊正在幕后忙着策划把汉密尔顿赶下台。最让亚当斯烦恼的是杰斐逊对"党派之争的极大热情"。从理论上来说,杰斐逊对政党或派系斗争的痛恨之情不比亚当斯或其他人少,可在实践中,他却证明自己对搞党派政治出奇地老练。同往常一样,他避免公开争辩、论战,或任何形式的对抗,可在幕后他却不依不饶,而且他的行动都极其有效。亚当斯认为杰斐逊已经成为一个狂热分子,他告诉阿比盖尔,连法国的雅各宾派里都没有一个人比杰斐逊更热衷于党派斗争。

1793年3月4日,星期一,华盛顿第二次宣誓就职美国总统。亚当斯谦恭地站在边上看着。这次典礼在参议院举行,简朴而威严。华盛顿只讲了两段话,历时几分钟,亚当斯与其他在场的人一样,没过多久就回家了。从那时起到12月,国会一直休会。

JOHN ADAMS

昆西出任大使

此刻，曾经影响了美国独立战争的两个国家开始宣战。1793年2月1日，英国正式对法国宣战。当时谁也想不到英法之间的战争会持续22年，一直打到了下个世纪。法国开始了恐怖统治时期，在相当长的一段时间里，革命的恐怖席卷了全国，仅巴黎一个城市就有3000名男子和妇女被送上断头台，这场屠戮在其他省份甚至更加惨烈。美国本土也经受了一次巨大的灾难。从8月开始，费城流行黄热病，这是美国城市有史以来遭受传染病侵袭最凶猛的一次。疾病最猖獗的时候，费城每天有20多人死去，9月份死亡率还在迅速上升，医生束手无策，无法阻止瘟疫的蔓延，只得劝告能够离开的人尽快离开这里。联邦政府停止了工作，大多数业主也停业了，亚当斯一家曾住过的布什希尔被改成一个临时医院。为了避免传染，人们见面也不握手了，走路都在街道中央，不敢靠边。

到10月时，费城的死亡率已经高达每天100人，病人如此迅速地大量死去，尸体都来不及掩埋。传染病终于在11月份头一场大规模霜降后消失了，这次一共死了5000多人，费城要花很长时间才能从这次严重的损失中恢复元气。当时的人们还不知道正是毫不起眼的蚊子传播了这种疾病，冬天的到来使蚊虫绝迹，疾病自然也就消失了。亚当斯11月末回到了费城，看到总统已回到自己的位置上，国会也重新开始办公，他感到十分愉快。亚当斯对自己的价值有清醒的认识，这个职务不仅使他很少有机会说点有分量的话或做点有意义的事，而且在政党政治影响力日益增大、越来越普遍的时候，他既不愿意也不能够成为某个党派的一员。出于以上原因，他变得越发置身事外。在对法国保持中立问题上，人们的态度比亚当斯预料得还要一致，连一开始热切欢迎热内的杰斐逊如今也表示坚决支持总统的立场。

国会里许多人都认为亚当斯老了，他本人也觉得这种评价一点也没错。他的牙不行了，有好几颗得拔掉，他还为自己双手颤抖的问题十分担忧。社会时尚也发生了变化，不戴假发的他头有些秃了，头发已变得灰白。他的体重已超重，眼睛经常发红，阅读时间过长就会流泪。

1794年5月26日，亚当斯发出了一封多年来最值得报道的消息给约翰·昆西：他宣布任命约翰·昆西为美国驻荷兰大使。不能说这其中没有一点父亲对儿子的私心，但坦率讲，约翰·昆西是最理想的人选。当时，

JOHN ADAMS

第五章 革命

约翰·昆西已经具有了一定的政治声望。他比亚当斯略高一点，他那线条分明清秀的脸庞显得相当帅气。他从小就跟着父亲游历欧洲，见多识广，他精通法语与荷兰语，最关键的是，他的父亲曾经担任过荷兰大使一职。

1794年秋天，约翰·昆西带着他的兄弟托马斯作为私人秘书一起前往荷兰履职。这项工作对这个立志在政治上有所作为的年轻人具有重要意义，日后他的这个经历对他帮助巨大。

亚当斯的另一个爱子——约翰·查尔斯此时却又惹出了麻烦。他从小就是这样，好像他生下来就是为了让父母无尽的担忧和焦虑。查尔斯在刚刚

1797年，约翰·亚当斯面临担任美国总统职务这个重任，不知他的政治生涯会否呈现一片坦途？

学完律师后，爱上了自己姐夫的妹妹。年轻漂亮的萨莉·史密斯第一时间就吸引住了他的目光，但阿比盖尔和约翰·亚当斯都反对这段恋情，理由与过去反对约翰·昆西的恋爱一样。在父母的反对下，查尔斯同意暂时中止与萨莉的关系，可几个月后他坦率地告诉他父亲："如果我说我不像过去那样喜欢萨莉，那我就是在撒谎。"当日后查尔斯与萨莉在纽约结婚的消息传到昆西之时，他父母其实并不感到有什么奇怪。

时间过得很快，特别对一个副总统来讲。1795年年底，亚当斯准备前往费城参加第四届国会的开幕式，他在抵达后提醒阿比盖尔："你知道，我是明显的继任者。"7年来，夫妇俩一直都明白，亚当斯很有可能接任华盛顿。他们环顾四周，发现除了华盛顿和杰斐逊之外，没有什么人可以和他竞争。

JOHN ADAMS

4 出任美国第二任总统
JOHN ADAMS

明显的继任者

作为美国的首任总统,华盛顿不必考虑对他的政治威胁。在国会和两院中,惟一能对他构成伤害的只有报纸无端的诽谤和中伤,另外,党派的纷争、群众的喧嚣常常困扰华盛顿,使他深感痛苦。但是他坚信:"只有一条正道,那就是追求真理,并且坚定地按真理办事。"对此,他写道:"党派争端已经达到登峰造极的地步,真理笼罩在一片迷雾和曲解之中,因此,要想知道通过什么途径可能找到真理,那是极端困难的。如果一个人不属于任何党派,一心一意只想用不偏不倚的步子走出一条把祖国引向体面、富强和幸福的路子的话,这种困难就非常可悲可叹。然而,在党派争执中,大家争的不是真理,而是胜利。"

众所周知的原因,华盛顿已经决定放弃第三次谋求总统职位,还在他的任期结束一年前,他就表示自己在期满后一定要返回自己的庄园过隐居的生活。1796年2月上旬,《黎明报》上说,"优秀的爱国者"杰斐逊必然会接替华盛顿,而且是理想的人选。费城也有很大的舆论预测亚当斯会在竞选中占据主动。亚当斯此时的心思并不在政治上。他5月6日前动身回家了。他的副总统任期实际上已经结束了,这是他一生中从事时间最长的职务了,而且这项工作他做得极为出色——忠实地履行了参议院议长的职责,对华盛顿付出了无限的忠诚。他在参议院多次投下了具有决定性意义的一票——都是为了维护总统在决策方面的惟一权威,例如,有几次投票是为最终定下国家首都所在地。亚当斯一共投了31次具决定性意义的票,都是为支持政府,他也成为美国历史上在参议院投票次数最多的副总统。

回到昆西后,亚当斯迅速恢复了自己以往的热情。似乎是意识到这也许是他最后一次能长时间地待在自家农场里。他的心情真的不错,多年来,他第一次重新开始记日记,记下每天的一切活动和进展。在马萨诸塞州沿岸地区,这一年的春天尤其宜人,气候温暖,雨水充足。亚当斯很喜欢户外的生活，他热爱劳动，喜欢看得见摸得着的结果，喜欢这种感觉。

每天清晨，他随鸟儿一起早起，跟往常一样喝烈性苹果酒，同阿比盖尔一起度过平静的夜晚，阅读、写信，或者记日记，日记里还记录了每天的计划，写道："我一辈子度过的所有夏天中，这一季最轻松了，没有忧虑，没有焦躁，没有烦恼，只有夫人的病情令我担忧。"

1796年9月17日，华盛顿发表"告别演说"。这是人类历史上第一次不依靠外在压力，仅仅依靠内心的道德力量就自觉放弃了在为公众服务的过程中聚集起来的权力。在它以前，人类历史上曾经出现过形形色色的逊位、下野、惧怕各种祸乱而"功成身退"的范例，在它以后，人类历史上还将出现无数以杀戮、屠城为代价而威压四海的英雄豪杰，但有了这份文件，一切都在瞬间黯淡下来。华盛顿以完美的姿态退出后，也标志着一场角逐的开始——亚当斯作为联邦党推举的代表，将要在华盛顿卸任后与杰斐逊展开竞争。这是美国第一次有相对立的两党参加的总统大选，亚当斯和杰斐逊分别是这两党的头号候选人，这对这个国家来说是一次全新的经验。杰斐逊和亚当斯其时都还不在费城，两人都还没有加入竞选，但竞选双方的阵营却已经开始唇枪舌剑。这场角逐后来迅速演变为一场激烈的全面战争。

共和党人的报纸把亚当斯描述为一个粗俗无耻的君主主义者——这是他们一贯强加给他的头衔。《黎明报》这份发行量很大的报纸还在头条中提出"警告"，说亚当斯不适于领导这个国家，文章警告说，除非人们投票选举"人民的朋友"托马斯·杰斐逊，否则"君王、等级和头衔的拥护者"亚当斯就会成为他们的总统。《波士顿新闻》也警告说，如果亚当斯当选，他会将世袭制强加于美国，为自己的儿子约翰·昆西登上总统宝座铺路，而对杰斐逊就不必有此担忧，因为他只有女儿。

相比之下联邦党人则温和得多，他们谴责杰斐逊是雅各宾派、无神论者，还说他是个胆小鬼，1781年时为了躲避英国骑兵而逃回了蒙塞蒂洛。亚当斯在给约翰·昆西的信中说："可怜的杰斐逊受到的攻击可不比你的老父少。"

更让亚当斯感到雪上加霜的是，亚历山大·汉密尔顿又在幕后玩起了他那套老把戏，教促大家尽可能地支持托马斯·平克尼，表面上看起来是为了阻止杰斐逊当选副总统，其实有同时击败亚当斯、扶持平克尼上台的嫌疑——对汉密尔顿来说，平克尼更好操纵一些。尽管政坛闹得沸沸扬扬，整个国家还是处于和平状态，而且比过去更加繁荣。如果说人们对于国家政治有什么普遍情绪的话，那就是对华盛顿就要离任感到遗憾，甚至感伤。

11月23日，亚当斯向阿比盖尔告别，启程前往费城，这次又只带了约翰·布里斯勒一人同行。他向阿比盖尔保证："恐惧主宰不了我，我仍然斗志昂扬。"12月4日，他抵达费城，7日晚上，由于担心失败，他脑中进行了一番激烈的思想斗争，他又写道：我一天自嘲了20次，嘲笑自己的感受，嘲笑自己陷入了冥想和思量，这都是在受虚荣心的折磨。为自己不受欢迎而感到心灰意冷，害怕遭到冷遇、卑劣的指控、羞辱和伤害，担心未来的计划、经济问题，还要节省开支。重操律师旧业的话，要草拟诉状，陈述起诉的原因，还要招聘助理。可过了一个星期左右，他的情绪却完全不同了，他写信告诉阿比盖尔，说他看来好像要当选总统了。虽然最终计票结果要到2月份才出来，不过当选举人一起会晤之时，国会内外已有人公开说亚当斯已经赢了，杰斐逊将成为副总统。

当选总统

当亚当斯稳操胜券后，一夜之间，他受到的待遇就大相径庭，仿佛他变成了一个迥然不同的人，令他感到极不寻常。甚至连贝奇的《黎明报》似乎也奇迹般地改变了主意，该报如今宣称，约翰·亚当斯显然比华盛顿更好。亚当斯无疑不会成为傀儡，他一直有自己的观点和判断，他会凭自己的想法行事，不会受他人的驱使。他也非常独立，不会为了政党而牺牲国家的利益……此外……众所周知，亚当斯不过在理论上算个贵族，从现实上看华盛顿可就是个不折不扣的贵族了——亚当斯从未蓄奴，华盛顿却有奴隶……两人的差别很大。

杰斐逊在蒙塞蒂洛收到了麦迪逊的来信，要他做好准备，他可能会成为国家的第二把手，还要他为了国家利益、为了对亚当斯产生"有效的"影响，一定要接受副总统的任命。杰斐逊在回信中表示，自己对屈居于亚当斯之下并没有什么不满，因为"自我从政以来他就一直是我的前辈"。然后，圣诞节过后三天，杰斐逊提起笔来，给亚当斯写了一封非比寻常的信。

杰斐逊在信中说，从他听到的最新消息来看，亚当斯当选为"第一把手"似乎已成定论，杰斐逊表示自己对此从未产生过怀疑，他说"我从来没有期待过会有不同的结果"，虽然他不指望亚当斯会相信自己，不过他"真的从未希望别人当选"。杰斐逊还警告说，汉密尔顿又开始搞他那一套阴谋诡计了，不过他不怎么相信那些伎俩会改变选举结果。

"我是出于最纯粹的喜悦而衷心地向你表示祝贺，没有人会比我更加诚挚、不掺杂其他动机……我没有统治他人的野心，那是一个痛苦而吃力不讨好的位子……我真心诚意地希望你能帮助我们避免这场战争，战争会摧毁我们的农业、商业和信贷业。如果你成功的话，光荣将属于你一个人；我衷心祝愿你的政府能满载荣耀，你自己也能获得幸福，尽管在你的人生航程中，我们之间曾发生过一些小小的不快，或者说在别人的挑拨下出现过龃龉，但在共同为独立而奋斗时我对你产生的那种敬重之情一直没有改变，我对你的敬意和感情始终如一。"

这封信是杰斐逊对负于亚当斯表现出的一种大度，是他写过的最热忱的友善之辞，也是亚当斯收到过的最温暖的话语。可在写完这封信后，杰斐逊考虑再三，还是先把信寄到费城给麦迪逊过目——"让你先读一下"——如果把这样一封信寄给亚当斯"在你看来有什么不妥，可以把它还给我"。

麦迪逊大吃一惊，他把这封信视为一个致命的错误，并下定决心让此事到此为止。他委婉地对杰斐逊解释道，友谊是一回事，政治则是另一回事，他还规劝杰斐逊说，两人之间的友谊亚当斯已然了解，可万一亚当斯担任总统表现不佳，那么杰斐逊写的这些赞扬之辞以及对亚当斯表现出的信心从政治上来说会使杰斐逊陷入尴尬的境地。

后来这封信再也没有寄出，它一直保存在麦迪逊那里，离亚当斯的住所只有几个街区之遥。

要是亚当斯能收到这封信，它可能会成为他最重要的信件之一。杰斐逊的褒奖、对他坚定不移的信心，以及再次提起他们过去的友情，对亚当斯来说非常重要，可能会改变他对两人关系的整体看法，从而可能影响后来发生的事件，没有比这个时候更恰当的时机了。

1797 年 2 月份，正式发布了选举结果，作为参议院议长，亚当斯在选举人团面前打开文件，念出了最终计票结果。他最终以 71 对 68 票的微弱优势赢了杰斐逊。平克尼获得 59 票，伯尔 30 票，塞缪尔·亚当斯 11 票。亚当斯只以 3 票的领先优势当上了总统，接替主动辞职的华盛顿。

1797 年 3 月 4 日星期六，美国第二任总统的就职典礼如期举行。中午前，在费城议事厅一楼的众议院会议室里，众人全都集合在这里，屋里人多得都坐不下了，各个位子上坐着参众两院议员、最高法院法官、政府各部部长、外交使团，还有许多女士，据说她们为仪式增添了一点"明快"的调子，否则这种场合就会变得太过严肃刻板了。

当乔治·华盛顿走进房间步入讲坛时，人群中爆发出一阵掌声，托马斯·杰斐逊今天一早已在楼上参议院里宣誓就职副总统了，当他出现在会议室时，掌声更热烈了，迎接约翰·亚当斯的同样是"表示赞许的掌声"，他紧随华盛顿和杰斐逊这两个高大的弗吉尼亚人身后，显得比平时更加矮胖了。

这是一个令在场者难以忘怀的场景。正是眼前的这三个人、而不是别的什么人造就了革命，而且正如观众们料想的那样，这是他们三人最后一次同时出现在同一个讲坛。亚当斯感觉就像当年第一次站在英王乔治三世面前时一样——仿佛自己在台上扮演一个角色。后来他告诉阿比盖尔："这是我演出过的感染力最强、最动人的一幕了。"

杰斐逊身着一件长及膝部的深蓝色双排扣长礼服，个子显得更高了，华盛顿则穿一套黑丝绒的燕尾服，亚当斯是三人中最朴素的一个，他穿着一套灰色呢料的衣服，特意避免使用醒目的纽扣。

为了尽可能低调一些，亚当斯早晨乘坐一辆仅由两匹马拉的"简朴但十分优雅的"马车，从弗朗西斯饭店来到了议事厅，没有用华盛顿第一次举行就职典礼时乘坐的那辆由六匹白马拉着的豪华马车，他也不让随从们一路列队护送他前进，他向阿比盖尔坦承，自己不怎么想要前任当时搞的那些"宫廷"礼仪。

到了中午，阴暗的天空开始变得明朗起来，天色转亮，万里无云，可亚当斯的情绪却不太高昂。家人一个都不在场，他感到非常孤独。前一天晚上他无法入睡，感到不太舒服，一直都担心自己无法撑到仪式结束就会昏倒。不过他还是取得了成功，顺利地发表了演说，清楚无疑地表明了自己在宪法、党派政治、国内问题、法国问题，以及战争与和平问题上的立场。

虽然演讲稿的文字似乎有些刻板，不过他的演说很有力，带来了强烈的效果。亚当斯心潮澎湃，用坚定的语调号召人们重燃美国独立革命的热情，还谈到了"由心灵美好、有头脑的人"缔造了"带给人们幸福的现行宪法"。为了消除人们对他政治信念的疑虑，亚当斯表示自己完全拥护和尊重现行自由共和政府。"的确，还有什么其他形式的政府值得我们去尊重和热爱呢？"他还表示尊重各州的权力，而且坚信应该拓展对全民的教育，这样既是为了使人民的生活更幸福，也是因为教育对保持人们的自由非常重要。亚当斯警告说，对国家最大的威胁就是谬论、党派之争和"国外势力影响的蔓延"。

他愉快地对华盛顿的领导表示赞赏，对美国农业和制造业的发展也很是称道，并保证自己会对美洲印第安人持"平等和人道"的精神，"使他们和我们的公民彼此更加友好，改善他们的境况"。他在演说中用最强硬的言辞强调了美国的中立立场，这对国会和在场的外交官都是有利的，更不必说反对派媒体了。亚当斯宣布，他将"坚定不移"地维持与各国的和平，然后他还表示，在法国旅居近7年，他对法国怀有深深的敬意。最后，他坚定地声明自己对美国人民的精神有"坚定的信心"，"我为此押上了我的一切"。接着，在庄严地向上帝祈祷后，他走下讲坛，来到房间前边的一张桌前，最高法院首席大法官埃尔斯沃思·奥利弗宣读总统就职誓词，亚当斯跟着念，精神十分饱满。

亚当斯就这样成为这个国家的总统了。由于佛蒙特、肯塔基和田纳西3个州的加入，美国现在已拥有16个州。亚当斯在从政生涯中从未担任过行政职务，在上届政府中他只是一个无足轻重的角色，他也从未在军队中服过役，而且从来没有通过竞选来拉过一张选票，也从未表现出热衷于政治，可他现在却成了最高行政首脑和总司令。

会议室里许多人黯然泪下，他们为亚当斯的话深深感动，不过更多的似乎是为华盛顿即将退出政坛而难过。亚当斯写道，"气氛确实很沉重"，他还注意到华盛顿的神情一直十分平静和安详。有一种未经证实的说法，华盛顿在完成仪式后趴在亚当斯耳边悄悄说："我公平出局了，你走马上任了，看看我们谁更开心吧！"

JOHN ADAMS

送别华盛顿

在举行就职典礼前,亚当斯就采取了自己任期内最重大的措施之一:他没为自己任命一个新的内阁,而是让华盛顿时期的4名部长继续留任,他深信这是与联邦党人保持和睦相处的最保险的办法。后来他写道:"是华盛顿任命了他们,我要是换掉其中任何一人都会引起轩然大波。再说我对他们任何一人都没有什么特别的反对意见。"况且,美国并没有内阁成员在一届总统任期未了时辞职的传统。华盛顿本人鼓励这些人留任,他们中也没有人表示希望辞去自己的职务。

对许多人来说,最大的问题是杰斐逊在对法关系中会扮演怎样的角色——共和党人希望他能起很大的作用,联邦党人则下定决心无论如何不能让他有任何发言权。亚当斯私下里对这一点态度很模糊,他已经原谅了杰斐逊过去的所作所为,但这绝不意味着遗忘。他向特里斯特拉姆·多尔顿坦诚:"我可以告诉你,他对派因和弗雷诺的支持,还有他在性格和政治方面错综复杂、纠结不清,已经变得十分不利,总是引起我的焦虑和不安。他周围会有太多的法国人伺机讨好他,不过我希望我们能让他稳定下来。"

然而,亚当斯对埃尔布里奇·格里却表示对杰斐逊比较有信心。鉴于杰斐逊很理智,而且与亚当斯有着长期的友谊,亚当斯认为,他可以期待他的副总统能够像当年他支持华盛顿那样来支持自己,"这将成为我一辈子的骄傲与荣幸"。与此同时,本杰明·拉什写信给杰斐逊,说当他听到亚当斯"满怀喜悦地谈起与你一起管理政府"时感到一块石头落了地,"他在任何场合对你都是很公道的……"

杰斐逊在就职典礼的几天前抵达费城,他住在法国饭店,并在那里拜访了一下同在此处下榻的亚当斯。他们两人已有3年没见面了,这次重聚显然很愉快。从礼节上来说,总统与副总统之间这样见过一次也就足够了,可实际上亚当斯第二天早晨立刻就对杰斐逊进行了回访,这被视为一个清楚的信息:亚当斯确实要奉行一种超越党派分歧的政策。

总统就职典礼的前一天是3月3日。第二天早晨,杰斐逊在参议院面前发表了简短的就职演说,着重夸奖了亚当斯,说他是个"卓越的人物",还谈到了他们两人"从未间断过的友谊"。有那么转瞬即逝的一刻,两人之间摒弃党派之争的合作似乎是可以实现的。一名最高法院法官写道："我很满意，亚当斯先生和杰斐逊先生站到了一起，事情看起来很顺利。这表现出一种和解以及分歧的消除，也许会有效地缓解党派之争。"

3月8日，华盛顿来到法国饭店与亚当斯告别，并祝他一切顺利，两人在友好的气氛中道了别。华盛顿在离职前主动给亚当斯写了一封信，表示亚当斯在成为总统后不要特意回避给予约翰·昆西"他理应得到的提携"。华盛顿写道："我的想法很明确，亚当斯先生（约翰·昆西）是我们在海外最有价值的人才，如果给他机会，让他到外交战线上去，或者担任其他公职的话，他将以行动证明自己是我们所有的外交官中最能干的一个，我对此确信无疑。"华盛顿这番话对亚当斯意义重大，正是华盛顿的推荐坚定了他提携自己儿子的信心，而不是太在意反对派对他任人唯亲的指责。

在华盛顿离开后，杰斐逊也匆匆向亚当斯道别，很快离开。亚当斯终于走上总统之位，却好像在一瞬间变成孤家寡人。他一生中经历了太多，他做了这么多贡献，承担过无数风险，如此全心全意地为他的祖国服务，但他似乎并没有把当上总统视为职业生涯的最终目标或至高无上的终生成就。回顾他之前的人生路程，他并不是那种把生活视为一步步爬上山顶的人，而是更乐意把生命视为一段旅程或冒险。就像他冒着危险翻越比利牛斯山，只是为了尽快赶到巴黎为祖国服务。从这个角度来看，担任总统不过是他人生漫漫长路上的另一个插曲，命运偏偏如此多舛，使他无暇细想，只能匆匆经历人生的种种，还要面对越来越危险的前景。

5 睿智的联邦党人
JOHN ADAMS

欧洲的危机

上任伊始的约翰·亚当斯马上就要面临一个棘手的问题——法国对美国的威胁。

此时的欧洲陷入了无序的混乱状态，大革命之后的法国尤甚。由于在

JOHN ADAMS

独立战争中曾经帮助过美洲、与英国开战的法国理所当然地认为华盛顿应该帮助自己。但事实让法国感到极度不满，奉行中立的华盛顿政府不希望介入欧洲的事务之中。新独立的国家太脆弱，她更需要的是稳定和发展，而不是战争与混乱。

接替华盛顿的亚当斯不得不面对这个现实，就是如何协调与法国的关系。杰斐逊在写给麦迪逊的信中说："总统很幸运，在危机就要爆发之时脱身了，让别人来承担后果。不过，他的离去也标志着困难的开始，而且这些困难都会被归咎于新政府。"亚当斯对此深为苦恼，在写给约翰·昆西的信中他说道："我就职之初就遇到了与法国发生误解的问题，我应该努力进行调解，如果这样不会违背忠诚、玷污荣誉的话……美国是无所畏惧的。"

就在他就任总统一周后，亚当斯从欧洲收到了一个惊人的消息：执政的法国5人督政府拒绝接受美国派出的特使平克尼将军。平克尼似乎成了一个不受欢迎的外国人，他不得不离开巴黎，退到了阿姆斯特丹，等候下一步指示。雪上加霜的是，亚当斯收到新的消息，说法国军舰根据巴黎的命令，在加勒比海变本加厉地俘获美国船只。督政府虽未公开宣战，实际上已然对美国在各地的航运开战了。危机迫在眉睫，亚当斯面临着全面战争的威胁。

摆在亚当斯面前的，无非就是两条路：一是对法国宣战，以武力的方式解决；另一条就是继续谈判，寻求和平解决的方法。问题是，这两条路都不好走。尽管亚当斯大概在10年前就大力提倡美洲要建立和壮大自己的海军，但遗憾的是这一目标至今未能实现，新独立的美国根本不具备与法国在海上开战的资本。和谈也有许多障碍，先不论法国督政府苛刻的条件，仅仅只是国会中那些强硬的反对力量就让亚当斯感到头痛。亚当斯好几天来都在开单调冗长的会议，他告诉阿比盖尔，连天气都是愁云惨淡。"我感冒得很厉害，新闻很不妙。"他曾对埃尔布里奇·格里表示他对自己内阁很有信心，现在却大大动摇了，看来他已经预感到政府内部会出什么问题。"从现在我所处的环境来看，我看到了一种野心勃勃的景象，这已经超出了我过去的怀疑或想象……妒忌和竞争……我从未像现在这样被这些丑恶的东西如此逼近。"

好像一切都很糟，没人可以帮助他。

JOHN ADAMS

3月25日，亚当斯以总统的身份要求国会在5月15日召集特别会议，"协商决定要采取哪些应对措施，以议员们的聪明才智，应该可以为美国谋求安全和福祉"。共和党人义愤填膺地指出，战争的阴云已笼罩了首都。联邦党人的报纸宣布，美国已经遭到了法国深深的侮辱；共和党人的报纸则肯定了美国与法国的友谊，同时表示希望总统能遵守自己在宣誓就职时许下的寻求和平的诺言，还说"某位前部长"（汉密尔顿）正在暗中鼓动战争，以便实现自己的政治野心。

就像给这种混乱火上浇油似的，有人不仅预言并希望与法国开战，而且认为美国势必会与英国结盟——这种说法在很多地方都很流行。亲法政党的图谋显然是想引人民陷入一种极不安全的境地，削弱国家的力量，由此破坏用来捍卫独立的防御措施。为了达到这个目的，他们会捏造法国与美国很友好的说法——从而鼓吹与这样友好的国家交战是多么没有道理，还有一些卑鄙无耻的叛徒干脆明说，如果开战，他们会站到法国那边。亚当斯一直保持沉默。亚当斯不像乔治·华盛顿那样广受欢迎，华盛顿是全票当选的，即便批评之声也不能撼动他的地位。亚当斯却不像华盛顿那样拥有忠实的追随者，国会里也没有支持他的派系。更要命的是，美国隐隐呈现出一些现实的危机，比如美国当时在陆上和海上都没有军事力量，法国海盗在政府的授权下继续肆意劫掠美国商船，美国政府对此却束手无策。不过他在写给亨利·诺克斯和约翰·昆西的信中说，他会竭尽所能来解决与法国的争端。他向阿比盖尔坦白，自己已完全精疲力尽了，他求她来帮帮他。他与内阁越是不和，他就越是不信任他们的判断，也就愈发希望阿比盖尔能在他身边，希望能听听她的见解和判断，即便在他担任副总统之初感到困难重重之时，他也没有像现在这般日益急切地恳求阿比盖尔来陪伴他。他在信中写道："要么我去找你，要么你来找我，我不能没有你。"还写道："求你了，一刻也不要耽误，过来吧，帮我分担生活中除了公务之外的每点烦恼，跟我一起讨论，助我一臂之力，用你的话语来抚慰我。"他告诉她："已经到了危急的重要关头，我非常需要你的帮助，我现在必须诚挚热切地重复我的请求，没有你我什么也干不了。"

和以前一样，在丈夫最需要帮助的时候，阿比盖尔总是会最快地出现在他的面前。亚当斯在3月21日那天搬进了华盛顿腾出的总统府，这所房子的租金十分昂贵，一年要2700美元，另加2500美元的马车和马的费用。

虽然国会将拨出 14000 美元来购买家具，亚当斯还是十分担心，他的年薪只有 25000 美元，根本负担不起。他警告阿比盖尔，他们将过上比以前更紧巴的日子了。"所有的镜子、装饰品、厨房设施……全都得买。所有的瓷器……玻璃器皿和陶器……此外还有亚麻制品……秘书、仆人、木材、慈善款项……一大堆类似的开支。"可他们还不能有半句怨言，"别把我这些抱怨告诉别人……我会失去性格坚强（的名声）……有时我自己都怀疑自己是个烦躁易怒的人，立场并不坚定"。

就在阿比盖尔已经动身前往费城之时，亚当斯年迈的母亲身体急剧地衰弱了下去。4月份的天气变得异常炎热，气温骤然升高，亚当斯的母亲陷入了濒危状态。阿比盖尔告诉约翰："这位善良的老太太已经确信自己就要离开这个世界了，她的医生和护士都准备放弃她了，可她还是叫我不要被她耽误，为了丈夫，什么都可以放弃。"阿比盖尔不愿在此时离去，尽管丈夫此刻也非常需要她。她一直陪伴着亚当斯的母亲，一直到4月21日老太太走到生命尽头，然后在她的客厅里为她安排了葬礼。4月26日她写信告诉亚当斯："我准备明天出发，我们年迈的母亲已经过世了……她长眠了，而且走时很快乐……我已经准备好了，要跟随我丈夫的脚步，无论他选择去往何方。"

波士顿报纸上刊登了讣告，宣布美国总统的母亲苏珊娜·博伊尔斯顿·亚当斯·霍尔逝世，享年89岁，"为我们这一代树立了一个简朴和诚实的榜样，正是这些品质使我们这个移民国家的人民令人肃然起敬"。闻知消息的亚当斯从费城写信给阿比盖尔，他悲痛不已，说多么希望自己能在昆西，给她帮助和安慰。但美国此刻很需要他，自己不得不坚守岗位。

亚当斯一直是一个意志坚定的人，他同过去一样，下定决心要坚持华盛顿制定的中立政策，同时也拒绝向任何侮辱美国或牺牲美国荣誉的行为妥协——总之，他下定决心要履行他在就职典礼时做出的承诺。不过，作为一个老牌现实主义者，他比局外人更了解历史，经历得更多。他也知道，在这样一个战火纷飞的世界里，要保持中立，即便不是不可能，也是极其困难的。他知道在法国、英国、公海以及他自己的国家内部会出现什么他无力控制的局势，地区和党派的差异在美国政界成了个一触即发的火药桶，不仅产生了共和党与联邦党之分，连联邦党人自己内部也产生了巨大的分歧，还有一大堆尖刻而且往往很恶毒的媒体在改变整个政治氛围。

亚当斯沉着镇定地说，法国"在美国胸口留下了创伤"，但他衷心地希望伤口能够愈合，希望能与所有的国家保持和平与友好的关系。因此，他要求做出"新的尝试"，与法国进行谈判，同时开始发展美国的军力。联邦党人的报纸对亚当斯表现出来的爱国主义热情大加赞赏。共和党人则被激怒了，他们不能容忍自己的意见被如此忽视。亚当斯不但没有对法国表示多少同情，而且听起来像是在"叫嚣"着开战。如果他想避免战争的话，怎么会敦促国会建立海军呢？当亚当斯任命约翰·昆西为驻普鲁士大使时，共和党人爆发出更多的抗议之声。他们说，华盛顿从来没有任用过自己的亲人，连远亲都没有。《黎明报》说，总统必须辞职，"不然以后再来纠正这些倒行逆施就太迟了"。国会认为在某些事务上要信任总统的判断力，因此对此不予干预，于是《黎明报》便大肆攻击亚当斯，说他太过自负。

因为任命给父亲带来麻烦的约翰·昆西又给亚当斯增添了烦恼。他写信来说自己恋爱了，他爱上了美国驻伦敦领事的女儿路易莎·凯瑟琳·约翰逊。亚当斯夫妇在欧洲的时候就认识这位领事，以他们对这个女孩的了解，他们对此事感到忧心忡忡。就像阿比盖尔对昆西说的那样，她担心这个女孩是否适合他，会不会太年轻，是不是习惯了欧洲的奢华和诱惑。总之一句话，他们对这位习惯了奢华生活的女孩有一些现实的担心，她的昂贵品味恐怕不是昆西承担得了的。

这位年轻的外交官则答道："我知道您的想法，尽管我们的婚事还处在最初步的阶段，但我非常感激，而且明白这些想法完全是出于认真的考虑和母亲对我的关爱。"他不断地保证这位遭到质疑的姑娘"心地善良、性情温柔、精神高尚又富有理性"，而且会"成为您的好女儿，做得一点都不比您的儿子差"。

三名新特使

法国督政府几乎不由分说就拒绝了平克尼将军的特使身份，这种轻率而又带有轻蔑的做法非常欠缺考虑，但却是亚当斯不得不面对的难题。平克尼将军在荷兰发来电报，请示下一步的计划。当时在海上，法国对美国的恶意行为还在继续。那年春天，亚当斯得知，法国已经俘获了300多只美国商船，有些美国海员受了伤。在欧洲，法国军队在似乎不可战胜的年

JOHN ADAMS

轻将军拿破仑·波拿巴的领导下，在扩张领土的战役中横扫意大利和奥地利。1798年新年伊始，波拿巴获得了海陆所有军队的指挥权，他将率军穿过海峡去讨伐英国，就像约翰·昆西对父亲说的那样，这次远征"十分鲁莽"。后来昆西又报告说，波拿巴很快又改变了主意，率领他的军队转向埃及。法国从未像现在这般强大。

阿比盖尔来到费城后，开始全身心地照顾亚当斯，帮助他渡过痛苦的难关。她自己一人管理整所大房子，监督仆人，并给昆西镇寄去订单，运来总统最喜欢的新英格兰奶酪、咸肉、马铃薯和苹果酒。她每天5点起床，8点吃早餐，然后两人到午饭时才再次会面。

亚当斯几乎每天都在总统官邸的办公室里，由于"工作得那么勤勉"，使他看起来总是十分疲惫。而此时的杰斐逊却在隐退多年后，以惊人的活力重新活跃在党派政治中。以他的资格和能力，反对派很快推举他为领袖。亚当斯一贯的政敌麦迪逊退休了，加上担任副总统有大量闲暇，杰斐逊可以有大量的时间给共和党的报纸写信、出主意，提供信息和资金。例如当时的《黎明报》，就是一份喜欢登载攻击约翰·亚当斯文章的报纸。杰斐逊一直住在法国饭店，那里便成了共和党核心集团的总部。很快，介入政治的副总统与领导政治的总统之间伪装的和睦关系也被摒弃了。

杰斐逊深信，最佳的结果就是法国打败英国，而且这一天很快就要到来了，于是他向法国驻费城代办菲利普·亨利·约瑟夫·德·勒通布建议，督政府应该以适当的礼节来接待美国派来的3个使节，但"要尽可能地拖延谈判"。问题是杰斐逊与其他共和党人一样，不理解亚当斯将和平谈判与增强国防措施结合在一起的用意，因此他在给别人写的私信中指责亚当斯蓄意破坏和平。这些话有些传到了亚当斯的耳中，亚当斯愤怒地说，一个人在心灵"被野心所吞噬，然而依然很脆弱、迷惑、愚昧和无知"时才会说出这种话。

不过，尽管杰斐逊这般大肆活动，加上当时的气氛如此紧张、一触即发，亚当斯的激烈言辞还是出奇地少，态度也比较缓和。联邦党人中许多人怀疑杰斐逊已经彻底背叛了自己的祖国。

在法国人的印象中或者理解里，杰斐逊是法国忠实的盟友，美国也"对法国充满了感激"，而且"永远都不会忘记是法国帮助自己取得自由的"。可美国的新任总统却是另外一回事了，杰斐逊毫不留情地对他大加贬损，尤其令人感到过分的是，杰斐逊还提醒欧洲的政治家，亚当斯的任期只有4年，而且亚当斯也没有得到普遍支持，"他只是凭3票之差当上总统的，美国的体制会随着他发生变化"。在一篇文章中，杰斐逊公然向亚当斯的执政理念甚至是人格发起了质疑与挑战：

> 亚当斯先生自以为是、暴躁易怒、固执己见，生来就太过以自我为中心，至今还在为自己在巴黎与富兰克林发生的龃龉而不快。亚当斯起初是一个共和主义者。在他出使英国时，王权与贵族的炫目使得他相信它们的魅力，认为它们是政府的必要组成部分。而谢斯的叛乱，亦证明了人的欲望与压制的缺乏，不足以保证秩序的稳定。他的那本关于宪法的书，使我们了解了他的政治偏见。在他离开的这段时间里，他的心被那些拥护君主制的联邦主义者所占据，而当他回到美国时，他又相信市民的总体倾向是支持君主制的。他还写了《关于达维拉斯的谈话》，作为对前面那本书的补充说明。后来他又被选举为美国总统，这使得他更固守着自己的"错误"。数不清的、狡猾的、殷勤的谄媚扑向他，使得他相信，他正处于威望的顶峰，而这时海水正悄悄地淹过他的双足，进而吞噬他的追随者们。所以当华盛顿引退时，那些一直受他的诚实、坚定、爱国与权威限制的盲目而狂热的君主主义者，登上议会的汽车，如同坐在太阳神之子费顿的马车上，开始无拘无束地、急促地、冲动地、狂野地向前奔驰。他们既不去关注左方，亦不去关注右方，除了最终要达到的目标，其他的任何事情对他们来说都是不相关的。直到最后，他们的丑态完全暴露，人民的眼睛开始睁大并明白过来时，于是把他们驱逐出公众议会的事情就发生了。

这段描述让我们不能不思考杰斐逊和亚当斯之间的关系已经崩溃。如果杰斐逊真的如此看待亚当斯的话，那么这就意味着杰斐逊与亚当斯两人长期友谊的终结。事情的真相恰恰是，亚当斯与杰斐逊都想与法国议和，为了达到这个共同目的，二人却毅然走上了两条截然不同的道路。

亚当斯仍然坚持自己的判断，他从来就不是轻易向别人妥协的人。经过慎重考虑，他特意挑选了两名新特使去欧洲与平克尼将军会合，共同承

JOHN ADAMS

担起与法国谈判的重任。几天内，任命就下达了。新的前往巴黎的使团选择了弗吉尼亚州的约翰·马歇尔，另一个是亚当斯过去在巴黎的助手弗朗西斯·达纳。不过达纳由于健康原因而婉拒了这一任命，于是亚当斯又指派了埃尔布里奇·格里。3名美国特使在巴黎将与老谋深算、极富魅力的新任法国外长查理·英里斯·德·塔列朗·佩里戈尔打交道。

3名美国特使在夏天启程了，格里从波士顿出发，马歇尔从费城动身。

3名美国特使在10月的第一个星期抵达巴黎，他们等了几天才得到外交部长塔列朗的接见，那次会面持续了15分钟，然后又是更长时间的等待。接着塔列朗就派出3个秘密特工，一个接一个地前来拜访，他们是让·康拉德·奥廷格、皮埃尔·贝拉米和吕西安·奥特维尔，3名美国使节在密件中分别称他们为X、Y和Z。这3人告诉美国人，外交部长对他们很有好感，不过为了让谈判得以进行，需要给点甜头，拿出大约25万美元来贿赂塔列朗，此外还要给予法国1亿美元的贷款，作为对亚当斯总统5月份在国会演说中"侮辱"法国的补偿。

平克尼、马歇尔和格里理所当然拒绝了这些条件，据马歇尔记载，在一次私下的接触中，奥廷格说："先生们，你们的话没有说到点子上去。问题在于钱，你得出钱……你看怎么样？"平克尼将军断然拒绝了他的要求："不！不行！我们一个子儿也不给。"

结果可想而知，特使团在巴黎又一次成了不受欢迎的人。到了1月份，约翰·马歇尔经由海牙寄来一封信，警告说法国督政府可能不会接见美国使团。使紧张局势雪上加霜的是，2月份时，亚当斯不得不告诉国会，一艘法国私掠船袭击了一艘停泊在美国查尔斯顿港口的英国商船。

亚当斯一直处于矛盾之中，他一边听取别人的建议，一边又想坚持自己的意见，左右摇摆，拿不定主意。这不是他优柔寡断，只是因为法国的消息迟迟不能到达。法国在海上"持续的暴力活动"，拒绝接见美国使节所表现出的那种"前所未有的傲慢"伤害了他，这种"伤害、蔑视和侮辱"是一个自尊自重的国家永远无法忍受的。不过他也强调，也许还有可能获得和平，实现有尊严的和平依然是他的坚定目标。费城谣言四起，说法国已经向美国宣战，还说法国人正在采取行动准备拿下佛罗里达和路易斯安那。

1798年3月19日，亚当斯在国会发表演讲，说外交斡旋已经失败，因此他必须再次呼吁采取必要的措施来保卫这个国家，以防受到法国的攻击。在这种情况下，这已经是他能做出的最温和的声明了，没有提到一个有关战争的字，也没有提到法国三番五次的侮辱。

但共和党人还是不能接受，说整个 X、Y、Z 的故事都是联邦党战争贩子编造出来的，谈判失败都是美国使节的失职。他们指责亚当斯这番话是表示宣战，将给美国带来灾难后果。杰斐逊写信给麦迪逊，说亚当斯的演说"已经失去了理智"，并开始在院外活动，欲设法使美国推迟采取行动，为拿破仑争取时间，让他去攻打英国。于是杰斐逊建议国会成员立即休会回家，就这场严重的危机去了解一下选民的意愿，他用夸张的口吻对麦迪逊说："目前这段时期……两到三个星期吧……是自 1775 年以来最重要的时期，它将决定独立革命确立的原则究竟是会获胜，还是会在革命曾推翻过的那些东西面前却步。"

联邦党人大多支持亚当斯总统，许多众议员私下对塔列朗及其特工的厚颜无耻表示十分愤慨，还有的人提出了些站不住脚的新说法。杰斐逊拒绝公开发表评论，他私下里却还在责备亚当斯当初对法国的侮辱，坚持说塔列朗和他的特工无论如何都不能代表法国政府，法国政府本身"毫无疑问"是没有问题的。

开始备战

约翰·马歇尔 1798 年 6 月 17 日乘船抵达纽约，知道真相的群众像欢迎英雄一般接待了他。不过勇敢的马歇尔只字未提与法国开战的事，他告诉亚当斯，实际上从他自己出使法国的整个过程来看，法国并不想与美国打仗，他对此很有信心。与其他给亚当斯出主意的人不同，马歇尔亲自与法国人打过交道，他坚决主张美国持克制态度，谨慎从事。实际上，马歇尔对亚当斯说的意思就是，没有必要打仗，这也正是亚当斯一直想要的结果。

亚当斯对马歇尔带来的信息极感兴趣，他对这个坚毅又勇敢的大使更加有好感。日后，在他的任期只剩下 1 个月多一点的时候，他做出了担任总统期间最重要的决定之一——任命约翰·马歇尔接替最高法院首席法官奥利弗·埃尔斯沃思。

据马歇尔描述，当时亚当斯和他正在总统府的办公室里谈话。亚当斯问他："现在我应该任命谁呢？"马歇尔说他不知道，亚当斯便转过身来宣布："经过考虑，我觉得我得任命你。"不过，也许亚当斯在马歇尔走进这个房间之前心中就已有确定人选了。从许多角度来看，任命马歇尔都是顺理成章的事。没几个人像马歇尔这样受亚当斯的赏识，他很有头脑，才华横溢，而且没有人能像他这么忠于亚当斯。他正是亚当斯那类的联邦党人。1801年1月31日，亚当斯在总统府签署了任命马歇尔为最高法院首席法官的委任状，参议院立刻通过了这一任命。亚当斯对马歇尔的任命在美国历史上意义深远。仅次于25年前任命乔治·华盛顿为大陆军总司令。马歇尔执掌最高法院长达34年，他也许是美国历史上最伟大的首席法官。

马歇尔的建议坚定了亚当斯的立场，如果说在国会休会前亚当斯曾经想过宣战的话，现在他也改变主意了。他没有宣战，而是讲了四句话，第四句也是最重要的一句是："我不会再向法国派遣任何一个使节，除非法国当局能接见他、尊重他，并将他视为一个伟大、自由、强大和独立国家的代表。"被尊严驱使的全国各地的爱国者给亚当斯寄来书信，他们在热情洋溢的信里充分表达了对政府的支持。上自立法机关、商界人士，下到大学生和普通民众纷纷表达对政府的忠诚，并都表示愿为国捐躯。亚当斯突然被高涨的爱国热情所围绕，支持率骤然上升。他从来没有像现在这般备受关注和拥戴，有人认为此时的亚当斯获得的民心甚至超过了当年的华盛顿。

亚当斯本人从未受过如此的拥戴，也感到十分振奋，似乎跟所有的人一样被这种精神所感染。他被源源不断的爱国信件所打动，一小时一小时地给他们写回信，仿佛自己有责任给每个人回信，他在一些回信中说自己似乎随时可以宣战了。他在给波士顿青年的回信中说："至于武器，我亲爱的朋友，海上尤其要装备武器。"

这种既与法国不断接触，又时刻加紧备战工作的做法是亚当斯一直坚持的，他一直在为解决危机做两手准备，就像美国的白头鹰一样，他依然一手握着橄榄枝，一手握着利剑。1798年7月2日，为了解决发展军力所需的资金，众议院就征收土地税问题进行投票，这是政府第一次向人民征收直接税。同一天，亚当斯任命乔治·华盛顿为新成立的临时军队总司令，令许多人大吃一惊。就在几天内，国会废除了1778年的法美条约，成立了海军陆战队常备军，通过了《惩治叛乱法》，并批准任命华盛顿为军队总司令,战备如火如荼,战争如箭在弦上,一触即发。

1798年是亚当斯总统任期中最困难、也是最重要的一年,这一年让亚当斯一刻都没能得闲。美国这种战而不宣的状态并不能给亚当斯带来致命打击,但伙伴的背叛与内部的争斗却使他受伤很深。野心勃勃的汉密尔顿对政府的团结构成了威胁,内阁里日益扩大的分歧,使亚当斯整天充满了沮丧和忧虑。但1798年这整整一年,亚当斯以惊人的毅力坚持稳稳地把住了舵,向世人证明强大的防务与向往和平二者并不矛盾,而是相辅相成的,非常符合国家的利益。

在动乱和危险的时期,亚当斯力主支持发展的新海军是一项出色的成就,不到两年,海军就从一无所有发展为拥有50艘军舰的舰队,包括大型驱逐舰"美国"号、"宪法"号和"星座"号,还有5000多名官兵,这些对美法和平谈判的结果都产生了巨大的影响。的确,亚当斯坚持发展美国海军,对1800年与法国实现和平起了决定性的作用。此外,亚当斯架空了汉密尔顿,使他的军队名存实亡,此举可能使美国避免了陷入军国主义的泥潭。

6 竞选失败
JOHN ADAMS

白宫建成

1799年夏天,亚当斯不得不抽出时间关注一下建在华盛顿的总统府。1790年,在美国人民选出自己的总统一年之后,国会决定在玻多玛克河河畔建立一个永久性的首都,并以第一届总统华盛顿的名字命名。1792年美国举行了一个"总统之家"建筑设计竞赛,当时的总统华盛顿对这座未来的建筑非常感兴趣,亲自挑选出了爱尔兰出生的詹姆斯·霍本所设计的作品评为优胜。随后,新首都的建设有条不紊地进行着。

令人感到遗憾的是,就在总统府邸即将建好之时,他却成为惟一一位没有在白宫内住过一天的总统。1799年的岁末,一件事情迅速让美国全国陷入悲痛之中——华盛顿在弗农山病逝了。

JOHN ADAMS

1799年12月14日,乔治·华盛顿在他的庄园弗农山因链球菌感染病逝。他只有67岁,身体一直挺硬朗,甚至在他死之前还每天骑马在庄园里巡行。他的死讯17日晚传到费城,第二天早晨,基督教堂开始敲响低沉的丧钟,国会也休会了。亚当斯夫妇得知这个消息后大吃一惊。总统在发给参议院的一封正式短信中说,国家失去了"她最尊敬、热爱和赞赏的公民……我失去最后一个兄弟,感到很孤独"。阿比盖尔写道,没有人能像华盛顿那样受到热爱和尊敬,"各阶层的人民都陷入了哀伤"。

美国货币上的约翰·亚当斯头像

虽然华盛顿已经安葬在家庭坟地的墓穴里,首都还是为美国第一任总统、最伟大的英雄举行了国葬。总统府、议事厅和华盛顿在教堂坐的凳子都挂上了黑色的装饰,波士顿港的每艘船也都挂上了哀悼的标志,玛丽·克兰奇从昆西写信来说:"我们这里教堂的讲道坛也披上了黑纱。"

在大洋彼岸,形势发生了戏剧性的变化。1800年2月份传来了法国11月9日发生政变的消息,按法国革命时期的共和历,11月被称为雾月。波拿巴将军攫取大权,就任"第一执政",就这样,33岁的拿破仑成为整个法国和欧洲大部分领土的统治者。正如波拿巴本人宣布的那样,法国革命结束了。

JOHN ADAMS

第五章 革命

1800年夏秋两季，谁来领导这个国家的问题变成了一场诽谤中伤个人的竞赛，其激烈程度超过了美国以往历史上的历届总统选举。美国历史上头一次出现了总统与副总统成为对手竞选下任总统的局面。两个政党也旗帜鲜明地对立了起来，他们表现出了前所未有的蓬勃活力和对彼此深深的敌意。党派之争大行其道，亚当斯和杰斐逊双方的阵营各自拿出自己的杀手锏。其中，诽谤和造谣成为最有力和最常用的招数。在联邦党人出版的小册子和报纸上，杰斐逊被斥为一个不可救药的空想者、怯懦的人，还骂他是个挥金如土、放荡不羁的浪荡子。至于一直围绕在他身上的那些关于黑奴私生子的绯闻更是被一次次地提起。

亚当斯方面也好不到哪儿去，他自然不可避免地被斥为君主主义者，更像英国人而不是美国人，因此是个坏人。他们讥笑他，说他又老又糊涂，牙都掉光了。关于年龄的诘问，亚当斯自然无从争辩，因为他确实已经是位老人了。最恶毒的就是说亚当斯是个疯子。如果说杰斐逊是个雅各宾派、一个无耻的南方浪荡子、一个"极度"的无神论者，那么亚当斯就是一个保皇党人、一个自负爱骂街的北方人。不过，这次大选中对亚当斯的攻击与以往的一大不同是，这一回共和党人和极端联邦党人都指责他。共和党人骂他是个战争贩子，极端联邦党人则说他面对法国时太过怯懦。一方把他贬为汉密尔顿的傀儡，另一方又嘲笑他与埃尔布里奇·格里狼狈为奸。

杰斐逊担任副总统的4年期间成功地将自己与亚当斯及其政府分隔开来，这样他就不必为任何会让别人失望、不满甚至愤怒的决策负责了。照费城的《黎明报》的说法，亚当斯却永远都要为新的赋税、《外侨与叛乱法》、常备军，以及其他一大堆"危险"负责。

1800年5月27日，亚当斯动身前往华盛顿，他与比利·肖一起乘坐4匹马拉的马车奔向西南方，还有忠心耿耿的约翰·布里斯勒骑马随行。直到6月3日他才到达方圆10英里的哥伦比亚特区边界。这是亚当斯第一次来到南方，沿途他根本没做任何有关竞选的工作。将近10年的建设，这里根本还没形成一个城市，倒不如说只是个简陋的村庄。城里还有大片的树桩、收割后的麦茬地和沼泽。没有学校，连座教堂都没有。很少的几家商店、几所很普通的旅馆和公寓。只有国会大厦还像个气派的建筑，但里面的装饰却令人感到寒酸。容纳政府各部的建筑只有一座竣工了，就是财政部楼,那是一所普通的两层砖楼,位于国会大厦西面1英里处,毗邻新建的总统府,总统府离完工还早着呢。

哥伦比亚特区的长官、国会大厦的建筑师威廉·桑顿自信地说,华盛顿的人口在几年里就会达到16万。许多人,包括沃尔科特在内,都对此不以为然。实际上,这个城市要有这么多人口大约还要等18年。亚当斯去过巴黎和伦敦,他很喜欢费城,而且他认为一个伟大国家的首都也应该是一个伟大的城市,这里的整个情形可能会让他大吃一惊,并认为把这里定为首都是个巨大的错误。他可能会轻蔑地把这里斥为"杰斐逊的城市",因为杰斐逊比政府中的任何一个人都要关心首都的建设,花了很多时间和精力在各项工程上。

亚当斯简单地查看了一下新的总统府,他对这里相当满意。他写信告诉阿比盖尔:"我很喜欢政府的所在地。"他在特区逗留了10天。他新任命的两名部长——国务卿马歇尔和国防部长德克斯特也过来了,他们两人与政府部门的其他人一起从费城出发,带来了总统和政府各部的全部文件,装了8个运货箱,用船运抵首都。

6月14日破晓之时,他留下约翰·马歇尔来代管一切,然后向北行进,回昆西去了。

又过了3个月,亚当斯决定搬到新首都办公,此时他和杰斐逊的总统竞争已经进入了白热化状态。10月的最后几天里,在华盛顿的总统府中工作的泥水匠和油漆匠,还有哥伦比亚特区的官员们都在加紧赶工。位于特区正中间那座最重要的建筑仍未最后完工,虽然它宏大的外观已经清晰可见,但内部的装修还未完结。

房子坐落在一片杂草丛生、车辙满地的旷野中,周围散布着大块石头和碎石,看起来一切都还处于天然的、未经修整的粗糙状态。然而这座粉刷成白色的大石屋、美国最大的住宅——相当于已建成的国会大厦的一半大——真的是一座雄伟的建筑,即便是在现在这种状态中也显得十分高贵。这所大房子的所有房间都没干,散发着潮湿的水泥和油漆的气味,一楼的每个壁炉里都不停地燃烧着,好让房间快点烤干。楼层之间只有一座螺旋式楼梯修好了。

11月1日,星期六正午,地方官员威廉·特伦顿和亚历山大·怀特正在视察一楼,时值1点钟,只见总统那架由4匹马拉着的大马车正驶向南边的入口。陪他坐在车上的依然是比利·肖，还有骑在马上的布里斯勒。没有其他人，没有仪仗队、乐队或任何随从。

两名官员和在场的几个工人组成了欢迎约翰·亚当斯的队伍，亚当斯就此成为第一位住进这所很久以后将被称为白宫的美国总统。家具都从费城运过来了，但这些家具一摆进这么大的房间里就仿佛消失在巨大的空间中了。屋里只挂了一幅油画，是吉尔伯特·斯图亚特为华盛顿画的全身像，画中的华盛顿穿着一件黑丝绒上衣，这也是从费城运来的。

总统办公室已经准备停当，那是二楼一间朝南的宽敞房间，隔壁就是亚当斯的卧室。11月2日早晨，亚当斯坐在桌前，拿起一张没有图案的素信笺，在第一行写下"华盛顿市，总统府，1800年11月2日"。然后给阿比盖尔写了封信，表达了简单的祝福：我请求上天赐福予这所房子及此后入住的人。但愿从此只有诚实和英明的人才得以在这个屋顶下治理国家。

可是对亚当斯来说，这所房子将成为见证他深深的失望和无数痛苦的场景。

美法达成协议

在11月的第一个星期结束之际，亚当斯的苦苦等待终于有了结果，法国有消息传来，和平特使的任务成功了，美法于1800年10月3日在巴黎北部一个城堡里签订了《莫尔特方丹条约》。法国还为此事举行了一次盛大的庆祝仪式，波拿巴宣布，法国与美国之间的分歧不过是一家人内部的纷争罢了，法国人向美国使节呈献了礼物，双方还举杯祝愿两国间保持永久和平。美国的心腹大患就以这样皆大欢喜的方式结束了。

关于此事的第一则报道11月7日出现在巴尔的摩的一家报纸上，协议的正式文本一个月后才到达华盛顿，然后被送往参议院以待批准。只是，这个消息来得太迟了，已经无法影响进入最后阶段的选举。不过美法到底实现了和平，美国的准战争状态结束了，这对于亚当斯来讲是一个巨大的胜利。

阿比盖尔在亚当斯来到特区之后的1周后才动身，她于11月16日抵达华盛顿。她在11月21日写给玛丽的信中说，马里兰州只有森林，道路崎岖不平，难以辨认。而新的总统府有家乡的礼拜堂两倍大。"房子里到处都有壁炉，不然就没法住了，其中有13个壁炉必须每天都不停地燃烧，不然我们就得睡在潮湿的屋子里了。"鉴于这所房子此时的状况，许多人恐怕会拒绝住在里边，可亚当斯夫妇毫无怨言地住了进去。阿比盖尔知道，这所"伟大的城堡"是为即将到来的时代建造的。她认为要把这么大一所房子管好需要 30 个仆人，实际上她只有 6 个，包括约翰和玛丽·布里斯勒。在他们住进去之后，28 个房间他们只用了 6 个，而这 6 个房间就已经把他们所有的家当都淹没了。

1800 年 11 月 22 日星期六，国会成员第一次在尚未完工的国会大厦中召开会议，约翰·亚当斯以总统身份发表了最后一次演说，他心里也明白这是最后一次。

他是这样开头的："我祝贺美国人民，国会在政府的永久所在地集会了，先生们，我也祝贺你们，因为我们不再迁都了。"就像在总统府时私下的祝愿一样，他今天也公开祝福了国会大厦、联邦特区和华盛顿：这是国家的代表们第一次在这个庄严的地方集会，如果不向宇宙的最高主宰表示敬意、祈求他的祝福的话，就太不合适了。愿这个以华盛顿的名字命名的城市成为美德和欢乐的居所！愿它像华盛顿一样集虔诚与美德、智慧与崇高、坚韧不拔和克己自制于一身，愿这些优良品质在这个城市里永远受到尊重！愿简朴的作风、纯洁的道德和真正的信仰能永远在这个城市和整个国家中盛行！

1801 年 12 月 3 日，噩耗传来，他们最深爱的儿子查尔斯去世了。此前已经酗酒很多年的他最终死于肝硬化，他给世界留下了一个女儿和不小的债务。

儿子的死讯给夫妇俩带来了深重的伤害，虽然两人尽量避免提到此事，毕竟大选结果马上就要揭晓，但亚当斯几乎在一夜之间老去许多。在一封阿比盖尔写给姐姐玛丽的信中，她哀伤的说道："他的体质如此虚弱，以致病势来得十分凶猛，在弥留的日子里，他非常痛苦和悲惨，他很耐心、顺从地听了最后的祷告，一直很镇静。有时他都神志不清了……他的敌人正是他自己。尽管他犯了错，我还是深深爱着他。"

8 票之差

还没从丧子之痛中摆脱出来，另一个打击接踵而至，如果它也能算是打击的话。几天后，选举结果揭晓了。亚当斯以 8 票之差输给了他的副总统杰斐逊。在写信给儿子托马斯的信中，他伤心的写道："一阵狂暴的电闪雷鸣、冰雹齐下，伴着浓烈火药味，淹没了我那微弱的呼声。"无论他感到如何受挫、失望、难过，不管要振作起来有多么困难，亚当斯没有任何怨言，没有嫉妒或愤怒，也没有任何人为他感到遗憾。他告诉托马斯："别担心我，我感到自己肩上的担子轻了。"

同往常一样，亚当斯夫妇对自己的子女十分坦率。阿比盖尔写信告诉托马斯："对我和这个家庭来说，这个结果并没有什么遗憾……今后在昆西的日子会更幸福的。"只是她私底下很难过，加上公众的忘恩负义，彻底击垮了她。她写信告诉科顿·塔夫茨："我经常失眠，而且情绪低落。我的脑子和心灵备受折磨。"

与上次两人的非常接近的结果相比，这次竞选稍有不同，得票最多的是杰斐逊和伯尔。两人打了个平手，都是73票。亚当斯获得了全新英格兰的支持，却失去了纽约州、南方和西部各州的选票。共和党人在纽约州的胜利起了至关重要的作用，这主要归功于艾伦·伯尔在纽约市付出的超凡努力。不过直到联邦党人在南卡罗来纳失利，在那里失去了8张选举人票后，一切才成定局。最后对所有16个州的选票统计结果显示，杰斐逊获得73票，亚当斯65票，平克尼63票。由于伯尔也得到了73票，与杰斐逊持平，根据宪法，得由众议院来决定。

不管怎么说，亚当斯的选举成绩很不错，最起码不是个耻辱的数据。4年任期内，他十足就是一个代人受过、活在华盛顿光辉下的替罪羊。他遭到了那么多的恶意攻击，《外侨与叛乱法》激起了那么激烈的怒火，征税不得民心，他的内阁背叛了他，联邦党人溃不成军，最后还有汉密尔顿的变节，可他其实还是差点获胜。他在纽约市只差250票，否则就能以71∶61票赢得选举。如果和平条约签订的消息早几个星期传到美国，很可能会对亚当斯的选票产生决定性的影响。还有，如果在分配选举人票时把占南方人口3/5的奴隶也计算在内的话，亚当斯也可能会实现连任。

对亚当斯来说，这一结果证明了政党分立和政党组织有多么大的力量，最明显的就是伯尔在纽约的竞选。华盛顿在他的告别演说中曾警告大家要警惕分裂，不要与其他国家永久结盟，还要小心"党派之见带来的恶劣后果"。可以肯定地说，亚当斯坚持了团结和中立的立场，但是他不屈不挠的独立精神——他想成为一个超越党派的总统——使他付出了高昂的

JOHN ADAMS

第五章 革命

代价。

由于杰斐逊与伯尔票数相同，众议院接下来要再次投票决定最终的总统人选。亚当斯还要继续坚持工作，等待2月11日选举人投票结果正式公布后，众议院召开的特别会议来解决杰斐逊与伯尔票数相等的问题。2月11日，星期三，参众两院议员一起在国会大厦开了一次联合会议。副总统正式公开了选举人出示的证明，宣布了投票结果，然后众议院立即召开会议，开始投票。可几天过去了，众议院却陷入了僵局，始终无法得出结果。人们云集在国会大厦外边，气氛变得极其紧张。据《华盛顿联邦党人报》报道："危机恶化了，有人提出采取极端的办法来阻止选举，甚至有人提到了内战。"这一僵局在2月17日星期二终于被打破了，一名来自特拉华的联邦党众议员詹姆斯·A·贝阿德最后改变了主意，投票支持杰斐逊。众议院第36次投票终于结束，杰斐逊担任了下届总统。

阿比盖尔不想再在这里看这些政治闹剧，她极度思念自己在昆西的家，决定提前回去。1801年2月13日，她一大早就向亚当斯和孙女苏珊娜道了别，乘坐公共驿车出发了，踏上了旅程的第一段路——穿过"野外"往巴尔的摩驶去。她在总统府的生涯就此结束了，后来她也很少再提起这段日子。

在投票结果揭晓到最终决定总统人选的这几个星期以来，亚当斯一直在行使总统的特权，任命他的一些朋友和穷困的亲戚为政府官员。他曾被人们非议的那些关于任人唯亲的顾虑如今已不复存在。他的女婿史密斯上校被任命为纽约港的海关检查员。约翰·昆西的岳父约书亚·约翰逊被任命为哥伦比亚特区邮政局长。亚当斯担任总统期间的最后几项举措中有一个决定无疑是在阿比盖尔的大力鼓舞下做出的，那就是将约翰·昆西从海外的外交官岗位上召回。

1801年3月4日，新总统举行就职典礼的那一天，约翰·亚当斯乘坐公共马车，于凌晨4点离开了总统府和首都，其时天上万里无云，空中还有半弯残月。他是在托马斯·杰斐逊在国会大厦宣誓就职前8小时离开的，在比利·肖和约翰·布里斯勒的陪同下，马车穿过空旷的街道，经过黑黝黝的房子，他的离去比他的到来还要低调。没有人为他送行，甚至没有人知道他已经离开。

他的政敌和对头们认为，亚当斯在黎明前匆匆离去是这个坏脾气老头的又一恶意行为，亚当斯的支持者们也对此表示失望。据《马萨诸塞侦察报》报道，亚当斯在华盛顿的朋友写信表示，他们希望亚当斯没有这样突然离去。"如果他能等到他的继任者就职后再走，那么理智、温和的两党人士都会很满意，那样自然会取得比较好的效果。"诚如他们所说，亚当斯如果参加就职典礼的话，就可以树立一个虽败犹荣、颇有风度的榜样，同时也能表明在这部书面宪法之下，权力能实现顺利平静的交接。可亚当斯这样做也有自己的原因，这次对最高统治权的争夺如此激烈，党派间的仇恨差点就要引发暴力，要想实现权力的和平交接简直无异于发生奇迹。再有，亚当斯披星戴月地悄然离去并不突然，从比利·肖的信中来看，他早在一个礼拜前就计划了这次行程，并没有刻意隐瞒。要在一天之内赶到巴尔的摩，必须赶上早班公共马车，而早班车就是凌晨4点出发的。亚当斯本人从未解释为什么没有留下来参加杰斐逊的就职典礼。

杰斐逊在坐无虚席的参议院会议室中发表了他著名的就职演说："我们都是共和党人，我们都是联邦党人。"他的声音如此轻柔，以致许多人都听不清。在结束演说前他简短地夸奖了华盛顿几句，对亚当斯则只字未提。

但即使新总统杰斐逊只字未提，亚当斯还是心怀坦荡地离去了。就像他写下的那样，他留给继任者一个"国库充盈"的国家，而且"面向和平，前景美好，全世界都在对美国微笑，商业繁荣，海军强盛，农业多产且利润丰厚"。

亚当斯担任总统4年中没有爆出任何丑闻或腐败案件。如果说他在管理国家方面并不是很出色，在批准《外侨与叛乱法》方面太过轻率，对自己内阁的背叛反应太慢，可他到底还是成功地领导一个有分歧的国家和分裂的政党走过了这4年，最后表现出难得的政治才能。一件值得永久称赞的成就是他冒着失去职位、名誉和连任机会的危险，选择不与法国作战，尽管当时宣战会使他大受欢迎，在短期内能给他带来政治上的好处。结果国家避免了一个几乎肯定是灾难性的错误。亚当斯十分清楚自己此举有多么重要。直到他离开这个世界的那一天，他最为自豪的成就还是他实现了和平。

JOHN ADAMS
第六章
隐退

　　大约 6 点 40 分，他的心脏停止了跳动。医生从床边站了起来，宣布他已经逝世了。在场的人陷入悲痛，却好像又都为他感到轻松。就在这时，天空传来一声响雷，房子都震动了。雨停后，白天的最后一缕阳光冲破低悬在空中的阴暗云层，放出异常华丽的光彩。此时，天空美丽而壮观，无法言喻。

JOHN ADAMS

1 农场的平淡时光
JOHN ADAMS

第六章 隐退

彭斯山下的悠闲

1801年3月18日，从华盛顿悄悄启程的亚当斯回到了家中。结束了，一切都结束了。无休无止的争论，政敌的明枪暗箭，从清晨到深夜的连续工作，一切都在这一刻结束了。很快，有邮件送到了，其中有一封日期为3月8日的总统写的正式短信，上边直截了当地写了一句话：托马斯·杰斐逊向亚当斯先生致敬。3月24日，亚当斯给杰斐逊写了一封回信。在回信的结尾，他写道："没有什么能遮蔽你的光辉前景，我衷心祝愿你度过一个平静和繁荣的任期。"然而，杰斐逊没有回信。亚当斯寄出这封信之后，两人又有11年没有书信往来。

亚当斯夫妇很快就发现，外界对他们的态度发生了巨大变化。亚当斯从总统之位退下后，他一年能收到不足100封的来信，但是3月4日以前的一年中，总统亚当斯收到了上千封信。他们知道，在某些圈子里的人公开对他们表示鄙视，另一些人则认为他们已经无足轻重了。最糟糕的恐怕莫过于感觉无论如何都没有人会再在乎他们了。这种感觉如此强烈，以至于马萨诸塞州议会成员到昆西来拜访亚当斯，赠送了礼品，以表彰他对国家的贡献，亚当斯竟感动得热泪盈眶。

大约用了半年，亚当斯才渐渐克服了沮丧和郁闷之情，回到昆西的生活开始让这位老人心情好转。6月中旬，约翰·昆西写信来报喜，他说妻子路易莎·凯瑟琳4月12日在柏林产下了一个男孩。待母子身体恢复后，一家3口将一起回家。

阿比盖尔对约翰·昆西能否好好承担这个新责任而感到忧心忡忡，她在给托马斯的信中说："我祈祷上帝赐福给他，让他和他那可怜的虚弱的妻子和孩子能平安地回到祖国。"几个星期后，当她听说孩子取名为乔治·华盛顿·亚当斯，而不是约翰时，她很不高兴。她写信告诉托马斯："我相信你哥哥并不是成心要伤害他父亲的感情，不过我看结果却恰恰如此。"

　　这一年，雨水丰沛，亚当斯的草田收成很好。往年一般只收获 6 吨草料，这次却有 30 吨，把他高兴坏了。亚当斯家的地产一共包括 3 个农场。除了主屋外，彭斯山还有两所老房子，亚当斯就是在那里面出生的，他和阿比盖尔也是在那里养大了他们的孩子。迄今为止，他们总共有 600 英亩田地、树林和盐沼，同往常一样，一到夏天，农场就需要雇帮工。亚当斯跟以前一样喜欢亲自参加劳动，他本来就是农夫的孩子，为了锻炼身体和呼吸"纯净的空气"，为了与他认识而且共同劳动了多年的伙伴们在一起，也为亲眼看看自己的劳动成果，亚当斯每天都在农场里劳作。这不是摆摆样子的隐居生活，这座曾在独立革命时期的荒年养活过亚当斯夫妇及其一家的农场，如今又不得不再次承担起维持一家人生活的责任了。他们没有什么额外的收入可以指望。农场虽然在一年年地拓展，不过他们的家族也在一天天扩大。亚当斯家的房子比过去要拥挤得多，而且这种状况还将继续下去。

　　退休后的亚当斯终于可以和家人长时间在一起了。他们首先把可怜的查尔斯的妻子萨莉和她的两个女儿都接来，和他们一起同住。女儿娜比和她的 4 个孩子夏天也搬来住，顺便休养她那虚弱的身体。这样就有 11 个人了，加上佣人及来拜访的表亲和朋友——他们经常都会有两三个人。有时家里会住 20 个人，甚至还不止。

　　1801 年秋天，这个大家庭又增加了成员，约翰·昆西、路易莎·凯瑟琳以及他们襁褓中的幼子 9 月 4 日乘"美国"号抵达费城。约翰在给父亲的一封信中说，路易莎的"健康状况虽然还很不稳定，但已经比我们预期的要好"，"你的孙子跟所有乘船漂洋过海的同龄人一样强壮"。看到信件的亚当斯立即写了回信，这是他一生中所写的最开心的信函之一：希望你能把我的家当成自己的家，还有你的妻子、孩子，以及仆人们的家……我们本来就是一家人，怎么招待你都不为过，至少可以让你有足够的时间来考虑对自己未来的安排。

　　圣诞节前，约翰·昆西夫妇带着孩子搬进了波士顿的新家。约翰·昆西担心入不敷出，又担心父母会发现他们两人钱不够用。面对重新进入法律界的重重困难，他感到自己像个陌生人，他对工作十分厌烦，心里盘算着放弃律师行当，到纽约去闯荡一番，去过"乡村式的独立"生活。不过，随着约翰·昆西逐渐习惯波士顿的生活并重新建立起一个朋友圈子，这种冲动便消失了。无论先前他对政治有多么厌恶，或者说他的父母曾对政治表现出怎样的反感，他还是很快就卷入了政治生活。1802年1月28日，他在日记中写道："夜幕降临前，走在林阴道上，我感到了一股强烈的诱惑，刺激着我，促使我投入政界的纷争之中。"他接着写道："在这个国家里，一个政治家就必须是一个从属于政党的人，可我只愿意从属于整个国家。"

1802年4月，约翰·昆西在波士顿就被选为马萨诸塞州参议员。同年11月，他以联邦党候选人身份竞选国会议员，虽然失败了，不过仅以不到100票之差落选。他已成为一颗冉冉升起的新星。1803年2月，约翰·昆西·亚当斯当选美国参议员，这一年他36岁。就任参议员之后，昆西做出了一件大事。在他的支持下，美国用匪夷所思的价钱购买下了路易斯安那地区，这几乎就是杰斐逊总统任期内最大的成就。拿破仑·波拿巴从西班牙手中取得路易斯安那后，便开始计划在北美建立一个法国帝国。可他派去镇压圣多明各奴隶起义的军队却在战争和黄热病中灰飞烟灭，于是波拿巴突然放弃了他的计划，于1803年提出把整个路易斯安那尚未开发的广阔土地卖给美国。这是个出乎意料的转折点，而且如果美法之间的准战争状态没有结束而是继续扩大的话，恐怕就没有这等好事了。如果不是约翰·亚当斯与法国言归于好的话，也许美国永远都不会有购买路易斯安那这桩买卖了。当然，如果不是亚当斯的儿子在国会里支持，也许杰斐逊也不能达成这个目的。

国会里的联邦党人表示反对，说宪法授予总统的权力中不包括购买外国的土地。杰斐逊一贯主张遏制行政权力，可他此刻决定从更长远的利益出发，因为这是一个能让美国领土一下子扩大一倍的机会。约翰·昆西跨越了党派的界限，支持购买路易斯安那，他的父亲也大力支持此事。一个来自马萨诸塞的联邦党人愤怒地说："这个遭天谴的小子，真是有其父必有其子。"

1804年，首都华盛顿发生了很多事情。亚历山大·汉密尔顿与副总统艾伦·伯尔在新泽西州威霍肯的哈德逊河边决斗，汉密尔顿受了重伤，被送到河对岸的纽约，7月12日，汉密尔顿不治身亡。关于这件事情，具体的细节至今都没有定论，但有一点是确实的——汉密尔顿的去世某种程度上帮助杰斐逊赢得了第二任总统任期。

1804年的总统大选中,杰斐逊和来自纽约的共和党副总统候选人乔治·克林顿一起以压倒性多数的优势大获全胜,这次胜利是彻底的,他的政敌对此也表示认同。

接连的噩耗

在杰斐逊连任总统之时,波拿巴给自己加冕,成了拿破仑皇帝。他和他那凯旋的军队成了欧洲的主人。法国与英国依然在交战,法英两国的军舰都在公海再次开始袭击并俘虏美国商船,还强行征用美国海员。美国损失了1000多只船和价值上百万美元的货物,举国上下群情沸腾,都在争论着要如何应对。

杰斐逊在蒙蒂塞洛的房子,据说,他和那位备受争议的情人一起在这里度过了蜜月。

JOHN ADAMS

杰斐逊决心要避免战争，于是他呼吁禁止所有美国船只的航运，约翰·亚当斯和大多数新英格兰人一样，认为禁运即便不是整个国家的不幸，至少也会给新英格兰带来灾难性的后果。但是，约翰·昆西却是国会中惟一一名支持杰斐逊的联邦党议员，他投票赞成实施禁运，还说这一措施"值得一试"，杰斐逊也说过同样的话。

马萨诸塞的联邦党人谴责昆西支持杰斐逊的行为，说再也不当他是联邦党人的一员了，亚当斯便写信给昆西，说他希望那帮人也能这般谴责自己，因为他长期以来早就跟"这个党派的名字、成员身份和性质"都断绝了关系，现在看来也一样。

事实证明，实施禁运对国家来说是一大失误，对新英格兰是一场灾难，对约翰·昆西来说则意味着他参议员职位的终结。1808年马萨诸塞州立法机关提早选出了约翰·昆西的继任者，迫使昆西不得不在他的任期结束之前就辞职。最终的结果是继杰斐逊之后接任总统的詹姆斯·麦迪逊帮了约翰·昆西一把，任命他为驻俄国大使，使他不必再在波士顿当律师了。

阿比盖尔对这个任命十分失望，她觉得这个位子不合适，催促昆西不要接受。她在信中写道："国家需要你的时候还没到呢。"亚当斯却不这么想，尽管他同样对昆西在圣彼得堡工作这个前景感到有些担忧。1809年夏，约翰·昆西和路易莎·凯瑟琳带着他们最小的孩子、两岁的查尔斯·弗朗西斯·亚当斯动身前往俄国，8岁的乔治和5岁的约翰则被留在昆西。

1811年对亚当斯夫妇来说却是痛苦和难过的一年，令人几乎无法忍受，这确实是他们所遇到过的"最不幸"的一年。4月份时，托马斯因骑马而受伤，他伤得很重，以致差一点就终身残废。查尔斯的遗孀萨莉身体也不好，开始吐血，整整半年才见恢复。9月的一个晚上，亚当斯在黑夜里出门去观测彗星，不小心摔了一跤，好几个月卧床养病。过了两天，10月10日，亚当斯一家十分热爱的理查德·克兰奇死于心力衰竭，享年85岁，第二天，阿比盖尔最爱的姐姐玛丽·克兰奇因肺结核去世，享年70岁。对阿比盖尔来说，这是自查尔斯病逝后最大的打击。

1813年入春一个月后，从费城传来了本杰明·拉什的死讯，他是4月19日突然病故的，死因是斑疹伤寒。本杰明·拉什是亚当斯晚年最亲密的朋友，与本杰明·拉什通信是亚当斯退休生活中最快乐的事之一。他们之间有大量的书信往来，在信中两人无话不谈，拉什的妻子就曾经说，两位上了年纪的老头简直像一对女学生。虽然他们一直都没有见面，可两人之间的友情比过去更加深厚。在一封写给拉什医生的信件里，亚当斯说了很多自己隐退后的所思所想：

> 多少次，我被自己的思绪搅得心神不宁，以致根本没考虑到我的语言、行动和文字会给别人留下什么印象。其实，我从来就不认为自己是个伟大的人，或者在世界上有多么重要、多么引人关注。我相信，随着生命的逝去，我只在世间残留了一点令后人迷惑和混乱的痕迹。够了，所有这些以自我为中心的东西！我的性格里有那么点东西，使我总是无法去怨恨曾与我为友的人。我们对祖国的责任是一生一世的，那些有钱有地、又使唤着奴隶的上层社会内部酝酿的阴谋会毁了我们。

他还向拉什这位经验丰富的医生报告了自己身体和精神的状况，向他保证：

> 我的精神跟以前一样好，因为某种我不知道的要命的东西又把我卷入了政治。我早上五六点就起来开始砌石墙，我拿上我的撬杆、铁条、凿子、钻子和楔子来切开岩石，用四轮马车载走海草，好给我的农场做肥料。我沿着海岸骑马前行，还步行去涯拉斯顿山和石头地山。

获悉拉什逝世消息的杰斐逊很快写信给亚当斯，在信中他也很悲伤。他说道："我亲爱的先生，1776 年的又一个老友去了，又一个独立宣言的签署者啊。"亚当斯饱含悲痛地回信说道："我不知道还有谁对国家做出的贡献比他更多。"他在写给拉什的遗孀的信中说，除了他的家人以外，没有谁的友情比拉什更能让他开心的了。68 岁高龄的拉什在去世前的几天还在为病人看病。亚当斯在他去世的前一天才给他写了封信。阿比盖尔告诉娜比，失去了这样一个朋友，"对你父亲是一个沉重的打击"。

不过最大的不幸还是娜比的病逝，这个夫妻俩的长女终生命运坎坷，晚景也很是凄凉。娜比与史密斯上校在纽约上州的一个农场里住了一段时间，几乎处于贫困状态。她发现自己右胸有一个"硬块"，便来到了昆西

JOHN ADAMS

咨询科顿·塔夫茨,还在波士顿看了几个医生,并写信向本杰明·拉什征求意见。波士顿的医生都建议她动手术切除乳房,拉什经过深思熟虑,写信给娜比的父亲,也提出了同样的建议。他告诉亚当斯,他比较乐意先给做父亲的写信,这样亚当斯就能"逐步地跟女儿沟通",讨论这个问题。

拉什说,从他从医50多年的经验来看,除了动"手术刀"没有别的疗法,"从她所描述的肿瘤的移动情况来看,现在进行手术正是时候。如果等到肿瘤扩大、甚至发炎得厉害的时候,恐怕就太迟了……我再重申一遍,别再耽误了……事不宜迟,她的性命要紧,因为像她长的这种肿瘤在45岁以后引发癌症的速度比45岁前要快得多。"而娜比已经46岁了。

1812年10月8日,娜比在他父母卧室边上的一间卧房里接受了乳房切除手术。亚当斯写信告诉拉什,手术用了25分钟。当时还没有发明麻醉剂,娜比在手术中经受了无法想象的痛苦。给她动手术的4名外科医生后来告诉亚当斯,他们从来没见过这么坚强的病人。

手术后的娜比又回到纽约,继续她那灰暗和无奈的生活。

1813年春天,娜比非常思念父母,以至于她不顾身体虚弱非要回家。7月26日,经过了15天300英里的旅途劳顿,娜比从纽约上州来到了昆西。此时她的癌症又复发了,而且开始扩散,但她依然忍着剧痛,坚持要求回家。陪她同行的还有儿子约翰和女儿卡罗琳。在她生命的最后阶段,癌症使她经受了极度的痛苦,不得不靠服用鸦片来止痛。1813年8月15日,饱受折磨的娜比病逝了,死时只有49岁。惟一让她感到欣慰的是,她的父母、丈夫和孩子都在她的身边。

母亲阿比盖尔很难接受这个事实,过了一个月她才能开始给别人写信。"她的死是无法弥补的损失,感谢上苍让你父亲和我一起坚强地度过了所有这些沉重的日子,我希望能像基督徒一样听天由命,接受上帝安排的一切。"在给儿子昆西的信中,阿比盖尔的痛苦显而易见。

从退位到1814年,十几年的时光很快过去。生活是如此平淡,以至于不得不残酷地用亲人的生离死别才能记住。亚当斯真的老了,他已经是79岁高龄的人了。

随着年龄的老去,亚当斯几十年养成的政治素养渐渐变得无足轻重,虽然很少有什么消息能逃过亚当斯的关注以及他卓越的判断力,但关于谁将担任下任马萨诸塞州州长或下任美国总统这类问题,亚当斯表示自己对此越来越不感兴趣了。

1814年4月1日，约翰·昆西在圣彼得堡接到消息，说他被任命为和平使节前去参加谈判，以结束1812年的美英战争，现在他要立刻动身前往比利时的根特。这似乎是历史的重演，约翰·昆西开始扮演他父亲1782年在巴黎扮演的角色。

事态变化得很快。4月11日，一再溃败后，拿破仑放弃了自己的王冠，被放逐到了厄尔巴岛。法国波旁王朝复辟了，普罗旺斯伯爵路易十八登基。8月24日，英军进犯华盛顿成功，他们驱散了政府官员，放火烧了国会大厦和总统府。美国军舰在海上被赶走了，国库也空了，前景十分严峻。

12月，来自新英格兰5个州的联邦党人在蒂莫西·皮克林的带领下聚集哈特福德，谴责政府进行的这场战争会"招致毁灭"。甚至有人提出新英格兰脱离合众国。同一个月里，约翰·昆西率领的使团在根特与英国签署了和平条约，不过签署合约的消息直到2月份才传到美国，那时美国军队在安德鲁·杰克逊将军的带领下已经在1月15日的新奥尔良战役中取得了决定性的胜利。

1815年3月1日，拿破仑逃出了厄尔巴岛，在戛纳登陆，率领1500人开进了巴黎，开始了著名的"百日王朝"，后来以6月18日拿破仑在滑铁卢失利而终告失败。几天之内，他又被放逐到了英国的圣赫勒拿岛，并在岛上度过了余生。拿破仑战争结束了，约翰·昆西在巴黎做了短暂逗留后，继续前往伦敦，这次他又与父亲当年一样，去担任驻英国公使，与詹姆斯王朝打交道。尽管美国国内战况前景黯淡，但亚当斯从未失去信心，甚至在英军开进华盛顿时他也没有气馁过。他听说有人提出把新英格兰从合众国中分出去，顿时勃然大怒。他一如既往地从全局、而不是地区的角度来看待国家，并表示坚决支持麦迪逊总统。

一年后，1816年夏，亚当斯写道："死神正操着镰刀在我们周围一扫而过，砍倒了我们的朋友，还在我们的头上挥舞着镰刀。"阿比盖尔娘家的最后一个亲人——姐姐伊丽莎白去世了。罗伯特·特里特·佩因和副总统埃尔布里奇·格里也逝世了，格里是在去参议院的马车上突发心脏病去世的。另外一个沉重的打击是1815年12月科顿·塔夫茨的逝世。6个月后，1816年6月，有消息传来，史密斯上校也离开人世了。

JOHN ADAMS

2 阿比盖尔去世
JOHN ADAMS

爱妻逝世

1816年夏，7月4日国庆日，在波士顿的庆祝仪式上，亚当斯作为1776年那代人的代表被邀请来出席典礼。在仪式上，亚当斯伤心地发现，他是在场的惟一一个独立宣言的"签署者"。1816年秋，詹姆斯·门罗成为下任总统的呼声很高，报纸也都在报道说约翰·昆西将成为国务卿的人选。亚当斯往伦敦寄了封信给昆西，说他希望这个消息是真的，也希望昆西能接受这个职务，并回家来。

1817年夏，门罗总统在新英格兰之行途中来到了昆西，7月7日晚与亚当斯夫妇共进晚餐，这次的晚宴共招待了40位客人，可夫妇俩却无法告诉大家儿子昆西的意图，因为他依然无音信。直到7月15日他们才从理查德·拉什那里得知，昆西已经接受了任命。然后直到8月的第二个星期，他们才收到昆西写的一封信，说他和他的家人已在纽约平安上岸了。

1817年8月18日，亚当斯一家经历了一次高兴和热烈的欢聚，约翰·昆西、路易莎·凯瑟琳和他们的两个儿子顶着上午的热浪，乘坐一辆四马拉的大车，从米尔顿翻过山来，在飞扬的尘土中回到了昆西。此时约翰·昆西已经离家8年了，他的到来使这一天变成了欢快的节日。

那天晚上，阿比盖尔举行了一次聚会，她那间长长的客厅挤满了邻居和亲戚。约翰·昆西成了众人瞩目的焦点，他坐在房间的尽头，每个人"对他都相当敬畏"。他才50岁，已经担任过美国驻荷兰和普鲁士的公使、参议员、哈佛大学教授、驻俄国和英国公使，而且很快就会成为政府中的第二把手。由于前三任总统——杰斐逊、麦迪逊和门罗都曾担任过国务卿，已经有人在说，约翰·昆西也注定要成为总统了。

接下来的几个月里，尽管还是一个严冬，尽管亚当斯夫妇变得更加衰老，可这段时间是自亚当斯退休以来夫妇俩过得最快活的日子了。她可以肯定，没有一个国务卿能像她儿子那样优秀和勤奋。墙上添上了两幅亚当斯夫妇的肖像画，这两幅画是亚当斯担任总统时请吉尔伯特·斯图亚特画的，当时一直没有送过来，后来亚当斯决定亲自到斯图亚特在波士顿的工作室去取画，把它们带回了家。阿比盖尔看到画像后告诉约翰·昆西，她觉得亚当斯的肖像相当威风，不过她自己的那幅，恐怕只有20年前就认识她的人才认得出来，如今她的头发全都花白了，而且消瘦得如此厉害，仿佛只是她过去的"一个幽灵"。

阿比盖尔晚年肖像

到了10月，阿比盖尔生病了，并且病得很重，诊断的结果是患了伤寒。医生叮嘱她要绝对静养，尽量不要说话。亚当斯10月20日给杰斐逊写了封信，伤心地说："我亲爱的妻子与我相伴54年，她还是我的情人——这可不止54年了，如今她到了弥留之际，不能说话，别人也不能跟她说话。"第二天，本杰明·沃特豪斯写了封信给亚当斯，建议他做好最坏的准备。"她过去也病危过，这次也许她还能熬过去，可是伤寒……对一个74岁的老人来说实在是够危险的了。"

朋友和邻居都轮流来陪伴亚当斯，儿子托马斯和侄女路易莎·史密斯则陪伴在阿比盖尔的病榻边。10月26日，星期一早晨，亚当斯坐在她身边时，她第一次开口说了话。她说，她快死了，如果这是上天的意思的话，她已经准备好了。她还说她并不恋世，只是为了他才感到还想活下去。阿比盖尔已经立好了遗嘱，把自己的丝绸袍子、珠宝、一条带白花边的披肩、床、毛毯和大约4000美元，分给了子女和孙辈以及她的侄女路易莎·史密斯。此外，她还把自己继承的土地平均分给了两个儿子。亚当斯对其他聚集在那里的人说："她一生都在向善，我不忍心看到她这个样子。"亚当斯后来又回到了阿比盖尔的房间，他抖得那么厉害，站都站不稳，只好拿了把椅子坐下，可一看到路易莎·史密斯更加悲痛的样子，他便起身来到她旁边安慰她，告诉她他们都要坚强起来。

1818年10月28日下午约1点，阿比盖尔去世了。据他儿子托马斯说，她"看来直到最后一刻都保持着清醒"。

11月1日，阿比盖尔被安葬，亚当斯坚持跟着送葬队伍一直走到了礼拜堂，他参加了"剩下的所有仪式"，"非常镇定和平静"。约翰·昆西直到母亲葬礼结束的第二天才得知这一噩耗。他写信告诉父亲，她是"人间最温柔最深情的母亲"，"我该怎样来安慰您呢？我自己都感到这是无法弥补的伤痛"。他还在自己的日记中写道："神圣的上帝，请支持我的父亲，让他度过这场无法挽回的深深的痛苦吧。"他在日记中对他深爱的母亲做了这样的评价：

> 我母亲……的行动表明，她是给全人类带来幸福的使者……她的心中只有善良和慈爱。她内心很坚强，不过她的脾气又很和善、很温柔。她……对我来说不仅仅是个母亲，而且是天上的一个精灵，守护着我，为我能过上舒适的生活而奉献了自己，而我仅仅是意识到了她的存在……我从来没见过还有谁能像她这样，一生永久的目标就是不断地做好事。

波士顿的《哥伦比亚哨兵报》上登出讣告，对阿比盖尔的逝世表示了哀悼，并强调说她在丈夫从政期间对他的事业起了很重要的作用，由此对国家也产生了重要的影响。报纸的讣告没有丝毫溢美之词，对她美德的评价也没有任何夸张之处：

> 她生命中的每一刻都在享受着丈夫无限的信任和深情厚意，一直都能与丈夫交流大部分想法。从一方面来看，她是个贤妻良

母,思维敏捷而又友善和蔼,她在处理各方面家庭事务过程中获得了一整套完整的经验,使她基本上能够把亚当斯完全从家庭琐事中解放出来,让他安心工作;从另一方面来看,她又是他的朋友,他很乐于与她商议公务中的每个疑难问题;她与他进行的讨论总会融入她性格中那种令人愉快的和谐因素,这种和谐是直觉判断带着绝对的谨慎,和解精神带着符合她身份和性别的精细优雅。无论生活中经历的是暴风雨还是平静的海面,他都一直信任和崇敬她的美德。

亚当斯自己对妻子的评价也许更能说明问题。他觉得自己很有福气,能与同时代最杰出的一位女性结为伴侣,这一点他从未怀疑过。他深信她写的信将在一代一代的人中传诵,她留下的文章将会给所有热爱家庭和信奉牺牲即是获得的人带来智慧和勇气。亚当斯在给孙女卡罗琳的信中写到了阿比盖尔"内在的优秀品质"。在他"不顾一切危险"为国家的自由而奋斗之时,阿比盖尔"在语言和行动上"都从来没有拖过他的后腿,而是勇敢地欣然与他一起分担"我们不得不去面对的一切危险"。并且,自从阿比盖尔去世以后,无论何时,只要有人夸奖约翰·昆西为官的成就,以及亚当斯是个好父亲,亚当斯都会强调一句:"我儿子有个好母亲!"

许多人寄来了慰问的信函,其中一封是杰斐逊写的,当时杰斐逊自己也病得很重。他安慰亚当斯说,时间和沉默是惟一的良药。"愿上帝保佑你、支持你度过这种深重的折磨。"亚当斯回信写道:"只要你还活着,我就似乎感到自己在蒙蒂塞洛有家银行,只要我愿意就能从中提取一封充满友情和快乐的信。"

令亚当斯周围的人高兴的是,尽管爱妻去世,但他的身体还相当健朗,精神也很矍铄。他与杰斐逊的通信愈发频繁,例如,1819年他往蒙蒂塞洛寄了13封信,或者说杰斐逊每给他写一封,他就写超过两封的回信。他的荷兰朋友弗朗西斯·范德肯普来昆西住了几天,他高兴极了。在给杰斐逊的信中,他说范德坎普是一个"高尚的人"。杰斐逊一直与亚当斯保持着书信往来,他曾说,像他们两人这么老迈,肯定会发现"这儿掉一个轴子,那儿丢一个轮子,今天少了个齿轮,明天又缺了个弹簧"。对此他们是无能为力的。同时他还写道:"我驾驶着我的三桅帆船,把希望放在船头，把恐惧抛到船尾。"

他们之间不断地交换意见，对两人来说都是一种持之以恒的锻炼。无论他们俩身体方面的"齿轮和弹簧"处于何种状态，他们的脑子都没有任何问题，而且对彼此才华和博学的敬佩之情也从未减少过一分。杰斐逊提出把自己的私人藏书卖给华盛顿政府，来弥补英国人烧掉国会大厦时国会图书馆的损失。这既是一个慷慨的表示，也是出于他的需要，因为杰斐逊面对自己日益高筑的债台压力也很大。国会经过长时间的讨论，一致同意以 23950 美元买下他的藏书。于是，1815 年 4 月，10 辆马车载着装在松木箱里的 6707 本书从蒙蒂塞洛出发了。亚当斯得知此事时写道："我羡慕你能拥有如此不朽的荣誉。"

杰斐逊立刻又开始搜集新书了。他告诉亚当斯，自己"没书就活不下去"。亚当斯很了解他的心情，他们是书生气十足的那代人中最爱书的两个人了。亚当斯的藏书多达 3200 册，正如他在信中告诉杰斐逊的那样，人们寄书给他，"来自四面八方的书都把我给淹没了"。可他还希望自己能拥有 10 万本书。

父子总统

娜比和阿比盖尔去世后，亚当斯尤其喜欢有人做伴，喜欢屋子里住满人。亚当斯的身体衰老得很快。他的背疼得很厉害，天冷时他的风湿病就会发作，那时他只能拄着拐杖出门。他的牙掉光了，听力也不行，令他伤心的是，他不得不承认，他有时再也骑不了马了。然而他坚持说："我对生活并没有厌倦，我依然很享受生活。"他时常忍受着病痛的折磨，身体总有阵阵不适，有的时候日子真是难过极了。不过 85 岁高龄的他依然对农场生活从未感到厌倦，他热爱这里的每一堵墙和每一块田地，热爱这里的井然有序和富饶多产，热爱它的这个模样。每天，这位老人都骑着马在农场中"漫步"，或者有时在小镇周围步行 3 英里路。虽然看上去显得落寞孤独，但他的气色还好，精神矍铄。

他的胃口依然很好，喜欢吃家里自己做的简单实在的食物，当他一人独处时，他就读书、思考。1820 年末，85 岁高龄的亚当斯又被选为马萨诸塞州的议会代表，参加修改该州宪法，而这部宪法恰恰是亚当斯 40 多年前起草的。杰斐逊写信告诉亚当斯，他听说亚当斯"有足够的体力和精力"来参与这种"促进自由"的工作而感到十分"欣喜"。亚当斯在修宪会议上的演说得到了持久不息的掌声,但他的修正案还是没能通过。他在给杰斐逊的信中责备自己:"我的表现很蹩脚,慌慌张张地总是出错,不比一个初次在公审中发言的毛头小伙子强多少。"

在接下去的一封信里,亚当斯建议,除了杰斐逊任总统期间建立的西点军校以外,还应该建立一所海军学院。杰斐逊立即表示赞同。杰斐逊自己则把全副心思都放在了弗吉尼亚大学的工程上,几年来,他对在夏洛茨维尔修建的这所新大学一直保持着强烈的兴趣,这是他一生中最值得骄傲的工程,他在安排课程、选址和建筑设计等各个方面都投入了精力。工程一开始进行,他就用望远镜从他住的山头上眺望工地。这座大学竣工后成为他在建筑上的杰作。他还告诉亚当斯,他将从欧洲最高学府聘请师资力量。

亚当斯没有什么工程可让自己这样忙忙碌碌,他称赞说杰斐逊的大学肯定会成为一项"辉煌的事业"。不过,他并不赞成杰斐逊聘用海外的教授,他认为美国本土也有许多学者,比欧洲学者更积极,思想更独立。

尽管已经早就超然于政治之外,但他还是为儿子约翰·昆西取得的成绩感到无比自豪。昆西的政治声誉上升很快,已经成为下任总统的有力竞争者。

1824年,詹姆斯·门罗总统任期将满,正如人们一直以来所预料的那样,国务卿约翰·昆西·亚当斯被提名为总统候选人。另外三名候选人也同约翰·昆西一样是共和党人,他们是佐治亚州的威廉·克劳福德和肯塔基州的亨利·克莱,还有来自田纳西州的安德鲁·杰克逊将军——这就成了一场"日益激烈"、对手颇多的竞争。约翰·亚当斯虽然对安德鲁·杰克逊也很钦佩,但自己那深受爱戴的儿子也在竞争全国最高领导人的位子,这种激动人心的前景更是令亚当斯保持热情高涨的一种强大动力。

拉斐德侯爵的到来给1824年夏的热闹情形又添了激动的一笔,他在美国进行了一次凯旋式的旅行,引起了轰动。拉斐德在纽约登陆,然后北进波士顿,在儿子乔治·华盛顿·拉斐德的陪伴下,于8月29日抵达昆西,当天下午拜访了亚当斯。亚当斯的门外挤满了人,屋里满是他的家人,两位老人坐在一起回忆往事,这次相聚让亚当斯很开心。查尔斯·弗朗西斯后来写道:"祖父比往常更加卖力,他跟以前一样健谈。我觉得他比平时更吸引人，当然也更和蔼可亲，因为他的坏脾气已经磨没了。"

后来亚当斯说："那不是我所认识的拉斐德了。"而拉斐德也为这次拜访感到有些黯淡，说"那不是我所认识的约翰·亚当斯了。"

约翰·昆西9月份回昆西来休假，住了几个星期，他为父亲身体状况恶化得如此厉害感到震惊。他的视力很差，不能写也不能读，没有拐杖或没有人扶都走不动路……他以坚强的毅力忍受着恶劣的健康条件，不过他已经感觉到了这种糟糕的状况带来的无助……他收到一些信件，便口述回信让别人代笔写下来。总的来说，他在目前的状态下最出奇一点的就是，随着整个身体每况愈下，他的精神状态却几乎没受到什么影响。看到父亲的变化这么大，约翰·昆西决定必须为他画最后一幅肖像画，于是他说服了吉尔伯特·斯图亚特来为父亲做画。斯图亚特本人也已年近70岁，病得很重，约翰·昆西劝他"做一幅充满感情的画，令后人能被画中人所吸引"。

亚当斯最终同意坐下来好好让画家画肖像，但这仅仅是出于对斯图亚特的尊重，他本人对这幅肖像没有什么信心。亚当斯穿上最好的一套黑衣服，坐在起居室里一张红色的长靠椅上让斯图亚特做画。结果正如预期的那样，在做画的过程中，亚当斯与斯图亚特度过了一段十分愉快的时光，完稿后，这幅画成了斯图亚特最好的作品之一。

1824年10月30日那天，当家人和朋友们聚集在大屋里庆祝亚当斯89岁生日的时候，大家都认为，由于大选即将到来，他看起来气色比以前好了，而且"说起话来"也比过去几年"有精神"。选举日过后，亚当斯听说昆西、布伦特里和魏茂斯所有参加投票的选民都把票投给了约翰·昆西，便高兴地说，那是一年中令他最心满意足的事件之一。

不过，全国大选的结果一直到2月份才揭晓。虽然安德鲁·杰克逊得票最多，但没有一个候选人获得法定多数票，于是这回又要由众议院来做出最终决定了。众议院议长亨利·克莱运用自己的影响力使约翰·昆西·亚当斯当上了总统。决定性的投票于1825年2月9日在华盛顿进行，5天后，约翰·昆西当选的消息传到了昆西，家人和朋友再次聚集在"老总统"身边，向他表示祝贺。亚当斯显然很激动，欢乐的泪水滚下了他的脸颊。后来亚当斯告诉聚集在他身边的人们："没有一个自己曾经当过总统的人会向当选总统的朋友表示祝贺。"

蒙蒂塞洛的杰斐逊也寄来了热烈的贺词。杰斐逊对亚当斯写道："做

JOHN ADAMS

第六章 隐退

父亲的把一生都献给了儿子,让他受教育,让他快乐,如今能活到这一天,看到儿子被国家所认同,取得如此显著的成就,心中的激动之情是无法言喻的。"他还说,亚当斯无需担心国民对这次选举结果的反应。我们的公民们普遍深受遵守秩序和法律原则的影响,我相信他们很快就会默认这一结果,大多数人选择了亚当斯先生就好似每个人都选了他。

亚当斯在回信中写道:"你信中的每一句话都令我精神振奋,使我感

约翰·昆西·亚当斯,约翰·亚当斯的儿子,他日后成为了美国第六任总统。

到一丝欢乐,你善意的贺词对我的心灵是莫大的安慰。我似乎失去了曾经拥有过的一点心理和生理力量,不过只要我还有一口气,我就会是你的朋友。"

1825年3月4日,星期五,华盛顿国会大厦众议院的会议厅里,在最高法院大法官约翰·马歇尔的主持下,约翰·昆西·亚当斯宣誓就职,成为美国的第六任总统。

3 最后的旅程
JOHN ADAMS

　　1825年秋天，约翰·昆西与父亲一起待了几天，不过他们之间的谈话内容就不得而知了。也许他们两人都意识到这可能是最后一次见面了，他们还一起讨论了亚当斯几年前立的遗嘱，亚当斯在遗嘱中把昆西的房子、约103公顷土地、他的法式书桌、"我所有的书信手稿、账簿、信件、日记、书稿以及装这些文件的箱子"，都留给了约翰·昆西，他还把自己的藏书也留给了约翰·昆西，"条件是昆西要付给我的儿子托马斯·博伊尔斯顿·亚当斯价值相当于一半藏书的款项"。剩下的地产也分给了他的两个儿子、孙子孙女和路易莎·史密斯。亚当斯还在遗嘱中规定："我希望我的债务不会很多，也希望葬礼费用能少一些，这两项费用都由我的遗嘱执行人来承担。"

　　10月13日星期一，约翰·昆西离开的那一天，他只是写道："向父亲道了别。"

　　此后的一年，亚当斯几乎完全是在读书和思考之中度过的，这是他最喜欢也是惟一还能胜任的事情。

　　1826年是独立宣言签署15周年，新年快到的时候亚当斯和杰斐逊接到了各种邀请，请他们出席7月4日独立日的庆祝活动，以纪念《独立宣言》这一历史性的事件。华盛顿、费城、纽约和波士顿这些与革命有关的城市都在举行各式各样的庆祝活动。作为庆祝仪式上最重要的部分之一，邀请函如雪片般飞入昆西和夏洛茨维尔，邀请两名前总统，还有现已88岁高龄、来自马里兰州的查尔斯·卡罗尔出席，他们是仅存的三名依然在世的独立宣言签署者。此外，众所周知，杰斐逊是《独立宣言》的起草者，亚当斯则是大陆会议上《独立宣言》的主要支持者。他们两人一个是独立之"笔"，另一个是独立之"声"，各地的独立日庆祝活动若能请到他们中任何一人，必然都会带来无可比拟的声势，使其增色不少。

　　可是，亚当斯和杰斐逊都过了能离家出门的年纪了。亚当斯已是90岁高龄，杰斐逊4月份就满83岁了，而且两人都逐渐变得越来越虚弱。3月份时，杰斐逊的身体衰弱得很厉害，老年病严重威胁了他的健康。他知道自己时日不多，便起草了最后的遗嘱。他一直受着一阵阵腹泻和功能慢性紊乱的折磨，病因显然是前列腺肿大，他只能靠大量服用鸦片剂来减轻痛苦。此外，他还在为弗吉尼亚大学而烦恼。那时的弗吉尼亚大学可不像现在这样受人欢迎，当时的入学率极低，学生难以管束，最关键的是，杰斐逊糟糕的个人财政无法负担学校的日常维持。绝望之下，他同意弗吉尼亚州议会为解决他的债务问题而设立一种特别彩票。

不过，两位老人好像商量好似的，他们都在等待7月4日那天。

之前，杰斐逊在蒙蒂塞洛给亚当斯写了最后一封信，信上标的日期是1826年3月25日。亚当斯1826年4月17日写了最后一封回信。6月24日，杰斐逊在蒙蒂塞洛费了很大的劲才写完了致华盛顿市长的一封信，婉拒了参加华盛顿独立日庆祝活动的邀请。这封信是他告别政治生涯的最后一篇演说词，这是他最流利的演说词之一。几天内，这篇文章就发表在全国的主要报纸杂志上。亚当斯没打算写出如此豪迈的演讲词，也许鉴于他的身体状况，他不可能有精力来写这些东西了。

6月30日星期五，惠特尼同昆西镇领导人组成的一个小代表团一起正式地拜访了亚当斯，他在楼上的图书室里接待他们。他坐在自己最喜欢的扶手椅里，他们请这位老爱国者为他们做一则祝酒词，以便他们在昆西的7月4日庆祝仪式上举杯时大声地念出来。

亚当斯说："我准备给你这句话：独立万岁！"当人们问他是否要多加几句，他答道："一个字也不用加了。"第二天，7月1日，亚当斯变得如此虚弱，几乎连话都说不出来了，他的家庭医生阿莫斯·霍尔布鲁克、一贯忠心耿耿的路易莎·史密斯，还有其他家人一直昼夜不停地在床边守候。

7月4日，星期二一大早，亚当斯躺在床上，闭着双眼，呼吸十分困难。托马斯派人给约翰·昆西送去了急信，说他们的父亲"很快就要不行了"。

有人给他挪了挪位置，想让他躺得更舒服一些，随着远方传来第一声礼炮，他醒了过来。当他得知今天是7月4日时，他清楚地回答："这是一个伟大的日子，一个好日子。"

与此同时，在蒙蒂塞洛，杰斐逊从7月2日晚就开始失去了知觉，他的女儿玛莎、医生罗布利·邓格利森和其他人看护着他。到了7月3日晚上大约7点，杰斐逊从昏迷中醒了过来，说了句"今天是4日"或"今天是 7 月 4 日"。当他得知 7 月 4 日很快就要到来了时，他又睡着了。两个小时后，大约 9 点钟，他被叫起来服一剂鸦片酊，他拒绝服药，说："不，医生，我什么也不吃了。"

7 月 4 日下午 1 点左右，杰斐逊在家中去世，当时还能隐约听到下边山谷里夏洛茨维尔传来庆祝仪式的钟声。

在昆西，随着时间一点一点过去，礼炮声越来越响，正午时分突然来了一阵电闪雷鸣的风暴，后来人们称那雷声为"天堂的炮响"，紧接着是一场小雨。

亚当斯静静地躺着，从各种迹象来看，他的神志还很清醒。然后，到了下午晚些时候，据当时在屋里的几个人说，他翻了翻身，低声说了句"托马斯·杰斐逊活下来了"，声音虽小，但很清楚，能听明白。

过了一会儿，他挣扎着喘不过气来，小声对孙女苏珊娜说："帮帮我，孩子！帮帮我！"然后就陷入了永久的沉默。

大约 6 点 40 分，他的心脏停止了跳动。医生从床边站了起来，宣布约翰·亚当斯逝世了。

在场的人陷入悲痛，却好像又都为这位老人感到轻松。约翰·马斯顿后来在给昆西的信中写道，当时劈空一个响雷，房子都震动了，雨停后，白天的最后一缕阳光"在他走了的那一刻冲破"低悬在空中的阴暗云层，"放出异常华丽的光彩……天空美丽而壮观，无法言喻"。

黄昏降临之时，整个镇子都知道了他的死讯，哀伤的消息迅速向四处传播。

7 月 7 日，大约 4000 人静静地聚集在基督教第一公理会教堂里。约翰·亚当斯的家人从家里护送灵柩到教堂，一路上的队伍中有州长、哈佛校长、州议会成员，还有国会议员丹尼尔·韦伯斯特。葬礼结束后，亚当斯被安葬在教堂前马路对面的墓园里，就在他妻子的坟墓旁边。他们终于实现了各自的诺言，从此永远不会再分离了。

杰斐逊 7 月 4 日辞世的消息直到 7 月 6 日才从夏洛茨维尔传到华盛顿，约翰·昆西收到家里寄来的几封急件后，7 月 9 日星期天才动身乘马车启程北上，就在这一天的晚些时候，他得知了父亲的死讯。

约翰·昆西在当晚的日记中写道，约翰·亚当斯与托马斯·杰斐逊是同一天逝世的，而且这一天正是 7 月 4 日独立日，这不能仅仅被视为一种巧合：这是一种"看得见摸得着"的表现，显示了"上天的恩宠"。昆西此话正说出了其他许多人的感受，消息所到之处，人们也一再地这样说。

约翰·昆西总统7月14日抵达昆西，他直接走进了父亲的房子，这时，他第一次感到一股突如其来的悲痛击中了自己。这种伤痛以前从未有过，以后也没有再体验过。

约翰·昆西处理父亲遗留下来的事务，他平静地发现，父亲的财务状况还不错。约翰·亚当斯从来不曾富有过，总是在担心入不敷出，在他长长的一生中，他积累的物质财富相对比较少。不过，如他所愿，他死后没有留下无法偿付的债务。他房屋里的财物9月份进行了拍卖，大部分被约翰·昆西买下，带来了28000美元的进项。他的几块土地以及他在教堂坐的长凳也被昆西买下了，这些值31000美元。清算完所有的房产后，亚当斯财产的净值大约是10万美元。

约翰·昆西坚持要留下父亲的宅第，于是亚当斯家族在这所房子里又住了一个世纪。

杰斐逊却与之形成了悲哀的鲜明对比，他死后留下了超过10万美元的债务，蒙蒂塞洛及其土地、杰斐逊的所有财物，再加上他的奴隶都不足以偿还这笔债务。1827年1月，杰斐逊的130名奴隶，加上他的家具和农具，都在蒙蒂塞洛屋前的草坪上进行了拍卖。最后，在1831年，蒙蒂塞洛经过几年的飘零，终于也被卖掉了，价格只是原先造价的一小部分。

约翰·亚当斯的一生就是这样。他是一位被美国忽视的总统，不论是在当时还是现在。但这一切对他来说无关紧要，重要的是他为自己的祖国贡献了自己的所有才智，并且在有生之年亲眼看到了成果。对于一个爱国者和有尊严的男人来说，还有什么能比这些更令人感到满足和幸福呢？！

附录　约翰·亚当斯大事年表

1735年10月19日，出生于马萨诸塞州波士顿市布伦特里小镇（后改名为昆西）。

1750年春，独自赴坎布里奇参加哈佛大学面试，顺利入学。

1755年，哈佛大学毕业，旋即至伍斯特一家学校出任教师职务。

1756年8月21日，开始跟随詹姆斯·普特南律师学习法律。

1759年11月6日，在波士顿高级法院取得律师资格。

1761年5月25日，父亲老约翰·亚当斯因为流行性感冒病逝。

1764年10月25日，与阿比盖尔·史密斯结为夫妻。

1765年7月14日，女儿阿比盖尔·阿米莉亚·亚当斯出生。

1767年7月11日，长子约翰·昆西·亚当斯出生。

1766年，当选为布伦特里镇管理委员会成员，起草了《布伦特里指示》。

1770年，代理英军"屠杀"当地居民一案，声名大震。

1770年5月29日，次子查尔斯·亚当斯出生在波士顿市。

1772年9月，儿子托马斯·博伊尔斯顿出生。

1774年9月5日，代表马萨诸塞州参加第一次大陆会议。

1775年5月10日，代表马萨诸塞州参加第二次大陆会议。在两次大陆会议上，约翰·亚当斯发挥了极其重要的作用。

1776年夏天，担任"大陆战争和军火委员会"主席。

1776年7月4日，作为大陆会议代表签署《独立宣言》。

1777年11月27日，作为大陆会议特使出使法国。

1780年7月27日，赴荷兰寻求贷款。

1782年11月30日，作为美国代表与英国签署《巴黎和平条约》。

1784年6月20日，妻子阿比盖尔启程前往欧洲，与之团聚。

1788年3月30日，携妻子告别伦敦归国述职。

1789年4月13日，当选并出任美国第一任副总统。

1793年2月，连任美国副总统一职。

1797年3月4日，当选并出任美国总统，接替隐退的乔治·华盛顿。

1797年4月21日，母亲苏珊娜·博伊尔斯顿·亚当斯·霍尔逝世，享年89岁。

1797年10月，力排众议，派出三人使团出使法国。

1800年10月3日，美法签署《莫尔特方丹条约》。

1800年11月1日，举家迁至华盛顿市白宫总统府邸。

1801年2月11日，在总统竞选中败给副总统托马斯·杰斐逊。3月，返回布伦特里隐居。

1818年10月28日，妻子阿比盖尔因病去世。

1825年3月4日，长子约翰·昆西·亚当斯当选第六任美国总统。

1826年7月4日，病逝于布伦特里家中，享年91岁。

重要参考文献

1. 《美利坚开国三杰书》沐欣之主编　新世界出版社
2. 《约翰·亚当斯》戴维·麦卡洛著　袁原　戴晓峥译　中国社会出版社
3. 《约翰·亚当斯——被遗忘的总统》约翰·帕特里克·迪金斯著　闫翠玲　曲丽赢译
4. 《美洲精神》房龙著　张文等译　北京出版社
5. 《总统政治：从约翰·亚当斯到比尔·克林顿的领导艺术》（美）斯蒂芬·斯科夫罗内克著，黄云等译　新华出版社
6. 《美国总统全传》（上下图文本）　李富民等编　中国社会科学出版社
7. 《扩张与孤立：约翰·昆西·亚当斯外交思想研究》杨志东著　中国社会科学出版社
8. 《美国历届总统小传》（美）弗兰克·弗雷德尔著　刘庆云　高学余译　新华出版社
9. 《美国民主的先驱》（美）乔伊斯·亚普雷拜著　彭小娟译　安徽教育出版社
10. 《雄辩老将：约翰·昆西·亚当斯传》（美）雷明尼著　饶涛　王云生　肖宏伟等译　安徽教育出版社
11. 《中外名人演讲精粹：美洲和非洲卷》费泉京主编　中国书籍出版社
12. 《美国总统全书》（美）威廉·A. 德格雷戈里奥著　周凯等译　社会科学文献出版社
13. 《美国总统全传》（上中下）杨家祺等编　山西人民出版社
14. 《美国总统轶事》（美）小保罗·F. 鲍伊勒著　姜栋　张欣译　当代世界出版社
15. 《父与女　美国总统与女儿们的书信》（美）杰勒德·加沃尔特　安·加沃尔特著　陈加丰　叶凯译　机械工业出版社
16. 《历届美国总统演讲精选》北京汇智时代科技发展有限公司制作　东方音像电子出版社
17. 《美国总统书系》（美）亚瑟·M. 萨勒辛格, Jr. 主编　安徽教育出版社
18. 《论美国的民主》（上下）托克维尔著　董果良译　商务印书馆1997年版
19. 《第一父亲　造就美国总统的男人》（美）哈罗德·I. 古兰著　史津海　富彦国译　百花文艺出版社

20. 《当上美国总统 从华盛顿到小布什 42 位白宫领导人的传奇故事》温英超著 东方出版社

21. 《美国总统的 10 门课 美国总统的领导艺术》余开亮编著 台北灵活文化事业有限公司

22. 《36 位美国总统的最后岁月》窦应泰著 雅森·赛依提译 新疆青少年出版社

23. 《美国历届总统执政和告别演说精选》王建华主编 江西人民出版社

24. 《美国总统制》（英）拉斯基著 潘一德译 中国文化服务社

25. 《简明社会科学词典》上海辞书出版社

26. 《国际时事辞典》商务出印书馆

27. 《美国历史与文化选读》王波主编 北京大学出版社

28. 《美国历届总统执政和告别演说精选》王建华主编 江西人民出版社

29. 《美国历史百科辞典》杨生茂 张友伦主编 上海辞书出版社

30. 《美国历史漫谈》刘丽媛译 中国对外翻译出版公司

31. 《联邦党人文集》汉密尔顿、杰伊、麦迪逊等著 程逢如等译 商务印书馆

32. 《美国 2500 历史名人传略》李世洞等译 东方出版社

33. 《第一母亲 造就美国总统的女人》（美）哈罗德·I. 古兰著 王宪生 吴振清译 百花文艺出版社

34. 《美国第一任总统华盛顿》余志森编著 商务印书馆

35. 《美国宪法评注》约瑟夫·斯托甲著 毛国权译 上海三联书店

36. 《美国独立战争》郭圣铭编著 商务印书馆

37. 《辩论：美国制宪会议记录》（上下）（美）麦迪逊著 尹宣译 辽宁人民出版社 2003 年版

38. 《美国总统名言大观》杨小洪等编 上海人民出版社

39. 《美国宪法概论》（美）杰罗姆·巴伦等著 刘瑞祥等译 中国社会科学文献出版社

40. 《白宫女主人 46 位美国总统夫人的情感历程》陈冠任编著 民主与建设出版社

41. 《美国总统竞选轶事》（美）鲍勒著 夏保成等译 吉林大学出版社

42. 《夕阳余辉 美国总统卸任之后》（美）克拉克著 陆文岳译 光明日报出版社

43. 《我主白宫：美国总统排行榜》（美）詹姆斯·特兰托 里奥纳多·里奥著 王升才 张耘 张爱东译 江苏美术出版社

44. 《双刃剑：性格如何塑造和毁灭美国总统》（美）罗伯特·肖甘著 张峰译 北京出版社

45. 《美国历届总统竞选辩论精选》刘植荣编译 江西人民出版社

46.《美国总统青少年时代》马科维奇著　席娟译　现代教育出版社
47.《美国历史 100 次断面》(韩) 柳钟善著　徐东日　金莲兰译　延边大学出版社
48.《美国第一任总统　华盛顿》余志森著　商务印书馆
49.《美国开国之父的领导艺术》李旭大编译　中国商业出版社
50.《杰斐逊作品选》(美) 托马斯·杰斐逊著　韦荣臣译注　天津人民出版社
51.《杰斐逊》刘祚昌著　中国社会科学出版社